Beck-Rechtsberater
Meine Rechte am Arbeitsplatz

dtv

Beck-Rechtsberater

Meine Rechte am Arbeitsplatz

Von Dr. Dr. Nikolaus H. Notter, Richter am Arbeitsgericht,
Dr. Walter Obenaus, Richter am Arbeitsgericht,
und
Bernhard Töpper, Leiter der Redaktion
Recht und Justiz des Zweiten Deutschen Fernsehens

Mit 6 Fotos

Deutscher Taschenbuch Verlag

Originalausgabe
Redaktionelle Verantwortung: Verlag C. H. Beck, München
Umschlaggestaltung: Fuhr & Partner Design-Agentur, Frankfurt a. M.
Titelfoto: James Rudnick, The Stock Market Photo Agency, Inc., Düsseldorf
Bildquelle: ZDF
Satz: primustype Hurler, Notzingen
Druck und Bindung: C. H. Beck'sche Buchdruckerei, Nördlingen
ISBN 3 423 05664 9 (dtv)
ISBN 3 406 43123 2 (C. H. Beck)

Vorwort

Sie haben den vorliegenden Band „Meine Rechte am Arbeitsplatz" erworben, weil Ihr Interesse am Arbeitsrecht durch die Fernsehsendung „Wie würden Sie entscheiden?" oder auf andere Weise geweckt worden ist.

Mit diesem Buch wollen wir Sie in leicht verständlicher Form mit den wichtigsten Grundregeln des Arbeitsrechts vertraut machen. Vorkenntnisse sind nicht erforderlich. Beispiele aus unserer eigenen richterlichen Praxis wie auch der Rechtsprechung der Gerichte insgesamt sollen Ihnen helfen, die theoretischen Aussagen zu verstehen und gleichzeitig zu erfahren, daß das Arbeitsrecht so spannend sein kann wie das Leben, das es widerspiegelt.

Der Ratgeber veranschaulicht, wie Richter und Rechtsprechung mit Konflikten im Bereich des Arbeitsrechts, die Ihrem Problem vielleicht ähnlich sind, umgehen und welche Überlegungen dabei eine Rolle spielen. Vielleicht kann er auch die Einsicht fördern, daß der Gang zum Gericht im Fall eines Konflikts nicht immer der beste Weg ist, um mit einem Problem fertig zu werden.

Im ersten Teil des Buches geben wir Ihnen einen Überblick über das Arbeitsrecht insgesamt. Die Darstellung haben wir so aufgebaut, wie sich ein Arbeitsverhältnis entwickelt: Es beginnt beim Vorstellungsgespräch und endet mit den Problemen der Beendigung des Arbeitsverhältnisses und der Übergabe von Arbeitspapieren. Ein letztes Kapitel befaßt sich mit Fragen der gerichtlichen Durchsetzung von Rechten.

Die Ausführungen des ersten Teils finden ihre Ergänzung in den Rechtsfällen der ZDF-Sendereihe „Wie würden Sie entscheiden?", die im zweiten Teil dieses Bandes abgedruckt sind.

Allen Lesern wünschen wir eine ertragreiche und anregende Lektüre. Für Hinweise und Anregungen zum Inhalt und zur Darstellung sind wir Ihnen dankbar.

Ebersberg/München, im August 1997

Nikolaus H. Notter
Walter Obenaus

Inhaltsverzeichnis

Bearbeitungsvermerk Teil I:

Dr. Dr. Nikolaus H. Notter: Kapitel VI bis X, XIII bis XV

Dr. Walter Obenaus: Kapitel I bis V, XI, XII, XVI

Einführung: Anmerkungen zur Konzeption der ZDF-Rechtsserie „Wie würden Sie entscheiden?"

Das Interesse an Rechtsfragen im Fernsehen ist enorm – seit nunmehr 23 Jahren entscheiden sich jedesmal rund drei bis sechs Millionen vor dem Bildschirm für die ZDF-Rechtsserie „Wie würden Sie entscheiden?". Die Sendung, die jetzt zehnmal im Jahr ausgestrahlt wird, gehört damit inzwischen zu den „Klassikern" im deutschen Fernsehen.

Die Reaktionen aus Zuschauerkreisen beweisen, daß es der Redaktion immer wieder gelingt, knifflig-kontroverse Rechtsfälle aus den verschiedensten Gerichtszweigen zu finden, die zur Diskussion herausfordern und zum Nachdenken anregen.

Ziel der Sendung ist es, anhand authentischer Rechtsfälle, die unter Beachtung der Persönlichkeitsrechte der Originalbetroffenen im Film nachgezeichnet werden, Rechtskenntnisse zu vermitteln und – wo es geht – Lebenshilfe zu leisten.

„Wie würden Sie entscheiden?" versteht sich darüber hinaus als Forum für Justiz- und Gesetzeskritik, will auf offensichtlich ungerechte Urteile aufmerksam machen und das Verständnis für Rechtsreformen fördern. Der Anstoß dazu kommt oft von renommierten Rechtswissenschaftlern, die am Schluß der Sendung das jeweilige Urteil einer kritischen Würdigung unterziehen. In über 50 Prozent der ausgestrahlten Rechtsfälle stimmen Rechtsprechung der Gerichte und Mehrheitsmeinung der Laienjury im Studiogericht und Rechtsauffassung des Experten jedoch überein.

Nach der Ausstrahlung der Sendung erreicht das ZDF oft eine Flut von Zuschauerbriefen mit vielen Anfragen zum dargestellten Fall und dem behandelten Rechtsgebiet. Großer Aufmerksamkeit beim Fernsehpublikum erfreuen sich stets Fälle aus dem weiten Bereich des Arbeitsrechts, weil sich der einzelne Zuschauer leicht in die jeweilige Auseinandersetzung hineinversetzen und sich entweder mit der Rolle des Arbeitnehmers oder der des Arbeitgebers identifizieren kann. Dazu gehören auch die drei Sendungen, die beispielhaft und auszugsweise in diesem Begleitbuch abgedruckt sind.

Mainz, im August 1997 Bernhard Töpper

Teil I
Meine Rechte am Arbeitsplatz

Von Nikolaus H. Notter und Walter Obenaus

I. Die Vorstellung bei einem neuen Arbeitgeber

1. Freistellung von der Arbeit beim bisherigen Arbeitgeber für ein Vorstellungsgespräch

Auf eine interessante Stellenanzeige in der Süddeutschen Zeitung hin haben Sie sich beworben. Sie rufen an und der Personalleiter fordert Sie zu einem Vorstellungsgespräch für nächsten Freitag 14.00 Uhr in der Firma auf. Die Angelegenheit kostet Sie also Zeit und Geld. Nicht zuletzt müssen Sie sich ja auch bei Ihrem jetzigen Arbeitgeber freinehmen. Worauf müssen Sie achten und welche Rechte haben Sie?

Steht mir ein Anspruch auf Arbeitsbefreiung für ein Vorstellungsgespräch zu und welches sind die Voraussetzungen?

Grundsätzlich haben Sie Anspruch auf Freizeit zur Stellensuche, wenn Sie in einem Dauerarbeitsverhältnis stehen, also nicht z. B. nur kurzzeitig als Aushilfe arbeiten, und wenn das Ende des Arbeitsverhältnisses absehbar ist.

Wann ist das Ende absehbar? Hierzu einige beispielhafte Fallsituationen:

- Das Arbeitsverhältnis ist bereits gekündigt (von Ihnen oder Ihrem Arbeitgeber)
- Sie haben mit Ihrem Arbeitgeber einen Vertrag geschlossen, daß das Arbeitsverhältnis zu einem bestimmten Termin enden soll (sog. Aufhebungsvertrag)

- Ihr Arbeitgeber hat Ihnen (z. B. wegen bevorstehender Rationalisierungsmaßnahmen) Bewerbungen bei anderen Firmen empfohlen
- Sie stehen in einem befristeten Arbeitsverhältnis und der vorgesehene Beendigungszeitpunkt ist bereits so nahe, daß der übliche Kündigungstermin bereits verstrichen wäre.

Beispiel: Sie sind seit 1. Februar bis 30.September befristet beschäftigt. Die gesetzliche Kündigungsfrist betrüge, wenn Sie in einem unbefristeten Arbeitsverhältnis stünden, vier Wochen zur Monatsmitte bzw. zum Monatsende. Am 5. September haben Sie einen Vorstellungstermin bei einer anderen Firma. – Besteht ein Anspruch auf Arbeitsbefreiung zur Stellensuche?

Ja. Der letztmögliche Kündigungstermin (2. September) ist bereits verstrichen. Wäre der Vorstellungstermin früher als der 2. September, so hätten Sie keinen Freizeitanspruch: In diesem Zeitraum gilt das Ende des Arbeitsverhältnis in dem beschriebenen Sinne „als noch nicht absehbar".

Ähnlich verhält es sich in folgendem Fall: Sie stehen in einem ungekündigten Arbeitsverhältnis und wollen sich verändern. Auf ein attraktives Angebot eines bekannten Großunternehmens hin haben Sie mit dem dortigen Personalleiter einen Vorstellungstermin vereinbart, der in Ihrer Arbeitszeit liegt. Sie wollen wissen, ob Ihnen Ihr jetziger Arbeitgeber frei geben muß.

Nein, er muß nicht, zumindest nicht unter der Überschrift „Freizeit zur Stellensuche". Das ist deshalb so, weil das Ende Ihres Arbeitsverhältnisses eben noch nicht „absehbar" ist. Es bleibt Ihnen also nichts anderes übrig, als sich einen Tag Urlaub zu nehmen oder mit der Firma, bei der Sie sich bewerben, einen Termin außerhalb der Arbeitszeit auszumachen.

Für wann darf ich einen Vorstellungstermin vereinbaren?

Nehmen wir an, Sie haben festgestellt, daß Ihnen ein Anspruch auf Freizeit zur Stellensuche zusteht. Sie gehen zu Ihrem Chef und bitten ihn, Ihnen für Freitag ab 12.00 Uhr frei zu geben, weil Sie sich woanders vorstellen wollen. Ihr Chef zeigt sich wenig erfreut: „Ich verstehe gar nicht, warum Sie sich verändern wollen. Sie haben doch einen sehr guten Arbeitsplatz bei mir. Ich bin nicht damit einverstanden, wenn Sie sich woanders vorstellen. Schon gar nicht am Freitagnachmittag. Wenn Sie aber auf dem Sonderurlaub für Ihre Stellensuche bestehen, dann gehen Sie halt am Montag." – Sie sind ratlos.

Hier gilt zunächst, daß der Arbeitgeber den Zeitpunkt der Freistellung (Frage: Wann kann ich gehen?) bestimmen kann. Er muß dabei aber außer seinen (betrieblichen) Interessen auch Ihre Interessen berücksichtigen. So wird der allgemeine Hinweis :„Es paßt gerade schlecht" nicht ausreichen, Ihnen Ihr Freizeitgesuch abzuschlagen. Anders ist es, wenn etwa am Freitagnachmittag ein dringender Terminauftrag zu erledigen ist, bei dem Sie benötigt werden.

WICHTIG: *Auf jeden Fall muß Ihr Arbeitgeber aber auch die Wichtigkeit Ihrer Interessen berücksichtigen. Wenn Sie z. B. wegen eines streng organisierten Auswahlverfahrens bei dem neuen Arbeitgeber keine Möglichkeit haben umzudisponieren, müssen Sie, wenn keine wichtigeren betrieblichen Interessen entgegenstehen, frei bekommen.*

Wie lange darf ich meiner Arbeit fernbleiben?

Beispiel: Nehmen wir an, das Personalbüro Ihres neuen Arbeitgebers befindet sich in der Stadtmitte von Nürnberg, während Sie zur Zeit noch im S-Bahn-Bereich wohnen und arbeiten. Sie wollen vor dem Vorstellungsgespräch noch etwas Persönliches erledigen und bitten Ihren Chef, Ihnen den ganzen Freitag zur Stellensuche freizugeben. Er weist Ihre Bitte brüsk ab. – Mit Recht?

Er ist im Recht, denn er ist lediglich verpflichtet, Ihnen „angemessene“ Freizeit zu gewähren. Wenn Sie auch noch den Freitagvormittag frei haben wollen, obwohl des Gespräch erst um 14.00 Uhr beginnt, ist das wohl nicht mehr angemessen.

Wer bezahlt mir die ausgefallene Arbeitszeit?

Diese Frage ist wichtig. Im Arbeitsrecht gilt nämlich zunächst der allgemeine Grundsatz: „Ohne Arbeit kein Lohn“. Wie in den Fällen von Urlaub und Krankheit läßt das Gesetz Sie hier aber nicht im Stich: Wenn Sie wegen eines oder mehrerer Vorstellungstermine an der Arbeitsleistung verhindert sind, garantiert Ihnen das Gesetz eine Vergütungsfortzahlung für eine „verhältnismäßig“ kurze Zeit. Sie wollen natürlich wissen, was verhältnismäßig kurz ist und was nicht. Diese Frage läßt sich leider nicht generell beantworten. Eines wird man aber sagen können: Je kürzer das Arbeitsverhältnis, um so kürzer die Zeit, für die Sie Weiterbezahlung Ihrer Vergütung während der Stellensuche verlangen können. Sicher unverhältnismäßig ist es z. B. „wenn Sie nach nur halbjähriger Beschäftigung sieben Arbeitstage zur Stellensuche frei bekommen und diese Zeit dann auch noch voll bezahlt haben wollen. Andererseits ist ein Tag Freizeit sicher noch als verhältnismäßig anzusehen. In jedem Fall ist aber Voraussetzung, daß Sie nur die Stunden oder Tage geltend machen, die für die Vorstellung(en) tatsächlich erforderlich waren.

Vielleicht ist Ihnen aufgefallen, daß der Gesetzgeber bezüglich des Umfangs des Freizeitanspruchs (Wie lange darf ich der Arbeit fernbleiben?) großzügiger ist als hinsichtlich der Festlegung der **bezahlten** Freizeit (Welcher Anteil meiner Verhinderungszeit muß vergütet werden?). Im ersten Fall mußte es sich um eine „angemessene“ Zeitspanne handeln, im letzteren Fall war von einer „verhältnismäßig“ kurzen Zeit die Rede. Folge für Sie: Es kann Ihnen passieren, daß ein nicht gedeckter Rest bleibt.

Was können Sie tun, um hier keine unnötigen finanziellen Einbußen zu erleiden?

Sie können den entstandenen Verdienstausfall gegenüber dem neuen Arbeitgeber, bei dem Sie sich bewerben, geltend machen. Die einzelnen Voraussetzungen für einen solchen Anspruch werden wir unten im 2. Abschnitt erläutern.

> **WICHTIG:** *Um möglichst frühzeitig für klare Verhältnisse zu sorgen, empfiehlt es sich, daß Sie vor einem Vorstellungsgespräch mit Ihrem jetzigen Arbeitgeber darüber sprechen, ob und inwieweit er Ihr Gehalt für die gewährte Freizeit weiterbezahlt. Auf diese Weise wissen Sie, welchen Betrag Sie dem Unternehmen, bei dem Sie sich bewerben, als Verdienstausfall in Rechnung stellen können.*

2. Die Kosten der Vorstellung

Sie haben mittlerweile den Vorstellungstermin hinter sich gebracht und stellen fest, daß Sie diverse Auslagen hatten. Was können Sie dem Unternehmen, bei dem Sie sich beworben haben, in Rechnung stellen?

Fordert Sie der Arbeitgeber zur Vorstellung auf, so ist er verpflichtet, Ihnen die entstandenen notwendigen Auslagen sowie etwaigen Verdienstausfall – also die Zeit, die Ihnen der alte Arbeitgeber nicht vergütet – zu ersetzen. Zu den notwendigen Auslagen zählen insbesondere

- Fahrtkosten,
- Übernachtungskosten
- Verpflegungskosten.

Will die Firma, die Sie zur Vorstellung aufgefordert hat, den Ersatz von Vorstellungskosten ganz oder teilweise ausschließen, so muß sie Ihnen das schon zum Zeitpunkt der Aufforderung sagen.

Welche Auslagen werden als notwendig anerkannt?

Grundsätzlich sind diejenigen Auslagen notwendig, die Ihnen auf die wirtschaftlichste (= insgesamt billigste) Weise die Wahrnehmung des Vorstellungstermins ermöglichen.

Beispiel: Sie leben und arbeiten in Hamburg und wollen sich in München vorstellen. Vorstellungstermin: Donnerstag 10.00 Uhr. Sie wollen wissen, ob Ihnen die Flugreise ersetzt wird.
Für die Hinreise wird das zu bejahen sein, wie sich aus folgender Beispielsrechnung ergibt:

Verdienstausfall für Mittwoch nachmittag zur Anreise mit der Bahn	150 DM
Übernachtung	100 DM
Verpflegung (= Abendessen)	40 DM
Bahnfahrt 2. Klasse im ICE-Zuschlag	210 DM
Summe:	**500 DM**

Dem steht der Flugpreis mit **380 DM** gegenüber. Sie können also mit einer Erstattung der Flugreise (hin) rechnen. Für die Rückreise dürfte allerdings – wenn Sie noch am frühen Nachmittag abreisen können – die Bahn die wirtschaftlichere Fortbewegungsart sein.

Bei der Ermittlung der wirtschaftlichsten Anreisemöglichkeit ist zu berücksichtigen, daß Sie nicht jede Unbequemlichkeit in Kauf nehmen müssen, um zur billigsten Lösung zu kommen. Es ist z. B. insbesondere fraglich, ob der Unternehmer Sie darauf verweisen kann, nachts mit dem Liegewagen anzureisen.

WICHTIG: *Wegen der vielfältigen Zweifelsfragen, die sich hier ergeben können, sollten Sie sich vor der Vereinbarung eines Gesprächstermins mit dem möglichen neuen Arbeitgeber darüber abstimmen, welche Kosten für welche Verkehrsmittel (z. B. Flug* *oder Bahn, 1. Oder 2. Klasse, Schlafwagen oder Liegewagen, eigenes Kfz., Taxi usw.) erstattet werden. Beachten Sie auch, daß Sie für einen Urlaubstag, den Sie bei Ihrem alten Arbeitgeber zur Stellensuche genommen haben, vom möglichen neuen Arbeitgeber keinen Ersatz verlangen können.*

Werden mir Vorstellungskosten auch dann ersetzt, wenn ich unaufgefordert zu einem Vorstellungsgespräch erscheine?

Nein! Sprechen Sie nämlich bei einer Firma lediglich aufgrund einer Zeitungsannonce oder einer Vorschlagskarte des Arbeitsamts vor, so haben sie keinen Anspruch auf Ersatz von Vorstellungskosten. Unter bestimmten Voraussetzungen (vorher erkundigen!) kann Ihnen das Arbeitsamt aber einen Zuschuß zu den Vorstellungskosten geben. Eine Aufforderung zur Vorstellung sollten Sie möglichst schriftlich bekommen haben. Dann kann der neue Arbeitgeber – wenn er schlitzohrig oder vergeßlich ist – nämlich hinterher nicht sagen, diese sei nie ausgesprochen worden.

Ob Sie sich im Einzelfall ein Beweismittel in Form einer schriftlichen Bestätigung sichern, bleibt Ihrem Gefühl überlassen. In jedem Fall wird es wohl auf die Größenordnung Ihrer Aufwendungen ankommen, ob eine derartige Absicherung für Sie sinnvoll ist.

3. Das Einstellungsverfahren

a) Einstellungsgespräch und Einstellungsfragebogen

Der Einstellungstermin ist da. Die freundliche Sekretärin des Personalleiters drückt Ihnen zuerst ein großes mit „Einstellungsfragebogen" überschriebenes Formblatt in die Hand und bittet Sie, dieses auszufüllen. Sie stellen bei der Durchsicht fest, daß da einige Fragen formuliert sind, die Sie lieber nicht beantworten würden. Welche Fragen müssen Sie beantworten und welche nicht?

Natürlich ist der Arbeitgeber daran interessiert, sich über seine künftigen Mitarbeiter bereits vor der Einstellung ein genaues Bild zu machen. Dieses Interesse ist um so größer, je stärker der künftige Mitarbeiter gegen eine mögliche Entlassung rechtlich abgesichert ist (z. B. als Schwerbehinderter). Aber welcher Bewerber will sich schon gerne „bis aufs Hemd" bloßstellen? Wo also verlaufen die Grenzen des Fragerechts? Und welche Folgen ergeben sich für Sie, wenn Sie bei der Einstellung – möglicherweise bewußt – gelogen haben?

Zunächst die Folgen, mit denen Sie rechnen müssen, wenn Sie sich einer, mehrerer oder aller Fragen „entziehen":

- Wenn Sie alle oder einzelne Fragen nicht beantworten, kann das „lediglich" zur Folge haben, daß Sie von der Firma nicht genommen werden.
- Beantworten Sie dagegen eine oder mehrere Fragen unrichtig oder unvollständig, so kann das dazu führen, daß der Arbeitgeber, wenn er davon erfährt, den Arbeitsvertrag anfechten kann. Das entspricht im Ergebnis einer fristlosen Kündigung, weil es die sofortige Beendigung des Arbeitsverhältnisses zur Folge hat. Außerdem können Sie sich damit einen Schadensersatzanspruch einhandeln.

Aber: Dank des sogenannten allgemeinen Persönlichkeitsrechts, das Ihre persönliche Sphäre schützt, darf der Arbeitgeber seine Nase nicht in alle Angelegenheiten des Bewerbers stecken. Stellt er **unerlaubte Fragen**, hat eine unrichtige oder unvollständige Antwort auch **keine nachteiligen Folgen** für Sie.

Welche Fragen muß ich beantworten und welche nicht?

Beruflicher Werdegang: Farbe bekennen müssen Sie bei Fragen nach dem beruflichen Werdegang. Wahrheitsgemäß müssen Sie auch antworten auf Fragen nach den Zeugnis- und Prüfungsnoten, auch danach, ob Sie Wehrdienst geleistet haben oder demnächst zur Bundeswehr einberufen werden.

Gehaltshöhe: Die Frage nach Ihrem früheren Gehalt ist jedenfalls dann unzulässig, wenn die bisherige Vergütung für die jetzt angestrebte Stelle keine Bedeutung hat und sie von Ihnen auch nicht als Mindestvergütung für die neue Stelle gefordert worden ist.

Heiratsabsicht: Die Frage, ob Sie beabsichtigen zu heiraten, ist unzulässig.

Krankheiten (chronische): Fragen nach Krankheiten sind ein Eingriff in Ihre Intimsphäre. Sie sind aber dann erlaubt, wenn an ihrer Beantwortung

- für den Betrieb oder
- die übrigen Arbeitnehmer oder
- die Arbeit

ein Interesse besteht.

> **Beispiel:** Als zulässig wird etwa folgende Frage angesehen: „Waren Sie in den letzten beiden Jahren wegen einer schwerwiegenden oder chronischen Erkrankung, die Einfluß auf die vorgesehene Arbeitsleistung haben könnte, arbeitsunfähig erkrankt?"

AIDS: Im allgemeinen ist die Frage nach einer Infizierung mit dem AIDS-Virus (in der Fachsprache: nach dem Ergebnis eines AIDS-(HIV-)Tests) unzulässig. Ausnahmen können sich bei bestimmten Tätigkeiten ergeben (z. B. im medizinischen Bereich). Die Frage nach einer bestehenden AIDS-Erkrankung ist ebenso zu beurteilen wie die schon erwähnte Frage nach chronischen Krankheiten. Diese Frage wird daher regelmäßig als zulässig angesehen.

Religions- oder Parteizugehörigkeit: Fragen hiernach sind unzulässig. Ausnahme: Konfessionelle Krankenhäuser, religions- oder parteipolitisch gebundene Institutionen.

Schwangerschaft: Die Frage nach der Schwangerschaft ist im allgemeinen unzulässig. Ausnahmsweise zulässig ist die Frage nach der Schwangerschaft allerdings, wenn die Schwangere die verabredete Tätigkeit von vornherein nicht erbringen kann, z. B. als Sportlehrerin, Mannequin oder bei

Bestehen eines Beschäftigungsverbots für Schwangere. Weiterhin hat das Bundesarbeitsgericht die Frage dann als zulässig angesehen, wenn sie objektiv dem Schutz der Bewerberin und des ungeborenen Kinds dient. Dem lag der Fall einer Arzthelferin zugrunde, die sich bei einem Facharzt beworben hatte, der sich nach seinem Fachgebiet mit äußerst ansteckenden Krankheiten befaßte (Infektionsepidemologie).

Schwerbehinderteneigenschaft: Die Frage nach einer Schwerbehinderteneigenschaft muß wahrheitsgemäß beantwortet werden.

Vorstrafen: Die Frage nach Vorstrafen ist nur zulässig, wenn und soweit die zu besetzende Arbeitsstelle oder die zu leistende Arbeit dies erfordert: Beispiele: Ein Kassierer wird nach vermögensrechtlichen Vorstrafen (z. B. Diebstahl, Untreue, Unterschlagung, Betrug usw.) oder ein Kraftfahrer nach Verkehrsdelikten gefragt. Diese Fragen sind zulässig, weil sie auf Vorstrafen gerichtet sind, die etwas mit der künftigen Arbeit zu tun haben. Soweit eventuell vorhandene Vorstrafen im Strafregister bereits getilgt sind, brauchen diese auf die Frage nach Vorstrafen nicht angegeben zu werden.

Auf welche Punkte und Tatsachen muß ich im Einstellungsgespräch von mir aus ungefragt hinweisen?

Es gibt noch ein paar weitere rechtliche Probleme, auf die Sie im Rahmen des Einstellungsgesprächs achten müssen. Verschiedene Punkte müssen Sie nämlich von sich aus – das heißt **ungefragt** – angeben. Insoweit haben Sie also eine Offenbarungspflicht. Verschweigen Sie diese Punkte, so kann das wie bei falscher Beantwortung einer zulässigen Frage den Arbeitgeber zur Anfechtung, d. h. zur sofortigen Beendigung des Arbeitsverhältnisses berechtigen.

Hierzu einige Beispiele:

Krankheit: Haben Sie Anhaltspunkte dafür, daß Sie zum Zeitpunkt des Arbeitsantritts voraussichtlich krank oder in Kur sein werden, müssen Sie das mitteilen. Das gilt nicht, wenn Sie nur allgemeine Befürchtungen hegen, ohne daß dem objektive Anhaltspunkte zugrunde liegen.

Schwangerschaft: Wie wir gesehen haben, darf der Arbeitgeber nur in Ausnahmefällen nach der Schwangerschaft fragen. Es besteht daher normalerweise (erst recht) keine Offenbarungspflicht. Ausnahmen: Wenn eine Schwangere die in Aussicht genommene Arbeit gar nicht leisten kann (z. B. Sportlehrerin, Tänzerin oder Mannequin), dann muß sie auf ihre Schwangerschaft hinweisen.

Schwerbehinderteneigenschaft: Eine Offenbarungspflicht besteht dann, wenn der Bewerber wegen seiner Behinderung die Arbeit nicht leisten kann.

b) Ärztliche Einstellungsuntersuchung

Muß ich einer Einstellungsuntersuchung zustimmen und wonach darf mich der Arzt fragen?

In vielen Großbetrieben werden werksärztliche oder vertrauensärztliche Untersuchungen vor Beginn eines Arbeitsverhältnisses durchgeführt. Hierzu ist grundsätzlich Ihre Zustimmung erforderlich. Widersetzen Sie sich allerdings einer Untersuchung, laufen Sie Gefahr, die Stelle nicht zu bekommen. Soweit der Arzt bei einer mit Ihrer Zustimmung durchgeführten Untersuchung Fragen stellt, gelten die schon beschriebenen Grundsätze zum Fragerecht. Unzulässige Fragen brauchen Sie also nicht wahrheitsgemäß zu beantworten. Rechtlich ist Ihre Intimsphäre darüber hinaus noch dadurch geschützt, daß der Arzt an die ärztliche Schweigepflicht gebunden ist, dem Arbeitgeber also keine Einzelheiten mitteilen darf.

c) Graphologische Gutachten und psychologische Eignungstests

Nicht selten verlangen Arbeitgeber im Rahmen des Bewerbungsverfahrens einen handgeschriebenen Lebenslauf, um aus Ihrer Schrift oder Ihrem Schriftbild zusätzliche Erkenntnisse darüber zu gewinnen, ob Sie für die freie Stelle geeignet sind. Graphologische Gutachten sollen dann die entsprechenden Hinweise geben.

Wann darf der Arbeitgeber ein graphologisches Gutachten von meinen handschriftlichen Unterlagen anfertigen lassen?

Graphologische Gutachten dürfen nur mit Ihrer Zustimmung eingeholt werden. Sie müssen aber damit rechnen, daß die Einsendung Ihres handgeschriebenen Lebenslaufs als Zustimmung zur Einholung eines Gutachtens gewertet wird. Auch wenn Sie zugestimmt haben, darf der Arbeitgeber keine allgemeine Charakterstudie vom Gutachter fordern. Das Gutachten darf sich vielmehr nur auf solche Eigenschaften beziehen, die für den in Aussicht genommenen Arbeitsplatz von Bedeutung sind.

Darf der Arbeitgeber im Rahmen des Einstellungsverfahrens psychologische Eignungstests durchführen und hierbei sogenannte biographische Fragebogen einsetzen?

Teilweise verwenden Arbeitgeber auch psychologische Eignungstests sowie sogenannte biographische Fragebogen.

Bei diesen Instrumenten der Personalauswahl ist Ihre faktische Rechtsposition schwach, da Sie im Fall der Verweigerung immer riskieren, nicht genommen zu werden.

> **WICHTIG:** *In Betrieben, in denen ein Betriebsrat besteht, dürfen die beschriebenen Fragebögen nur dann verwendet werden, wenn der Betriebsrat dem Einsatz dieser Fragebögen zugestimmt hat.*

Rechtlich zulässig sind solche Tests nur dann,

- wenn Sie eingewilligt haben
- es sich um einen bedeutsamen Arbeitsplatz handelt (z. B. in der Führungsebene oder an in sonstiger Weise besonders

verantwortungsvoller Position, z. B. Busfahrer, LKW-Fahrer für gefährliche Güter),

- der Test sich nur auf Merkmale bezieht, die etwas mit dem Arbeitsplatz zu tun haben (bei einem Busfahrer hat die Frage, ob er mal Klassensprecher in der Schule war, wohl nichts mit dem Arbeitsplatz zu tun, wohl aber bei einer Führungskraft),
- Sie vorher über den Inhalt und die Reichweite des Tests informiert worden sind. Man muß Ihnen also schon vorher sagen, welcher Art die Fragen sind und ob und inwieweit diese Fragen in Ihren privaten Bereich hineinziehen.

Die hier genannten Voraussetzungen müssen alle vorliegen, wenn ein solcher Test zulässig sein soll. Manchmal wollen Fragesteller übrigens auch nur testen, wie intim Fragen sein können, ohne daß sie der Befragte zurückweist.....

4. Wirtschaftliche Einbußen bei Abbruch und Scheitern der Einstellungsverhandlungen

Der Abbruch von Einstellungsverhandlungen begründet in der Regel keine Ersatzansprüche zwischen Ihnen und dem Unternehmen, ganz gleich, ob Sie oder die andere Seite abgesagt hat. Es kann aber Schwierigkeiten geben, weil Sie möglicherweise im Vertrauen auf eine Einstellung Ihre alte Stelle gekündigt haben oder wenn der neue Arbeitgeber – der es nun doch nicht wird – durch Ihre Absage gezwungen ist, aufs neue ein Bewerbungsverfahren mit Stellenanzeige, Vorstellungsgespräch usw. zu inszenieren.

Welche Folgen ergeben sich für mich, wenn der Arbeitgeber absagt?

Beispiel: Sie sind nach einem längeren Auswahlverfahren in den engeren Kreis der aussichtsreichen Bewerber gelangt. Der Personalleiter stellt Ihnen daraufhin in Aussicht, daß Sie den Job bekommen sollen. Man müsse lediglich noch – was „reine Formsache" sei – die Genehmigung des Vorstands einholen. Auf Ihre Frage, ob Sie jetzt bei Ihrem alten Arbeitgeber kündigen könnten, der Kündigungstermin stehe nämlich bevor, erklärt er: „Kündigen Sie vorsichtshalber schon mal ! Ich bin sicher, daß wir zusammenkommen." Der Vorstand verweigert dann aber seine Zustimmung, und es kommt nicht zum Abschluß eines Arbeitsvertrages. Jetzt sind Sie die alte Stelle los und haben keine neue. Was können Sie tun?

Sie können Schadensersatz verlangen. Erweckt nämlich ein Arbeitgeber beim Bewerber unberechtigt das Vertrauen, es werde mit Sicherheit zum Abschluß des Arbeitsvertrages kommen, und gibt daraufhin der Arbeitnehmer seine bisherige Stellung auf, so hat der Arbeitnehmer Anspruch auf Ersatz des entstandenen Schadens.

WICHTIG: *Grundsätzlich muß Ihnen der neue Arbeitgeber zwar die Vergütung fortzuzahlen, die Sie beim bisherigen Arbeitgeber verdient haben. Sie sind aber verpflichtet, den Schaden möglichst gering zu halten. Das bedeutet, daß Sie sich sofort intensiv um eine anderweitige Beschäftigung bemühen müssen.*

Was ist, wenn ich als Arbeitnehmer kurzfristig absagen muß?

Grundsätzlich gilt, daß Sie den Schaden ersetzen müssen, der aus Ihrer Absage entstanden ist.

Beispiel: Sie haben sich neben anderen um eine ab 1. September ausgeschriebene Stelle beworben. Nach der ersten Vorstellungsrunde teilt Ihnen der Personalleiter mit, daß er Sie am 15. August zur Unterzeichnung des Arbeitsvertrags erwartet. Sie faxen am 14. August, daß Sie die Stelle aus persönlichen Gründen doch nicht nehmen wollen. Der Personalleiter hat zu diesem Zeitpunkt bereits den anderen Mitbewerbern abgesagt und muß erneut eine Stellenanzeige in die Zeitung setzen. Die neue Stellenanzeige bleibt zunächst ohne Erfolg. Das Unternehmen findet erst zum 15. Oktober eine Ersatzkraft. Die Zeit zwischen dem 1. September und dem 15. Oktober wird mit (teuren) Leiharbeitnehmern überbrückt. Das Unternehmen verlangt von Ihnen Ersatz der Inseratskosten und Ersatz der Differenz zwischen den Kosten der Leiharbeitskräfte und dem Gehalt, das sie vom 1. September bis 15. Oktober verdient hätten. Eine überzogene Forderung?

Nur teilweise. Hier ist zu unterscheiden:

Inseratskosten müssen Sie nicht ersetzen, weil diese Kosten ja auch entstanden wären, wenn Sie ganz normal (und rechtmäßig) zum erstmöglichen Kündigungstermin gekündigt hätten. Auch dann hätte der Arbeitgeber ja diese zusätzlichen Ausgaben gehabt.

Anders bei den **übrigen Kosten:** Diese müssen im Normalfall Sie übernehmen. Bei der Schadensberechnung darf der Arbeitgeber aber nur die Zeit berücksichtigen, die zwischen ursprünglich beabsichtigter Arbeitsaufnahme und erster Kündigungsmöglichkeit liegt. Wenn Sie also am 14. August gekündigt hätten, wäre nach § 622 Absatz 1 BGB Ihre Kündigungsfrist am 15. September abgelaufen. Ihr „verhinderter“ Arbeitgeber kann also von Ihnen nur die Differenz zwischen den Personalkosten der Leiharbeitnehmer und Ihrem Gehalt für die Zeit vom 1. bis 15. September verlangen.

II. Das Arbeitsverhältnis und seine Regeln

1. Vertrag

Beispiel: Ihnen wurde die begehrte Stelle zugesagt und Sie finden sich im Sekretariat des Personalbüros ein, um den Arbeitsvertrag zu unterzeichnen. Die Sekretärin übergibt Ihnen ein dreiseitiges Formular (Überschrift: „Arbeitsvertrag"). Sie bittet Sie um Unterzeichnung mit der Bemerkung: „Damit alles formell in Ordnung ist, brauchen wir hier noch Ihre Unterschrift." Sie haben im Rechtsberatungsteil einer Wochenzeitschrift gelesen, daß es ein Gesetz über Formularverträge gibt, wonach in einem Formularvertrag nichts Überraschendes oder Unvorteilhaftes stehen darf. Derart beruhigt unterschreiben Sie. Ein Freund, mit dem Sie später darüber sprechen, hält Ihr Verhalten für unvorsichtig. – Mit Recht?

Sie haben sich tatsächlich in einer trügerischen Sicherheit befunden, wenn Sie darauf verzichtet haben, den Formularvertrag durchzulesen. Es ist zwar richtig, daß es zum Schutz der Verbraucher ein **Gesetz zur Regelung des Rechts der Allgemeinen Geschäftsbedingungen** – gemeint ist das sog. „Kleingedruckte" – gibt. Die Sache hat nur einen Haken: Das AGB-Gesetz – so die abgekürzte Bezeichnung – gilt nicht für das Arbeitsrecht und damit auch nicht für Arbeitsverträge.

Was gilt dann überhaupt im Arbeitsverhältnis?

Hier stellt sich die Frage, welche Bestimmungen das Arbeitsverhältnis regeln. Wir wollen sie im folgenden aus Gründen der Anschaulichkeit als Spielregeln bezeichnen. Wo finde ich die Spielregeln? Wer legt sie fest?

Die wichtigste und zentrale „Fundstelle" für die Spielregeln des Arbeitsverhältnisses ist der Arbeitsvertrag, den sie mit Ihrem Arbeitgeber geschlossen haben. Diese Fundstelle oder auch Quelle kann unterschiedlich ergiebig sein.

Beispiel: Der Personalleiter eines Kaufhauses sagt zu Ihnen: „Frau Kern, Sie fangen ab Montag bei uns als Verkäuferin auf einer Halbtagsstelle für 1600 DM brutto an." Sie erwidern: „In Ordnung."

Was ist ein Arbeitsvertrag?

Bei der im Beispiel geschilderten Absprache handelt es sich um einen Arbeitsvertrag. Er läßt nämlich erkennen, daß Sie als Arbeitnehmerin zu einer bestimmten Vergütung anfangen sollen und daß Sie – sehr wichtig – auch einverstanden sind. Verträge kommen nämlich nur im beiderseitigen Einverständnis zustande.

Der beschriebene Arbeitsvertrag ist jedoch – wie Sie sehen – eine wenig ergiebige Quelle, da er nur weniges regelt, nämlich: Arbeitsbeginn, zeitlichen Umfang der Tätigkeit und Vergütung. Wenige Punkte, wenn man bedenkt, was alles im Arbeitsverhältnis wichtig ist und damit zum Streit führen kann. Außerdem ist diese mündliche Form unzweckmäßig, weil die Regeln, über die Einigkeit erzielt wurde, nur in Ihrem Gedächtnis und dem des Personalleiters gespeichert sind. Das Gedächtnis ist jedoch ein schlechter Speicher. Es kann daher später schon deswegen zum Streit kommen, weil einer von Ihnen – der Personalleiter oder Sie – vergessen hat oder sich falsch erinnert, was vereinbart war. Da sind Sie besser dran, wenn der von Ihnen unterzeichnete Arbeitsvertrag etwa folgende Punkte regelt:

Zeitpunkt der Arbeitsaufnahme, Probezeit, Kündigungsfristen, Dauer der wöchentlichen Arbeitszeit, Urlaub, Arbeitsverhinderung, Vergütung, Zulässigkeit von Nebenbeschäftigungen, Vertragsstrafe, Weihnachtsgratifikationen.

WICHTIG: *In den Arbeitsvertrag sollten Sie immer als erstes hineinschauen, wenn es zu Differenzen zwischen Ihnen und Ihrem Arbeitgeber kommt.*

In diesem Fall verfügen Sie über eine ergiebige und handliche Sammlung wesentlicher Spielregeln Ihres Arbeitsverhältnisses.

Wer bestimmt die im Arbeitsvertrag enthaltenen Regeln?

Die Spielregeln des Arbeitsverhältnisses bestimmen Sie und Ihr Arbeitgeber, und zwar im Grundsatz gleichberechtigt. Denn zu einem Arbeitsvertrag gehören – wie wir schon gesehen haben – zwei Personen, die zu dem Ausgehandelten „ja" sagen: Sie und der Arbeitgeber. Es wäre allerdings unrealistisch, außer acht zu lassen, daß derjenige, der „am längeren Hebel" sitzt, die Bedingungen weitgehend einseitig formulieren kann.

Der Arbeitsvertrag ist aber nicht die einzige Stelle, wo Spielregeln für das Arbeitsverhältnis niedergelegt sind. Wenn Sie sich zum Beispiel ein Gesellschaftsspiel wie „Mensch ärgere Dich nicht oder „Mühle" oder „Monopoly" zulegen, dann können Sie sich darauf verlassen, daß alle Spielregeln dem Spiel beigegeben sind. Sie brauchen, wenn es zwischen Ihnen und den Mitspielern zum Streit kommt, nur die Spielanleitung zur Hand zu nehmen. In 99% aller Fälle finden Sie hier auch die Lösung. Anders im Arbeitsverhältnis.

Hier können Sie keineswegs sicher sein, daß alle geltenden Spielregeln in Ihrem Arbeitsvertrag enthalten sind. Im Gegenteil: Häufig sind – wie wir schon anhand des Beispiels auf Seite gesehen haben – Arbeitsverträge so kurz, daß Sie sich naturgemäß nach anderen Quellen umschauen müssen, um zu erfahren, was in Ihrem Arbeitsverhältnis gilt und was nicht.

2. Gesetze

Als wichtigste weitere Quelle sind zunächst die arbeitsrechtlichen Gesetze zu nennen. Es handelt sich um Spielregeln, die der Staat bzw. das hierzu berufene parlamentarische

Gremium (Bundestag) festgesetzt hat. Diese Gesetze sagen Ihnen, was im Arbeitsverhältnis sein darf und was nicht und was bestimmte Verhaltensweisen für Folgen haben.

> **Beispiel:** Frau Kern (aus unserem obigen Beispiel) bittet ein halbes Jahr nach Arbeitsbeginn um bezahlten Jahresurlaub. Der Arbeitgeber sagt: „Von bezahltem Urlaub ist in unserem Arbeitsvertrag nicht die Rede gewesen. Sie können gerne ein paar Tage freinehmen, allerdings ohne Bezahlung." Kann er die Bitte von Frau Kern abschlagen?

Der Arbeitgeber hat zwar recht mit seiner Behauptung, daß diese Frage im Arbeitsvertrag nicht geregelt ist. Hier greift aber die „Spielregel" des § 1 des Bundesurlaubsgesetzes ein, die besagt: Jeder Arbeitnehmer hat in jedem Kalenderjahr **Anspruch auf bezahlten Erholungsurlaub.**

Der Arbeitgeber muß Frau Kern also den bezahlten Urlaub gewähren. Einzelheiten der Urlaubsgewährung sind dann in den – ziemlich komplizierten – weiteren zwölf Paragraphen des Bundesurlaubsgesetzes nachzulesen.

Gibt es bei uns ein Arbeitsgesetzbuch?

Vielleicht haben Sie sich darüber gewundert, daß es für einen so kleinen Teilbereich des Arbeitsverhältnisses wie die Urlaubsgewährung ein eigenes Gesetz mit 13 Paragraphen gibt. Das ist in der Tat verwunderlich.

Es läge eigentlich nahe, daß der gesamte Lebensbereich der abhängigen Arbeit – wie man Arbeitsverhältnisse auch umschreiben kann – in einem eigenen Gesetzbuch zusammenfaßt und abgehandelt wäre. Das würde Ihnen sicher den Zugang zu den „Spielregeln" des Arbeitsverhältnisses erleichtern. Die Realität sieht leider anders aus: Die (gesetzlichen) Regeln des Arbeitsrechts sind auf eine Vielzahl von Einzelgesetzen verstreut und teilweise in ihnen auch gut versteckt.

Wo finde ich die für mein Arbeitsverhältnis wichtigen Gesetze?

Einige Gesetze sind auszugsweise im Anschluß an Teil I dieses Bandes (S. 219 ff.) abgedruckt.

Die wichtigsten für das Arbeitsverhältnis geltenden Gesetze finden Sie im preiswerten Taschenbuch „Arbeitsgesetze" in der Reihe „Beck-Texte im dtv". Dieser Band enthält in ständig aktualisierter Form die wesentlichen gesetzlichen Spielregeln. Wenn Sie nicht gleich das richtige Gesetz finden, versuchen Sie es mit dem Stichwortverzeichnis am Ende dieser Gesetzessammlung.

3. Tarifverträge

Wir sind mit unserer Aufzählung wichtiger Rechtsquellen im Arbeitsrecht noch nicht am Ende. Von mindestens ebenso großer Bedeutung für das Arbeitsleben wie die Gesetze sind nämlich die Tarifverträge.

Was sind Tarifverträge?

Tarifverträge sind Verträge zwischen Gewerkschaften auf der einen Seite und Arbeitgeberverbänden oder einzelnen Firmen auf der anderen Seite. Auch Tarifverträge enthalten – wie Gesetze und Arbeitsverträge – Spielregeln für das Arbeitsverhältnis. Dabei werden in den Lohn- und Gehaltstarifverträgen die Lohnhöhe sowie die Lohngruppen festgelegt.

In Manteltarifverträgen (manchmal auch als „Rahmentarifverträge" bezeichnet) werden sonstige Arbeitsbedingungen festgelegt. Hier finden sich zum Beispiel Bestimmungen über die Länge der Arbeitszeit, Erholungsurlaub, Freistellung bei Verhinderung aus persönlichen Gründen, Überstunden, Kündigungsfristen und anderes.

Beispiel: Inhaltsübersicht des Manteltarifvertrags für das Gaststätten- und Beherbergungsgewerbe in Bayern

§ 1 Geltungsbereich
§ 2 Einstellung und Probezeit
§ 3 Kündigung/Beendigung des Ar-beitsverhältnisses
§ 4 Zeugnisse und Arbeitspapiere
§ 5 Entlohnungsgrundsätze
§ 6 Entlohnung bei Umsatzbeteiligung
§ 7 Arbeitszeit
§ 8 Mehrarbeitsvergütung
§ 9 Arbeit an Feiertagen
§ 10 Freie Tage der Arbeitnehmer (Ruhetage)
§ 11 Urlaub und zusätzliches Urlaubsgeld
§ 12 Weihnachtsgeld
§ 13 Anspruch bei Krankheit
§ 14 Lohnanspruch bei sonstiger unverschuldeter Arbeitsversäumnis und Hinterbliebenen-Fürsorge
§ 15 Garderobe und Wäsche
§ 16 Putzarbeiten
§ 17 Bruchgeld, Zechprellerei, Kreditgewährung, liegengebliebene Gegenstände
§ 18 Sonderbestimmungen für Saisonbetriebe
§ 19 Sonderbestimmungen für Betriebe mit eingeschränkter Betriebszeit
§ 20 Beschäftigungszeiten
§ 22 Freistellung von Tarifkommisionsmitgliedern
§ 23 Ausschlußfristen
§ 24 Vereinbarungen zwischen Arbeitgeber und Arbeitnehmer
§ 25 Schlußbestimmungen

Beachten Sie, daß es sich hier nur um ein Beispiel eines Manteltarifvertrags von vielen existierenden Manteltarifverträgen handelt. Dementsprechend unterschiedliche Ausgestaltungen finden Sie hier, was den Umfang und Inhalt anbetrifft. Es gibt also Tarifverträge, in denen mehr Fragen als in unserem Beispiel geregelt sind, aber auch solche, die sich mit weniger Punkten beschäftigen.

Wer legt diese Regeln fest?

Waren es beim Arbeitsvertrag Sie und der Arbeitgeber, bei den Gesetzen das Parlament, so sind es bei den Tarifverträgen die Tarifvertragsparteien, also die Gewerkschaften und die Arbeitgeberverbände oder einzelne Firmen, die die Regeln bestimmen.

Für wen gelten die in den Tarifverträgen festgehaltenen Regeln?

Die Regelungen eines Tarifvertrages gelten zunächst nur für „Tarifgebundene", das sind Mitglieder der den Tarifvertrag schließenden Gewerkschaft(en) einerseits und die Mitgliedsfirmen des jeweiligen Arbeitgeberverbandes andererseits.

Beispiel: Sie sind Mitarbeiter im Rechnungswesen eines großen Bauunternehmens. Im „Tarifvertrag vom 18. 4. 1983 über die Gewährung eines Teiles eines 13. Monatseinkommens zugunsten der Angestellten des Baugewerbes in der Bundesrepublik Deutschland und im Land Berlin" findet sich folgende Bestimmung:
§ 2 – Anspruch: „Arbeitnehmer, deren Arbeitsverhältnis am 30. Nov. des laufenden Kalenderjahres mindestens zwölf Monate ununterbrochen besteht, haben Anspruch auf Zahlung eines Betrages in Höhe von 60% ihres Tarifgehalts."
Ihr zum Bauindustrieverband (Arbeitgeberverband) gehörender Arbeitgeber zahlt Ihren Kollegen, Herrn G und Herrn W., die beide in der Gewerkschaft Bauen-Agrar-Umwelt organisiert sind, zu Weihnachten jeweils zusätzlich zu ihrem Gehalt 6/10 eines Monatsgehalts. Bei der Dezemberabrechnung stellen Sie fest, daß Ihr Arbeitgeber Ihnen kein anteiliges 13. Monatsgehalt ausgezahlt hat. – Zu Recht?

Ihr Arbeitgeber hat Ihnen rechtlich einwandfrei die zusätzliche Vergütung verweigert, weil Sie nicht tarifgebunden sind. Es gibt allerdings noch zwei weitere Möglichkeiten, wie die Regeln eines Tarifvertrages auf ein einzelnes Arbeitsverhältnis einwirken können, wie Sie also vielleicht doch noch in den Genuß der Tarifleistung kommen könnten.

Erste Möglichkeit: **Allgemeinverbindlichkeit.** Der Bundesarbeitsminister oder – soweit im Einzelfall hierzu beauftragt – die oberste Landesbehörde des jeweiligen Bundeslandes können auf Antrag einzelne Tarifverträge für allgemeinverbindlich erklären. Wie das Wort schon sagt, gelten diese Tarifverträge für alle Arbeitnehmer und Arbeitgeber der betreffenden Branche und des im Tarifvertrag genannten geographischen Geltungsbereichs (z. B. Hessen, Bayern usw.), unabhängig davon, ob sie gewerkschaftlich organisiert bzw. Verbandsmitglied sind oder nicht. 1996 waren 571 Tarifverträge allgemeinverbindlich. Da der in unserem Beispiel genannte Tarifvertrag nicht allgemeinverbindlich ist, können nicht gewerkschaftlich organisierte Arbeitnehmer hieraus keine Rechte herleiten.

Die zweite Möglichkeit besteht darin, daß der Tarifvertrag **einzelvertraglich als anwendbar vereinbart** wird. In einem solchen Fall enthält der Arbeitsvertrag etwa folgende Regelung:

> „Soweit in diesem Arbeitsvertrag nichts anderes bestimmt ist, finden die Tarifverträge für die Bauindustrie in ihrer jeweils geltenden Fassung Anwendung."

Wie kann ich mir einen Tarifvertrag besorgen?

Einfach ist es, wenn Sie in einer Gewerkschaft Mitglied sind. Dann wird man Ihnen ohne weiteres ein Exemplar des für Sie einschlägigen Tarifvertrages zukommen lassen. Schwieriger wird es, wenn Sie nicht organisiert sind. Hier kann Ihnen lediglich § 8 des Tarifvertragsgesetzes weiterhelfen:

> „Die Arbeitgeber sind verpflichtet, die für ihren Betrieb maßgebenden Tarifverträge an geeigneter Stelle im Betrieb auszulegen."

Das Gesetz gibt Ihnen also das Recht und die Möglichkeit, bei Ihrem Arbeitgeber Einsicht in den für Sie in Betracht kommenden Tarifvertrag zu nehmen. Diese Verpflichtung gilt allerdings nur für tarifgebundene Arbeitgeber, d. h. für Arbeitgeber, die Mitglieder der tarifvertragsschließenden Verbände sind und für solche Betriebe, die in den Geltungsbereich eines allgemeinverbindlichen Tarifvertrags fallen.

> **Beispiel:** Sie haben mit Ihrem Arbeitgeber einen Arbeitsvertrag geschlossen, der folgende Bestimmung enthält: „Soweit in diesem Vertrag nichts anderes bestimmt ist, finden die Vorschriften des Mantelvertrags für die Arbeitnehmer in der Metallindustrie in der jeweils geltenden Fassung Anwendung." – Der bezeichnete Tarifvertrag ist nicht allgemeinverbindlich, und Ihr Arbeitgeber ist auch nicht Mitglied des Arbeitgeberverbandes. Sie wollen bei Gelegenheit in der Personalabteilung in den Tarifvertrag Einsicht nehmen. Man sagt Ihnen, man habe leider kein Exemplar des Tarifvertrages und sehe auch keine Möglichkeit, ein solches zu beschaffen. Sie berufen sich auf § 8 des Tarifvertragsgesetzes. –Mit Recht?

Leider haben Sie kein durchsetzbares Recht, von Ihrem Arbeitgeber den Wortlaut des Tarifvertrags zu erfahren. Was können Sie also tun?

WICHTIG: *Sie können bei den Verbänden, die den Tarifvertrag abgeschlossen haben, ein Exemplar gegen Kostenerstattung anfordern. Diese sind aber zur Übersendung nur dann gesetzlich verpflichtet, wenn der Tarifvertrag allgemeinverbindlich ist.*

Wie kann ich in Erfahrung bringen, ob der für meinen Betrieb maßgebliche Tarifvertrag allgemeinverbindlich ist?

Hier empfiehlt sich ein Anruf oder eine Anfrage bei dem für Ihr Bundesland zuständigen Arbeitsministerium bzw. Senator für Arbeit. Dort weiß man über den aktuellen Stand der Allgemeinverbindlicherklärungen Bescheid.

4. Betriebsvereinbarungen

Was ist eine Betriebsvereinbarung?

In Betrieben, in denen eine Betriebsrat besteht, können Arbeitgeber und Betriebsrat über Fragen, die zum Aufgabenbereich des Betriebsrats gehören und im Betriebsverfassungsgesetz näher beschrieben sind, Verträge schließen. Diese Verträge nennt man Betriebsvereinbarungen. Sie haben – bezogen auf den Betrieb – ähnliche Wirkungen wie Tarifverträge.

> **Beispiel:** Ein Arbeitgeber vereinbart mit seinem Betriebsrat, daß in seinem Betrieb stichprobenweise Torkontrollen durchgeführt werden sollen. Die Vereinbarung sieht vor, daß diese Torkontrollen nur von einer Kommission, bestehend aus einem Vertreter der Personalabteilung, einem Mitglied des Betriebsrats und dem dienstältesten Arbeitnehmer, angeordnet und vorgenommen werden dürfen.

Welche Fragen sind normalerweise Gegenstand einer Betriebsvereinbarung?

Hier einige weitere Beispiele für Themen, zu denen häufig Betriebsvereinbarungen geschlossen werden:

- Festlegung von Beginn und Ende der Arbeitszeit sowie der Pausen,
- Regelung von Zeit, Ort und Art (z. B. bargeldlos) der Auszahlung der Arbeitsvergütung,
- Ausgestaltung und Verwaltung bestehender Sozialeinrichtungen (z. B. Kantine, Sportanlagen),
- Aufstellung allgemeiner Urlaubsgrundsätze (z. B. Einführung von Betriebsurlaub)

5. Gerichtsurteile

Es gibt noch einen wichtigen Komplex weiterer Spielregeln: das sogenannte Richterrecht. Hier wird's etwas kompliziert. Das Richterrecht ist nämlich nicht etwa eine Sammlung von festen Regeln, sondern es sind Entscheidungen von Gerichten in Einzelfällen. Diese Entscheidungen lassen allerdings mitunter erkennen, daß die jeweiligen Richter von bestimmten, regelmäßig durch Gesetze nicht erfaßten Regeln ausgegangen sind und diese auch angewendet haben.

Beispiel: Frau Kilian hat sich um die Position einer Filialleiterin einer Drogeriekette bewerben. Frau Kilian ist schwanger. Im Einstellungsfragebogen beantwortet sie wider besseres Wissen die Frage: „Sind Sie schwanger?" mit „Nein". Frau Kilian wird eingestellt. Nach einiger Zeit legt sie ein Schwangerschaftsattest vor, aus dem hervorgeht, daß sie bereits vor ihrer Einstellung schwanger war und das gewußt haben müßte. Der Personalleiter ist erbost. Frau Kilian bestreitet nicht, daß sie bei Ausfüllung des Fragebogens gewußt hat, daß sie schwanger war. Ihr Arbeitgeber ficht den Arbeitsvertrag wegen arglistiger Täuschung an. – Mit Erfolg?

Wie Sie im ersten Kapitel erfahren haben, wird die Firma mit ihrer Anfechtung keinen Erfolg haben. Denn die Frage nach der Schwangerschaft ist im allgemeinen unzulässig und kann folgenlos falsch beantwortet werden. (Einer der auf S. 9 u. 10 genannten Ausnahmefälle liegt nicht vor.) Die Spielregel:

> Die Frage nach der Schwangerschaft ist in der Regel unzulässig und kann von der Bewerberin ohne Folgen für den Bestand des Arbeitsverhältnisses falsch beantwortet werden.

werden Sie in keinem Gesetz finden. Sie ist Teil des Richterrechts oder genauer: Sie ist der Kernsatz der neueren Rechtsprechung des Bundesarbeitsgerichts, des höchsten Arbeitsgerichts in der Bundesrepublik Deutschland. Beachten Sie aber, daß das Richterrecht bestehende Gesetze nicht ändern kann, sondern lediglich da neue Regeln findet, wo Gesetze nicht genügend klar sind oder Lücken gelassen haben.

Wodurch unterscheiden sich die Gesetze vom Richterrecht?

Ein wichtiger Unterschied des Richterrechts zum Gesetz besteht darin, daß die Gerichte der unteren Instanzen (Arbeitsgerichte und Landesarbeitsgerichte) an solche Kernsätze des obersten Gerichts nicht zwingend gebunden sind. Sie können, wenn sie anderer Meinung sind, sich über ein solches höchstrichterliches Urteil hinwegsetzen. Von Richterrecht kann man also eigentlich erst dann sprechen, wenn solche Kernsätze, wie der vorher zitierte, in der Rechtsprechung der unteren Gerichte auch tatsächlich angewendet werden. Das ist allerdings häufig der Fall, so daß man in der Praxis als Faustregel davon ausgehen kann, daß die Rechtsprechung des Bundesarbeitsgerichts das arbeitsrechtliche Richterrecht bestimmt.

Ein weiterer Unterschied des Richterrechts zum Gesetzesrecht besteht darin, daß das Richterrecht – zumindest auf dem Gebiet des Arbeitsrechts – einem laufenden Wandel unterworfen ist. Der Richter oder Rechtsanwalt, der über das Richterrecht Bescheid wissen will, muß also ständig die neuesten Entscheidungen des Bundesarbeitsgerichts verfolgen, um auf dem laufenden zu sein.

WICHTIG: *Will man das in einem Urteil des Bundesarbeitsgerichts oder auch eines Landesarbeitsgerichts dokumentierte Richterrecht verstehen, muß man die Urteilsgründe sehr sorgfältig lesen. Häufig erschließt sich der Inhalt des Richterspruchs erst dann, wenn man auch den zugrundeliegenden Sachverhalt in den Einzelheiten kennt. Aus diesem Grund sind Urteilsleitsätze, wie Sie sie öfters in Zeitungen und Zeitschriften lesen können, nur mit Vorsicht zu genießen.*

Fassen wir noch einmal zusammen: Wenn Sie als Arbeitnehmer über die Spielregeln des Arbeitsverhältnisses Bescheid wissen wollen, müssen Sie verschiedene Quellen zu Rate ziehen. Die wesentlichen Quellen sind:

- der Arbeitsvertrag,
- die Gesetze,
- die Tarifverträge sowie
- die Betriebsvereinbarungen.

Die ersten beiden Quellen (Arbeitsvertrag und Gesetze) spielen für Sie immer eine Rolle, die beiden zuletzt genannten nur unter besonderen Voraussetzungen (Tarifbindung bzw. das Bestehen eines Betriebsrats). Darüber hinaus gibt es noch das Richterrecht, dessen Bedeutung für ein bestimmtes Problem im Einzelfall allerdings nur schwer einzuschätzen ist.

Ein relativ neues Gesetz schreibt übrigens vor, daß Ihr Arbeitgeber verpflichtet ist, Sie innerhalb eines Monats über wesentliche Bedingungen Ihres Arbeitsverhältnisses in Form eines schriftlichen Nachweises zu informieren. Dieses sog. **Nachweisgesetz** verlangt, daß insbesondere der Arbeitsort, die Art der von Ihnen verlangten Arbeitsleistung, die Höhe des Entgelts, die vereinbarte Arbeitszeit, die Dauer des jährlichen Erholungsurlaubs, die Kündigungsfristen sowie die Anwendbarkeit etwaiger Betriebsvereinbarungen und Tarifverträge angegeben werden.

6. Rangordnung unter Regeln, die sich widersprechen

Wenn Sie die beschriebene Situation betrachten, werden Sie vielleicht sagen: Bei so zahlreichen Regeln aus den unterschiedlichsten Quellen ist doch damit zu rechnen, daß sich diese Regeln widersprechen. Das ist tatsächlich ein wichtiges Problem. Immer wieder ergeben sich nämlich Regelungswidersprüche zwischen den genannten Quellen. Häufig sind diese Widersprüche sogar bewußt herbeigeführt, weil die Beteiligten mit der vorher vorhandenen Regelung nicht zufrieden waren.

Was gilt, wenn verschiedene Rechtsquellen zum gleichen Fall eine unterschiedliche Regelung vorsehen?

> **Beispiel:** In Ihrem Arbeitsvertrag steht unter der Überschrift: § 5 – Arbeitszeit: Es wird eine *tägliche* Arbeitszeit von elf Stunden vereinbart. In § 3 des Arbeitszeitgesetzes lesen Sie andererseits: „Die *werktägliche* Arbeitszeit darf die Dauer von acht Stunden nicht überschreiten." Es kommt zum Streit. Ihr Arbeitgeber erklärt: „Ich zahle Ihnen ohnehin ein sehr großzügig bemessenes Gehalt, deshalb bestehe ich auf der Ableistung der vereinbarten 77 Wochenstunden." Sie berufen sich hingegen auf das Arbeitszeitgesetz und sagen: „Ab der 49. Wochenstunde bin ich zur Arbeitsleistung nur in den vom Gesetz erlaubten Ausnahmefällen bereit." – Wer hat recht?

Sie haben recht, weil Sie sich auf ein zwingendes Gesetz berufen können. Die Vorschriften des Arbeitszeitgesetzes sind **zwingendes** Recht, das heißt, die Regel eines Arbeitsvertrags, die hiervon abweicht, ist unwirksam. Das Gesetz steht hier also auf höherer Stufe als der Einzelarbeitsvertrag. Hier noch einige weitere Beispiele für Fälle, in denen das Gesetz zwingende Reeln vorsieht:

- Mindesturlaub von 24 Werktagen nach dem Bundesurlaubsgesetz,
- Kündigungsschutz nach dem Kündigungsschutzgesetz,
- Anspruch auf Lohn-/Gehaltsfortzahlung im Krankheitsfall.

Nicht alle Gesetze haben jedoch zwingenden Charakter. Vielmehr gibt es eine Reihe von gesetzlichen Bestimmungen, die durch den Einzelarbeitsvertrag geändert werden können. Man nennt diese Bestimmungen dispositive bzw. abdingbare Gesetzesbestimmungen, weil sie „abbedungen" (= ausgeschaltet) werden können. Das kann durch den Arbeitsvertrag, einen Tarifvertrag oder eine Betriebsvereinbarung geschehen.

Beispiel: In Ihrem Arbeitsvertrag steht unter der Überschrift: „Kündigung": *Das Arbeitsverhältnis kann mit einer Frist von 2 Wochen gekündigt werden.*
In der Vorschrift des § 622 Absatz 1 Satz 1 des Bürgerlichen Gesetzbuches (abgekürzt: BGB) lesen Sie andererseits: *Das Arbeitsverhältnis eines Arbeiters oder eines Angestellten (Arbeitnehmers) kann mit einer Kündigungsfrist von vier Wochen zum Fünfzehnten oder zum Ende eines Kalendermonats gekündigt werden.*

Sie wollen wissen, was für Sie gilt: Die Bestimmung des Arbeitsvertrags (zwei Wochen) oder die des Gesetzes (vier Wochen zum Fünfzehnten oder zum Ende eines Kalendermonats). Die Lösung ergibt sich aus dem § 622 Absatz 5 BGB. Dort heißt es:

Einzelvertraglich kann eine kürzere als die in Absatz 1 genannte Kündigungsfrist nur vereinbart werden,
1. wenn ein Arbeitnehmer zur vorübergehenden Aushilfe eingestellt ist; das gilt nicht, wenn das Arbeitsverhältnis über die Zeit von drei Monaten hinaus fortgesetzt wird;
2. wenn der Arbeitgeber in der Regel nicht mehr als zwanzig Arbeitnehmer ausschließlich der zu ihrer Berufsbildung Beschäftigten beschäftigt und die Kündigungsfrist vier Wochen nicht unterschreitet...

Die einzelvertragliche Vereinbarung längerer als der in den Absätzen 1 bis 3 genannten Kündigungsfristen bleibt hiervon unberührt.

Lassen Sie sich durch das kompliziert klingende Juristendeutsch nicht abschrecken! Gemeint ist, daß **zugunsten** des Arbeitnehmers (längere Kündigungsfristen also) immer abgewichen werden kann. Eine Abweichung zum **Nachteil** des Arbeitnehmers ist andererseits nur dann möglich, wenn Sie zur vorübergehenden Aushilfe eingestellt wurden und das Arbeitsverhältnis noch nicht länger als drei Monate besteht oder wenn Ihr Arbeitgeber nicht mehr als 20 Arbeitnehmer beschäftigt.

Was sind tarifdispositive Gesetzesbestimmungen?

Es geht noch einen Schritt weiter: Es gibt gesetzliche Bestimmungen, die nicht durch einen Arbeitsvertrag, wohl aber durch den Tarifvertrag abgeändert werden können.

Beispiel: In einem Manteltarifvertrag ist bestimmt, daß die Kündigungsfrist innerhalb der Probezeit eine Woche beträgt.

Eine solche Regelung wäre in einem Arbeitsvertrag unzulässig und damit unwirksam. Im Tarifvertrag ist sie jedoch erlaubt. Das ergibt sich aus § 622 Absatz 4 des Bürgerlichen Gesetzbuchs: „Von den Absätzen 1 bis 3 abweichende Regelungen können durch **Tarifvertrag** vereinbart werden..."

Wegen dieses Vorbehalts nennt man die Vorschrift des § 622 BGB „tarifdispositiv", was soviel heißt wie: kann durch Tarifvertrag abbedungen, also ausgeschaltet werden.

Warum können manche Gesetze durch Tarifvertrag, nicht aber durch den Arbeitsvertrag abgeändert werden?

In diesem Fall sind den Parteien des Arbeitsvertrages die Hände mehr gebunden als den Tarifvertragsparteien (= Gewerkschaften und Arbeitgeberverbänden). Dahinter steckt die Vorstellung des Gesetzgebers, daß ein Tarifvertrag Ergebnis einer Verhandlung zwischen ungefähr gleich starken Partnern ist. Diese sind mit den Gegebenheiten der einzelnen Branche am besten vertraut. Sie können am besten beurteilen, was hier richtig und angemessen ist. Man unterstellt, daß bei Tarifverträgen unter dem Strich die Interessen beider Seiten gewahrt sind. Bei (Einzel-)Arbeitsverträgen wird dies nicht so gesehen. Das Gesetz hält die Position des Arbeitnehmers, der einen Arbeitsvertrag schließt, ohne in den Schutzbereich eines Tarifvertrags zu fallen, für besonders schützenswert und greift da mit zwingenden Spielregeln ein.

Welche Rangordnung herrscht zwischen den verschiedenen Rechtsquellen im Arbeitsrecht?

Wir haben festgestellt, daß bei den Regelarten zu unterscheiden ist zwischen *zwingenden* und *abdingbaren* Regeln. Hieraus ergibt sich – beginnend mit dem höchsten Rang – folgende Rangordnung:

1. Zwingende Gesetzesbestimmungen
2. Zwingende Bestimmungen eines Tarifvertrags
3. Zwingende Bestimmungen einer Betriebsvereinbarung,
4. Bestimmungen des (Einzel-)Arbeitsvertrags,
5. Abdingbare Bestimmungen einer Betriebsvereinbarung,
6. Abdingbare Bestimmungen eines Tarifvertrages,
7. Abdingbare Gesetzesbestimmungen

Was sagt uns diese Rangliste? Sie gibt Aufschluß über die Durchschlagskraft der verschiedenen Regeln, je nachdem, welcher Gruppe sie zuzuordnen sind. Widersprechen sich also Regeln verschiedener Regelgruppen, die den gleichen Sachverhalt betreffen (zum Beispiel die Länge der Arbeitszeit in unserem Beispiel), so brauchen wir nur festzustellen, welchen Rechtsquellen die sich widersprechenden Regeln zugehören, um zu erkennen, welche Regel die *stärkere* ist und die andere aussticht: Je höher in der Rangordnung, um so stärker.

WICHTIG: *Häufig ist im Gesetz oder Tarifvertrag ausdrücklich bestimmt, ob und inwieweit abweichende Regeln der Arbeitsvertragsparteien oder der Betriebspartner (Arbeitgeber und Betriebsrat) zulässig sein sollen. Es gibt aber auch Fälle, in denen dies nicht eindeutig zum Ausdruck gebracht wird und erst durch Auslegung der Vorschrift ermittelt werden kann.*

Was sind beidseitig zwingende und einseitig zwingende Vorschriften?

Bei den **zwingenden** Vorschriften muß man sich im Einzelfall noch vergewissern, ob jede Abweichung oder nur eine Abweichung zu Lasten des Arbeitnehmers verboten ist.

> **Beispiel:** Das Bundesurlaubsgesetz bestimmt einen Mindesturlaub von 24 Werktagen pro Jahr. Eine für den Arbeitnehmer günstigere Regelung (also mehr Urlaub) kann im Arbeitsvertrag vereinbart werden.

Man nennt eine solche gesetzliche Regelung „einseitig zwingendes" Gesetz, einseitig, weil einer Abweichung nur in einer Richtung (nämlich zum Nachteil des Arbeitnehmers) ein Riegel vorgeschoben wird.

Zwingende Bestimmungen des Tarifvertrags oder einer Betriebsvereinbarung sind immer **einseitig** zwingend, das heißt, einzelvertragliche Abmachungen, die für Sie als Arbeitnehmer günstiger sind, bleiben möglich. Man nennt das deshalb auch **Günstigkeitsprinzip.** Als Faustregel können Sie sich also merken, daß zwingende Regeln in Gesetzen, Tarifverträgen oder Betriebsvereinbarungen regelmäßig nicht ausschließen, daß im **Einzelarbeitsvertrag** für den Arbeitnehmer etwas günstigeres vereinbart wird.

Wie ist das Kräfteverhältnis zwischen Tarifvertrag und Betriebsvereinbarung?

Eine weitere Besonderheit müssen wir uns noch für das „Stärkeverhältnis" von Tarifvertrag einerseits und Betriebsvereinbarung andererseits merken: Hier hat der Gesetzgeber nämlich die Rangordnung so geregelt, daß im üblichen Betätigungsfeld der Tarifvertragsparteien Vereinbarungen zwischen Betriebsrat und Arbeitgeber generell **unzulässig** sein sollen. Das gilt auch dann, wenn die Betriebspartner für den Arbeitnehmer günstigeres vereinbaren. § 77 Absatz 3 Satz 1 des Betriebsverfassungsgesetzes stellt hierzu fest:

> „Arbeitsentgelte und sonstige Arbeitsbedingungen, die durch Tarifvertrag geregelt sind oder üblicherweise geregelt werden, können nicht Gegenstand einer Betriebsvereinbarung sein."

Sinn dieser Vorschrift: Den Gewerkschaften soll Vorrang vor den Betriebsräten eingeräumt werden. Es soll verhindert werden, daß das Recht der Gewerkschaften zum Abschluß von Tarifverträgen durch eifrige Betriebsräte beeinträchtigt oder ausgehöhlt wird. Man sagt auch: Der Tarifvertrag übt eine „Sperrwirkung" aus.

III. Der Arbeitsvertrag

1. Recht auf Abschluß eines Arbeitsvertrags?

Beispiel: Ein großes Hamburger Bekleidungshaus, das auch über eine eigene Produktion verfügt, sucht per Zeitungsannonce einen Schneidermeister. „Der Bewerber sollte mindestens 30 Jahre und nicht über 40 Jahre alt sein", heißt es dort. Der 35jährige Schneidermeister Heinz Petersen bewirbt sich. Aus seinen Bewerbungsunterlagen ergibt sich, daß er die Meisterprüfung mit „sehr gut" bestanden und beste Zeugnisse hat. Seine Bewerbung bleibt ohne Erfolg. Herr Petersen will auf Einstellung klagen. Hat er damit Aussicht auf Erfolg?

Gibt es einen Anspruch des Arbeitnehmers auf Einstellung bei Vorliegen der Einstellungsvoraussetzungen?

Grundsätzlich nein! Niemand kann gezwungen werden, überhaupt einen Vertrag oder einen Vertrag mit einer bestimmten Person abzuschließen. Dieser Grundsatz der Vertragsfreiheit gilt auch für den Arbeitsvertrag. Der Arbeitsvertrag besteht – wie andere Verträge auch – aus inhaltlich übereinstimmenden Willenserklärungen **beider** Parteien, aus Angebot und Annahme. An solchen einander entsprechenden Willenserklärungen fehlt es in unserem Beispiel.

Das arbeitgeberseitige „Ja" kann durch Herrn Petersen auch nicht gerichtlich erzwungen werden. Gewisse Ausnahmen gelten allerdings für den öffentlichen Dienst. Dort kann bei einer erkennbar willkürlichen Ablehnung eines Bewerbers unter Umständen auf Einstellung geklagt werden.

Wie gesagt, handelt es sich hierbei jedoch nur um eine seltene Ausnahme.

WICHTIG: *Im allgemeinen haben Sie bei noch so guter Qualifikation keine Möglichkeit, einen Arbeitgeber zu zwingen, es mit Ihnen zu versuchen.*

Welche Besonderheiten gelten bei der Einstellung einer Frau?

Beispiel: Karin Saule ist 40 Jahre alt und hat ein abgeschlossenes Fachhochschulstudium als Bauingenieur. Die Fa. Hochbau GmbH sucht per Annonce „den erfahrenen Vertriebsleiter-Stahlbau". Frau Saule bewirbt sich. Kurze Zeit später erhält sie eine Absage, in der ihr mitgeteilt wird, daß sie für die engere Auswahl nicht in Betracht komme, da sie in Süddeutschland wohne und man im Hinblick auf die Vielzahl der Bewerbungen nur Bewerber berücksichtigen wolle, die im norddeutschen Raum wohnhaft seien. In der Zeitungsannonce war nicht erwähnt, daß in erster Linie Bewerbungen aus Norddeutschland berücksichtigt würden. Frau Saule ist empört. Sie vermutet, daß sie wegen ihres Geschlechts nicht in die engere Auswahl gezogen wurde. Frau Saule will das nicht hinnehmen und geht zum Arbeitsgericht. Dort erhebt sie Klage mit dem Antrag, die Hochbau GmbH zu verurteilen, sie einzustellen. Falls das nicht gehe, solle ihr die Hochbau GmbH wenigsten Schadensersatz in Höhe von mindestens sechs Monatsverdiensten zahlen. Sie habe nämlich erst ein halbes Jahr nach der erfolglosen Bewerbung eine anderweitige Anstellung gefunden. Wird Frau Saule Erfolg haben?

Frau Saules Erwartungen werden sich nicht voll erfüllen. Allerdings wird sie auch nicht leer ausgehen.

Fangen wir bei Frau Saules Forderung nach einem Arbeitsvertrag an. Mit diesem Verlangen wird sie keinen Erfolg haben. Die Gesetzeslage schließt normalerweise einen gerichtlich durchsetzbaren Einstellungsanspruch einer wegen ihres Geschlechts übergangenen Frau aus.

Muß ein Arbeitgeber dann überhaupt Konsequenzen befürchten, wenn er eine Bewerberin bei einer Einstellung übergeht, weil sie eine Frau ist?

Ja. Ganz ohne Folgen bleibt das Verhalten des im alten Geschlechterdenken verhafteten Arbeitgebers nicht. Schauen wir uns zu diesem Thema den Gesetzestext des § 611 a Bürgerlichen Gesetzbuchs an:

> Absatz 1: Der Arbeitgeber darf einen Arbeitnehmer bei einer Vereinbarung oder einer Maßnahme, insbesondere bei der Begründung des Arbeitsverhältnisses, beim beruflichen Aufstieg, bei einer Weisung oder einer Kündigung nicht wegen seines Geschlechts benachteiligen. (...)
> Absatz 2: Hat der Arbeitgeber bei der Begründung eines Arbeitsverhältnisses einen Verstoß gegen das Benachteiligungsverbot des Absatzes 1 zu vertreten, so kann der hierdurch benachteiligte Bewerber eine angemessene Entschädigung in Geld in Höhe von höchstens drei Monatsverdiensten verlangen.

Ein Arbeitgeber muß also mit einem Entschädigungsanspruch von bis zu drei Monatsverdiensten rechnen, wenn er bei Einstellung eines Bewerbers schuldhaft eine Bewerberin benachteiligt, indem er sie wegen ihres Geschlechts übergeht.

> **WICHTIG:** *Die übergangene Bewerberin muß innerhalb von zwei Monaten nach der Ablehnung ihre Forderung schriftlich geltend machen.*

Wann kann man von einer Benachteiligung einer Bewerberin wegen ihres Geschlechts reden?

Nur selten wird vom Arbeitgeber die ablehnende Entscheidung damit begründet, daß die Bewerberin eine Frau sei. Wenn er das tut, kann die Bewerberin ohne weiteres Schadensersatz fordern. Wenn die Ablehnung aber – wie in unserem Fall – auf andere Gründe gestützt wird, ist es schwierig, eine Benachteiligung wegen des Geschlechts nachzuweisen. Gesetz und Rechtsprechung haben hierzu jedoch Grundsätze entwickelt, die die Verfolgung eines solchen Schadensersatzanspruchs erleichtern.

- Für eine Benachteiligung i.S. § 611a BGB ist es nicht erforderlich, daß das Geschlecht die wesentliche Ursache für die Ablehnung einer Bewerberin war. Es reicht, wenn das Geschlecht ein Aspekt im für die Entscheidung des Arbeitgebers maßgeblichen „Motivbündel" war.
- Gelingt es einer Bewerberin, eine Benachteiligung überwiegend wahrscheinlich zu machen, so muß der Arbeitgeber beweisen, daß ausschließlich nicht auf das Geschlecht bezogene Umstände eine unterschiedliche Behandlung rechtfertigen.
- Der Arbeitgeber kann seine Auswahlentscheidung zugunsten eines männlichen Bewerbers nicht nachträglich mit Auswahlgesichtspunkten (in unserem Beispiel: Wohnsitz in Norddeutschland) begründen, die weder in der Ausschreibung noch im Auswahlverfahren formuliert wurden. Tut er es dennoch muß er beweisen, daß es sich hier nicht nur um eine „vorgeschobene" Begründung handelt.
- Bereits in der Gestaltung des Auswahlverfahrens kann eine Benachteiligung liegen, so etwa, wenn eine Bewerberin entgegen einer ursprünglichen Ankündigung nicht zum Vorstellungsgespräch geladen wird.

Wovon hängt die Höhe der Entschädigung ab?

Das Gesetz sieht eine Entschädigung von höchstens drei Monatsverdiensten vor. Es werden also nicht in jedem Fall drei Monatsgehälter zugesprochen. Vielmehr hat das Gericht einen Spielraum für seine Entscheidung, der zwischen Null und drei Monatsgehältern liegt. In der Praxis wird jedoch die Bandbreite wohl zwischen einem halben Gehalt und den gesetzlich vorgegebenen drei Gehältern liegen. Folgende Einzelumstände sind dabei von Bedeutung:

- der Grad des Verschuldens des Arbeitgebers,
- die Art und die Schwere der Benachteiligung der Bewerberin,
- die Nachhaltigkeit und Fortdauer der Interessenschädigung (z. B. längere Arbeitslosigkeit).

In unserem Beispiel hat der Arbeitgeber durch die Formulierung der Annonce deutlich zu erkennen gegeben, daß er Frauen nicht berücksichtigen will. Er hat deutlich gemacht, daß er sich für die freie Position als Stelleninhaber einen Mann vorstellt. Dies und die Tatsache, daß Frau Saule offenbar längere Zeit nach Ablehnung der Bewerbung arbeitslos war, sprechen dafür, daß ihr ein Schadensersatz zugesprochen wird, der sich zwischen 1,5 und drei Monatsgehältern bewegt. Bedenken Sie aber, daß jeder Fall anders liegt, und die Gerichte in der Bewertung einzelner Umstände mitunter erheblich voneinander abweichen.

2. Notwendiger Inhalt eines Arbeitsvertrags

Wir haben vorher festgestellt, daß ein Arbeitsvertrag durch inhaltlich übereinstimmende Willenserklärungen vom Arbeitgeber und Arbeitnehmer zustande kommt. Wir haben aber nicht geklärt, was da eigentlich gesagt oder geschrieben sein muß, damit wir von einem Arbeitsvertrag reden können. Ein Arbeitsvertrag kommt immer dann zustande, wenn sich beide Parteien über die wesentlichen Punkte geeinigt haben, nämlich

- über die zu leistende Arbeit und
- darüber, daß gegen Bezahlung gearbeitet werden soll.

Gerade bei dem zuletzt genannten Punkt kommt es häufig zu Mißverständnissen.

WICHTIG: *Bei Tätigkeiten, die üblicherweise nur entgeltlich ausgeübt werden – hierzu gehört auch die Einarbeitung – muß zwar im Streitfall der Arbeitgeber beweisen, daß Unentgeltlich-*

keit vereinbart war. Um späteren Mißverständnissen aus dem Weg zu gehen, empfiehlt es sich jedoch, bereits vor Antritt der Arbeit bzw. vor Beginn des „Umschauens im Betrieb“ die Frage der Bezahlung anzusprechen.

Muß ein Arbeitsvertrag schriftlich geschlossen werden?

Das Gesetz sieht keine Schriftform vor (Im Gegensatz zu manchen Tarifverträgen). Man sagt: Es gilt der Grundsatz der **Formfreiheit**. Arbeitsverträge können also mündlich, schriftlich, ausdrücklich oder auch nur durch schlüssiges Verhalten abgeschlossen werden (dazu gleich mehr).

Allerdings schreibt ein relativ neues Gesetz vor, daß Ihr Arbeitgeber verpflichtet ist, Sie innerhalb eines Monats über wesentliche Bedingungen Ihres Arbeitsverhältnisses in Form eines schriftlichen Nachweises zu informieren. Dieses Nachweisgesetz verlangt, daß insbesondere der Arbeitsort, die Art der von Ihnen verlangten Arbeitsleistung, die Höhe des Entgelts, die vereinbarte Arbeitszeit, die Dauer des jährlichen Erholungsurlaubs, die Kündigungsfristen sowie die Anwendbarkeit etwaiger Betriebsvereinbarungen und Tarifverträge angegeben werden. Unter den Juristen bestehen leider noch Meinungsverschiedenheiten darüber, welche Folgen es hat, wenn der Arbeitgeber dieser seiner Verpflichtung nicht nachkommt.

Was versteht man unter einem Arbeitsvertrag durch schlüssiges Verhalten?

Dazu folgendes

Beispiel: Auf eine Anforderung bei der studentischen Job-Vermittlung hin meldet sich der Student Martin Frey bei der Firma Obst-Import GmbH zum Entladen von LKWs mit griechischen Erdbeeren. Herr Frey übergibt dem Personalsachbearbeiter der Firma Obst-Import GmbH seine Lohnsteuerkarte und wird von diesem zu den zu entladenden Lkws geschickt. „Melden Sie sich bei dem Vorarbeiter, Herrn Karo", sagt er.

Wie Sie sehen, fehlt es hier an ausdrücklichen Erklärungen, die auf Abschluß eines Arbeitsvertrags gerichtet sind. Es reicht, daß sich beide Seiten so verhalten haben, daß der Wille ein Arbeitsverhältnis abzuschließen, deutlich geworden ist. Der Student Frey hat seinen Willen dazu durch Übergabe der Lohnsteuerkarte gezeigt, der Personalsachbearbeiter dadurch, daß er Herrn Frey zur Arbeit geschickt hat. Aus der Übergabe der Lohnsteuerkarte kann auch entnommen werden, daß Arbeit gegen Bezahlung gewollt war.

Ist der Abschluß eines schriftlichen Arbeitsvertrags zu empfehlen?

Wir haben bereits gesehen, daß Arbeitsverträge schon bei sehr knappen Erklärungen beider Seiten zustande kommen. Sie wissen weiterhin, daß in den Gesetzen und – wenn anzuwenden – Tarifverträgen zahlreiche „Spielregeln" zur Verfügung stehen, die bei den meisten Arbeitsverhältnissen für eine mehr oder weniger ausgewogene Verteilung von Rechten und Pflichten beider Seiten sorgen. Könnte man, so gesehen, sagen, daß ein schriftlicher Arbeitsvertrag aus der Sicht des Arbeitnehmers eigentlich überflüssig ist?

In rechtlicher Hinsicht ist der Abschluß eines schriftlichen Arbeitsvertrags immer dann dringend anzuraten, wenn Sie in einzelnen oder mehreren Punkten günstigere Konditionen ausgehandelt haben, als Ihnen von den allgemeinen Regeln her (Gesetz, Tarifvertrag, Betriebsvereinbarungen) zustehen.

Beispiel: Sie haben mit Ihrem Arbeitgeber vor Beginn des Arbeitsverhältnisses einen Jahresurlaub von 36 Werktagen vereinbart. Demgegenüber stehen Ihnen laut § 3 Absatz 1 Bundesurlaubsgesetz (abgek.: BUrlG) nur 24 Werktage pro Jahr zu.

Das menschliche Gedächtnis ist mangelhaft und es könnte sein, daß Sie im Streitfall später in Beweisnot geraten, weil sich Ihr Arbeitgeber an eine solche Abmachung nicht mehr erinnern kann. Und wenn Sie nach der Rechtslage etwas beweisen müssen, aber nicht können, nützt es Ihnen nichts, wenn Sie eigentlich recht haben.

IV. Das Weisungsrecht des Arbeitgebers

Beispiel: Christine Merk hat nach längerer Zeit unfreiwilliger Arbeitslosigkeit eine Stelle als Chefsekretärin in der mittelständischen Firma Werkzeugbau GmbH angetreten. In ihrem Arbeitsvertrag heißt es u. a.: „Die Arbeitnehmerin wird als Chefsekretärin eingestellt." Frau Merk, die ausgebildete Erzieherin ist und früher auch in diesem Beruf gearbeitet hat, bemüht sich sehr, ihren Aufgaben gerecht zu werden. Als ihr Chef, Herr Fudickar, jedoch zu ihr sagt: „Frau Merk, bitte servieren Sie mir eine Tasse Kaffee", ist sie sich momentan unschlüssig, was sie davon halten soll. In den verschiedenen Einrichtungen, in denen sie früher gearbeitet hat, hatten sich immer alle Mitarbeiter – Leiter eingeschlossen – daran beteiligt, den Kaffee zu kochen. Widerstrebend führt sie den Auftrag aus. Ihre Freundin, der sie davon erzählt, hält nicht damit zurück, daß sie derartiges „Chef-Gehabe" im Zeitalter der Gleichberechtigung für überholt hält. „In Deinem Arbeitsvertrag ist von Kaffeekochen nicht die Rede. So etwas brauchst Du Dir nicht gefallen zu lassen." – Hat Frau Merks Freundin recht?

1. Inhalt einer Weisung und rechtliche Grundlage für das Weisungsrecht des Arbeitgebers

Die Bitte von Herrn Fudickar an Frau Merk, ihm Kaffee zu kochen, ist eine Weisung. Mit ihr bringt Herr Fudickar konkret zum Ausdruck, welche Arbeitsleistung er von Frau Merk verlangt. Man sagt auch, der Arbeitgeber konkretisiert mit der Weisung die arbeitsvertraglichen Pflichten.

Was kann Inhalt einer Weisung sein?

Die möglichen Inhalte einer Weisung sind so vielfältig wie das Arbeitsleben. Ob eine solche Weisung dann im Einzelfall zulässig und damit rechtswirksam ist, ist eine andere Frage, die anschließend behandelt wird. Eine Weisung kann neben dem Kaffeekochen das Tragen von Schutzkleidung, ein Rauchverbot, die Arbeitszeit, den Ort der Arbeit (Versetzung) oder ihren Umfang (Kurzarbeit, Überstunden) und vieles andere mehr betreffen.

Woran kann ich eine Weisung erkennen?

Im Grunde gibt es kein einheitliches äußerliches Erkennungszeichen einer Weisung. Sie kann in der Form eines „Faß mal an!" des Tischlermeisters, einem „Hauruck" des Vorarbeiters, einer betrieblichen „Arbeitsordnung" mit vielen einzelnen Weisungen (z. B. „Alle mit Schweißarbeiten Beschäftigten müssen eine Schutzbrille tragen"), der Zuweisung von Verkaufsbezirken an einen Vertreter bis hin zum förmlichen Schreiben an einen leitenden Angestellten mit einer Versetzungsanordnung ins Ausland auftreten. All dem gemeinsam ist lediglich, daß der Arbeitgeber oder sein Vertreter vom Arbeitnehmer eine bestimmte Verrichtung (auch mehrere) oder eine bestimmte Verhaltensweise fordert.

Woher nimmt der Arbeitgeber das Recht, mir Weisungen zu erteilen?

Mit der Anweisung Kaffee zu kochen, hat Herr Fudickar von seiner Befugnis Gebrauch gemacht, die Arbeitspflicht von Frau Merk durch einseitige Weisung zu konkretisieren. Rechtsgrundlage ist der Arbeitsvertrag, in dem die zu leistende Arbeit nur ihrer Art nach (*Chefsekretärin*) festgelegt wurde. Wer einen Arbeitsvertrag schließt, weiß, daß er gesagt bekommt, was er zu tun hat. Das ist so selbstverständlich, daß die Unterwerfung des Arbeitnehmers unter das Weisungsrecht des Arbeitgebers nicht eigens ausgesprochen oder vereinbart werden muß. Auch für den Gesetzgeber war das offenbar so klar, daß er sich hierüber ausschweigt. Lediglich für den Bereich einer bestimmten Arbeitnehmergruppe ist das Weisungsrecht in § 121 der Gewerbeordnung angesprochen:

„Gesellen und Gehilfen sind verpflichtet, den Anordnungen der Arbeitgeber in Beziehung auf die ihnen übertragenen Arbeiten und auf die häuslichen Einrichtungen Folge zu leisten; zu häuslichen Arbeiten sind sie nicht verbunden."

Das klingt recht altertümlich, was auch verständlich ist, wenn man bedenkt, daß die Gewerbeordnung am 21. Juni 1869 erstmals in Kraft getreten ist und damit deutlich über 100 Jahre alt ist.

Doch zurück zu Frau Merks Problem, denn noch ist nicht ganz klar, ob Herr Fudickar mit seiner Weisung nicht zu weit gegangen ist.

2. Was der Arbeitgeber darf und was er nicht darf

Welche Arbeit der Arbeitnehmer im einzelnen zu leisten hat, bestimmt sich in erster Linie nach dem **Arbeitsvertrag** (eine Ausnahme gilt nur dann, wenn höherrangige Regeln, also zwingendes Gesetz, Tarifvertrag, oder Betriebsvereinbarung, etwas anderes vorsehen). Die wesentliche Beschränkung des Weisungsrechts liegt also im Arbeitsvertrag.

Zum Problem des Kaffeekochens sagt der Arbeitsvertrag jedoch nichts. Wir müssen also durch **Auslegung** des Arbeitsvertrags feststellen, ob diese Tätigkeit zum Pflichtenkreis von Frau Merk gehört. Hierbei wird entscheidend sein, was unter den konkreten Umständen – mittelständisches Unternehmen, produzierendes Gewerbe – üblicherweise unter der Arbeit einer Chefsekretärin verstanden wird. Kaffeekochen gehört hier immer noch zum Berufsbild einer Chefsekretärin. Frau Merk hätte entgegen der Meinung ihrer Freundin kein Recht gehabt, das Kaffeekochen zu verweigern.

Anders wäre die Sachlage zu beurteilen, wenn Frau Merk als Schreibkraft im zentralen Schreibdienst der Firma Werkzeugbau GmbH angestellt worden wäre. Dann wäre die Weisung von Herrn Fudickar, ihm Kaffee zu kochen, nicht mehr im zulässigen Rahmen des Weisungsrechts und daher rechtswidrig.

Welchen Beschränkungen unterliegt der Arbeitgeber im Bereich der arbeitsvertraglichen Hauptleistungspflichten (Ort, Art und Zeit der Arbeitsleistung, Höhe der Vergütung)?

Bei Frau Merk ging es „lediglich" um die Zulässigkeit von Weisungen in einem relativ unbedeutenden Teilbereich des Arbeitsalltags. Jedoch auch im Bereich der arbeitsvertraglichen Hauptleistungspflichten wird der Rahmen durch den Arbeitsvertrag gesteckt. Nur soweit nichts Genaues vereinbart ist, kann der Arbeitgeber im Rahmen seines Weisungs- und Direktionsrechts bestimmen, welche Arbeit der Arbeitnehmer im einzelnen zu leisten hat.

> **Beispiel:** Ist der Arbeitnehmer für eine bestimmte Tätigkeit, z. B. als Autoverkäufer bei einem Autohändler angestellt, so ist diese Tätigkeit Inhalt des Arbeitsvertrages. Der Arbeitgeber darf ihn dann mit dem Verkauf aller von ihm gehandelten Automarken beschäftigen. In die Lohnbuchhaltung darf er ihn aber nicht versetzen, auch wenn der Arbeitnehmer dort mit der gleichen Bezahlung rechnen kann. Weder Arbeitgeber noch Arbeitnehmer können den zwischen ihnen bestehenden Arbeitsvertrag **einseitig** ändern.

Eine Änderung des Arbeitsvertrags ist nur möglich, wenn beide Seiten zustimmen. Der Arbeitgeber kann jedoch versuchen, die Änderung des Arbeitsverhältnisses im Wege einer Änderungskündigung durchzusetzen (mehr darüber im 4. Abschnitt dieses Kapitels, S. 58).

Gibt es Situationen, in denen der Arbeitgeber auch andere als nach dem Arbeitsvertrag zulässige Arbeiten zuweisen kann?

In Notfällen (z. B. Brand, Überschwemmung) muß der Arbeitnehmer auf Weisung des Arbeitgebers kurzfristig auch andere als nach dem Arbeitsverhältnis zulässige Arbeiten verrichten.

Kann der Arbeitgeber im Rahmen seines Weisungsrechts auch eine geringer bezahlte Stelle zuweisen?

Im allgemeinen kann der Arbeitgeber eine geringer bezahlte Stelle auch dann nicht zuweisen, wenn sich die Tätigkeitsbeschreibung der neuen Stelle noch im Rahmen des durch den Arbeitsvertrag festgelegten Bereichs hält. Dem Arbeitgeber ist es nämlich grundsätzlich verwehrt, den Arbeitnehmer im Rahmen seines Weisungsrechts auf einen Arbeitsplatz mit geringerer Entlohnung umzusetzen.

Beispiel: Peter Brandl ist seit einigen Jahren bei der Bausparkasse BSK angestellt. Sein Arbeitsvertrag sieht eine Beschäftigung als „kaufmännischer Angestellter" vor. Herr Brandl wurde in der Beratungsstelle München-Süd als Kreditsachbearbeiter im Außendienst beschäftigt. Nachdem die Arbeitsleistung von Herrn Brandl deutlich nachgelassen hat, ordnet die BSK an, daß Herr Brandl keine Kundenberatung mehr durchzuführen, sondern nur noch im „Innendienst" zu arbeiten habe. Die Tätigkeit im Innendienst wird nach dem Gehaltsschema der BSK mit 400 DM pro Monat geringer vergütet als die Tätigkeit im Außendienst (am Kundenschalter). Herr Brandl ist mit der neuen Tätigkeit nicht einverstanden und hält die Umsetzung für unwirksam. – Mit Recht?

Inhaltlich hat sich der Arbeitgeber durchaus im Rahmen seines Weisungsrecht gehalten, weil Herr Brandl auch nach der Versetzung weiterhin entsprechend seinem Arbeitsvertrag als kaufmännischer Angestellter beschäftigt wurde. Gleichwohl ist die Maßnahme unzulässig und damit rechtsunwirksam, weil die Umsetzung zu einer geringer entlohnten Tätigkeit geführt hat. Hier hätte die BSK eine Änderungskündigung aussprechen müssen, um Herrn Brandl wirksam in die neue Position umsetzen zu können. Das Weisungsrecht findet also im allgemeinen da seine Grenze, wo die Maßnahme Auswirkungen auf die Lohnabrechnung des Arbeitnehmers hat.

Das gilt grundsätzlich auch dann, wenn der Arbeitgeber sich im Arbeitsvertrag die Versetzung auf eine geringer entlohnte Stelle vorbehalten hat.

> **Beispiel:** Der Arbeitsvertrag enthält folgende Bestimmung: Der Arbeitgeber behält sich vor, soweit erforderlich, den Arbeitnehmer auf eine andere, ggf. auch geringer entlohnte Stelle umzusetzen.

Nach Auffassung des Bundesarbeitsgerichts ist ein solcher Vorbehalt rechtsunwirksam und damit ohne Bedeutung.

> **WICHTIG:** *Steht ein solcher Vorbehalt allerdings in einem Tarifvertrag, so ist er nach Auffassung des Bundesarbeitsgerichts wirksam.*

Ist jede Maßnahme, die sich im Rahmen des Weisungsrechts hält, rechtens?

Nein. Bei Ausübung des Weisungsrechts muß der Arbeitgeber seine Maßnahmen **nach billigem Ermessen** treffen.

Eine Weisung entspricht billigem Ermessen, wenn sie nicht willkürlich ist und die Interessen des Arbeitnehmers angemessen berücksichtigt. Der Arbeitgeber muß also insbesondere auf die Kräfte und Fähigkeiten des Arbeitnehmers sowie seine bisherige Tätigkeit Rücksicht nehmen. Er darf sich nicht von unsachlichen Motiven leiten lassen und muß unter mehreren gleich praktikablen Maßnahmen diejenige Maßnahme wählen, die den Arbeitnehmer am wenigsten belastet.

> **Beispiel:** Florian Bode ist seit sechs Jahren bei einer Wirtschaftsdetektei als Außendienstmitarbeiter (Akquisiteur) beschäftigt. Ihm war zunächst als Außendienstbezirk der Landkreis München sowie München-Stadt zugewiesen, wobei sich der Arbeitgeber

im Arbeitsvertrag eine Änderung des Außendienstbezirks vorbehalten hatte. Im Zuge einer Neuorganisation wird Herrn Bode mitgeteilt, daß er nunmehr die Landkreise Garmisch-Partenkirchen, Bad Tölz und den Raum Berchtesgaden zu betreuen habe. Herr Bode ist damit nicht einverstanden, weil er in München wohnt und jetzt mehr mit dem PKW unterwegs sein muß. Er wird bei der Personalabteilung vorstellig. Er weist auf diesen Umstand hin und auch darauf, daß es ja auch noch andere Mitarbeiter gebe, denen man diese gebirgsnahen Bezirke zuweisen könne. Der Leiter der Personalabteilung erwidert, auf solche privaten Belange könne in einem marktwirtschaftlich orientierten Unternehmen keine Rücksicht genommen werden. Die Neueinteilung sei Ergebnis gründlicher unternehmenspolitischer Überlegungen. – Ist die Neuzuweisung des Außendienstbezirks an Herrn Bode rechtens?

Die Beantwortung dieser Frage hängt davon ab, ob es dem Arbeitgeber in einem etwaigen Prozeß gelingt, die Begründung für seine Maßnahme so zu präzisieren, daß deutlich wird, daß die Maßnahme Ergebnis sachlicher Überlegungen ist. Die pauschale Begründung, die Maßnahme sei durch eine neue Unternehmenskonzeption bedingt, ist nicht deutlich genug. Sie läßt nämlich nicht erkennen, ob hier Willkür im Spiel war und ob die Interessen von Herrn Bode – unter Abwägung gegen die Interessen anderer für den Außendienst zuständigen Mitarbeiter – berücksichtigt worden sind.

Bleibt es bei der dürren Begründung des Unternehmens, wird Herr Bode wohl recht bekommen. Die Äußerung des Personalleiters, die privaten Belange von Herrn Bode könnten nicht berücksichtigt werden, ist ein gewisses Anzeichen, daß die Maßnahme nicht billigem Ermessen entspricht. Das schließt aber nicht aus, daß sich die Maßnahme nachträglich – nämlich im Prozeß – als willkürfrei erweist, weil die Firma ausführlich und nachvollziehbar erläutert, warum die Maßnahme sachgerecht war und inwieweit auch die Belange von Herrn Bode berücksichtigt wurden.

Können sich Beschränkungen des Weisungsrechts auch aus „Gewohnheitsrecht" ergeben?

Um diese Frage besser zu verstehen, schauen wir uns zunächst ein **Beispiel** an:

> **Beispiel:** Konrad Laube arbeitet seit 1972 in einer großen PKW-Vertragswerkstätte. Er wurde seinerzeit für alle anfallenden Arbeiten eingestellt und kümmerte sich auch um die Reinigung von Büros und Werkstätten. Etwa ab 1978 wurde er zu Hilfsarbeiten in der Buchhaltung herangezogen. Ab 1980 war er dann ausschließlich mit bestimmten Bürotätigkeiten in der Buchhaltung betraut und wurde entsprechend höher bezahlt. Im Jahre 1997 bekommt Herr Laube Streit mit dem sehr viel jüngeren Leiter der Buchhaltung. Dieser erreicht, daß Herr Laube vom Geschäftsführer die Weisung erhält, sich künftig nur noch um die Reinigung der Räume und das Aufräumen des Lagers zu kümmern. Der Geschäftsführer sichert Herrn Laube allerdings zu, daß die Bezahlung die gleiche bleiben werde. Muß Herr Laube der Weisung folgen?

Nein. Herr Laube war zwar ursprünglich für „alle anfallenden Arbeiten" eingestellt worden. Weil er aber inzwischen lange Zeit nur noch im Büro gearbeitet hat, hat sich seine Arbeitsverpflichtung auf diese Tätigkeit konkretisiert. Herr Laube mußte nach 17 Jahren nicht mehr damit rechnen, daß er wiederum zu Arbeiten herangezogen wird, die erheblich unter seiner jetzigen Tätigkeit einzuordnen sind. Es handelt sich um einen Fall des **Vertrauensschutzes.**

Nach wieviel Jahren ein solcher Vertrauensschutz anzuerkennen ist, ist nirgends festgelegt. Bei einer vom Arbeitgeber ausdrücklich oder stillschweigend gebilligten dauernden Ausübung einer höherwertigen Tätigkeit (wie in unserem Beispiel) wird von der Rechtsprechung ein Vertrauensschutz des Arbeitnehmers u. U. schon nach drei bis vier Jahren anerkannt. Soweit es aber lediglich um bestimmte Umstände der Erbringung der Arbeitsleistung geht (z. B. Arbeit in einer bestimmten Abteilung, in einer bestimmten Schicht o. ä.) wird vor Ablauf von 10 Jahren regelmäßig kein Vertrauensschutz anerkannt. Aber auch wenn Sie länger als 10 Jahre mit einer bestimmten Tätigkeit oder in bestimmter Weise beschäftigt worden sind, ist die Rechtsprechung mit der Zubilligung eines Vertrauensschutzes sehr zurückhaltend.

WICHTIG: *Vertrauensschutz kann nur da entstehen, wo die Umstände dies nahelegen. Das ist aber dann nicht der Fall, wenn sich der Arbeitgeber im Arbeitsvertrag ausdrücklich vorbehalten hat, Ort oder Art und Weise der Erbringung der Arbeitsleistung zu verändern.*

Ein solcher arbeitsvertraglicher Vorbehalt könnte z. B. folgenden Wortlaut haben:

> „Der Arbeitnehmer wird als Systemingenieur eingestellt. Die Firma ist berechtigt, vorübergehend oder auf Dauer andere zumutbare Arbeiten innerhalb des Unternehmens zuzuweisen."

Dies wäre eine Regelung, mit der sich der Arbeitgeber freie Hand behält, in den Grenzen des billigen Ermessens die Arbeitsverpflichtung nach Art und Ort der Arbeitsleistung – ohne Ausspruch einer Änderungskündigung – umzugestalten. Auch hier empfiehlt es sich, im Streitfall zunächst einmal im Arbeitsvertrag nachzuschauen.

Kann mir mein Arbeitgeber Weisungen bezüglich meines außerdienstlichen Verhaltens geben?

Im allgemeinen nicht. Das Privatleben ist für den Arbeitgeber tabu. Auch hier gibt es Ausnahmen. So können sich für einen Arbeitnehmer aus der Tätigkeit in einer bestimmten Branche oder in bestimmten (insbesondere leitenden) Positionen erhöhte Rücksichtspflichten bezüglich der betrieblichen Interessen ergeben, die dazu führen, daß der Arbeitgeber auch Weisungen bezüglich des außerdienstlichen Verhaltens erteilt.

Beispiele: Ein Unternehmen, das sich mit dem Bau von Kernreaktoren und Waffensystemen befaßt, untersagt den leitenden Angestellten, sich in der Öffentlichkeit kritisch zum Produktionsprogramm zu äußern. Der Geschäftsführer einer „Liga gegen den Alkohol" wird angewiesen, auf die Verherrlichung der Trunksucht im privaten Bereich zu verzichten.

Wie Sie sehen, hört in bestimmten Ausnahmefällen das Weisungsrecht am Werkstor nicht auf. Hier muß das Recht des Arbeitnehmers, seine Meinung frei zu äußern, hinter das betriebliche Interesse an einer erfolgreichen Vermarktung des Produkts zurücktreten.

Gibt es typische Einschränkungen des Weisungsrechts des Arbeitgebers bezüglich meines Verhaltens innerhalb des Betriebs?

Das Weisungsrecht findet seine Grenzen in den Gesetzen, Tarifverträgen und Betriebsvereinbarungen, insbesondere auch in dem durch die Verfassung geschützten Persönlichkeitsrecht des Arbeitnehmers. Diese Beschränkung kann von Bedeutung sein etwa bei unangemessenen Weisungen für die Kleidung, den Haarschnitt sowie bei Leibesvisitationen im Rahmen von Torkontrollen.

Weiterhin ist die maßvolle Bekundung der politischen Überzeugung im Betrieb regelmäßig durch das Grundrecht der freien Meinungsäußerung gedeckt. Entsprechende Äußerungen sind kein Verstoß gegen die betriebliche Ordnung und geben dem Arbeitgeber kein Recht, eine Abmahnung auszusprechen, auch wenn die geäußerte Meinung nicht gefällt.

WICHTIG: *Eine Meinungsäußerung ist nicht gegen Weisungen bzw. Abmahnungen des Arbeitgebers geschützt, wenn sie* **aufdringlichen, missionierenden Charakter** *hat. Es muß dann nämlich damit gerechnet werden, daß Mitarbeiter da sind, die sich gegen eine Missionierung verwahren oder sich gar zur Gegen-*

propaganda animiert fühlen. Es ist dann nur noch eine Frage der Zeit, wann das Betriebsklima vergiftet ist. Der Arbeitgeber braucht diesen Zeitpunkt nicht abzuwarten, sondern kann im Wege der Abmahnung schon vorher eingreifen.

Ob und inwieweit eine Meinungsäußerung noch maßvoll oder schon aufdringlich ist, darüber läßt sich im Einzelfall streiten. Das gilt insbesondere dann, wenn die Meinungsäußerung sehr knapp und prägnant gehalten ist, nämlich in Form von Plaketten an der Kleidung, Aufklebern am Auto oder einem Medaillon um den Hals. Solche Meinungsäußerungen wurden von der Rechtsprechung in verschiedenen Fällen als zu aufdringlich angesehen. Regelmäßig spielten dabei Größe und Aufmachung eine entscheidende Rolle.

3. Rechtliche Schritte gegen eine Weisung des Arbeitgebers

Welche Folgen können sich ergeben, wenn ich eine Weisung nicht befolge?

Die möglichen Folgen hängen davon ab, ob die Weisung rechtmäßig ist oder nicht. Ist sie rechtmäßig, kann sie der Arbeitgeber wegen Verstoßes gegen die arbeitsvertraglichen Pflichten – häufig ist von „Arbeitsverweigerung" die Rede – abmahnen und, je nach Schwere der Pflichtverletzung, mit oder ohne vorherige Abmahnung auch kündigen.

Jedoch brauchen Sie Weisungen, die sich nicht in den durch den Arbeitsvertrag gesteckten Grenzen halten oder die gegen ein Gesetz oder die guten Sitten verstoßen, nicht zu befolgen.

WICHTIG: *Sie müssen Ihren Arbeitgeber allerdings deutlich auf die Gründe hinweisen, die Sie dazu bewegen, die geforderte Arbeitsleistung nicht zu erbringen oder das geforderte Verhalten zu verweigern.*

Wegen Ihrer Weigerung darf Ihnen der Arbeitgeber nicht kündigen.

Beispiel: Peter Wiedenhöfer ist Buchhalter in der Firma Software GmbH. In der Mittagspause äußert er gegenüber Kollegen, daß er die Einführung einer einheitlichen europäischen Währung für völlig verfehlt hält und er hierin für die deutsche Volkswirtschaft wie auch für die bundesdeutschen Unternehmen eine große Gefahr sieht. Es kommt zu einer heftigen Diskussion, von der auf Umwegen der Geschäftsführer Kenntnis erhält. Einige Tage später erhält Herr Wiedenhöfer von der Personalabteilung ein Schreiben, in dem er aufgefordert wird, kritische Äußerungen über die erwartete europäische Gemeinschaftswährung zu unterlassen. Andernfalls müsse er mit arbeitsrechtlichen Konsequenzen rechnen. Herr Wiedenhöfer kümmert sich nicht um die Abmahnung, sondern vertritt weiterhin im Kollegengespräch seine Meinung zum Problem „Euro". Die Firma kündigt ihm. Herr Wiedenhöfer erhebt Kündigungsschutzklage. Im Prozeß führt der Vertreter der Firma aus: „Die Kündigung war sozial gerechtfertigt und damit wirksam, weil Herr Wiedenhöfer mit seinem Gerede gröblich gegen die Interessen unserer Volkswirtschaft wie auch gegen die Interessen unseres Unternehmens verstoßen hat, das mit einer Einheitswährung hohe Erwartungen verbindet. – War die Weisung der Firma an Herrn Wiedenhöfer, das Thema „Euro" zu vermeiden, rechtmäßig?

Das Gericht wird nach Lage der Dinge wohl Herrn Wiedenhöfer recht geben. Die im Rahmen der Abmahnung ausgesprochene Weisung an Herrn Wiedenhöfer, sich im Betrieb jeder Meinungsäußerung zur europäischen Gemeinschaftswährung zu enthalten, hielt sich nicht im Rahmen des Weisungsrechts des Arbeitgebers, da die Form, in der Herr Wiedenhöfer sich geäußert hat, nicht zu beanstanden war. Ein Verstoß gegen diese Weisung beinhaltete daher keine Verletzung der arbeitsvertraglichen Pflichten durch Herrn Wiedenhöfer und konnte daher die Kündigung nicht rechtfertigen.

WICHTIG: *Beachten Sie, daß die Beurteilung eines solchen Falles sehr stark von den Umständen des Einzelfalles abhängt. Bereits geringe Veränderungen in den Gesamtumständen können ggf. zu einem veränderten Urteil des Gerichts führen.*

Was wird aus meinem Vergütungsanspruch, wenn ich eine mir unzulässigerweise zugewiesene Arbeit verweigere?

Bezieht sich eine – unrechtmäßige – Weisung auf die Erbringung einer bestimmten Arbeitsleistung, so bleibt Ihr Vergütungsanspruch erhalten, auch wenn Sie infolge der Weigerung keine Arbeitsleistung erbracht haben. Zwar gilt im allgemeinen der Grundsatz: „Ohne Arbeit kein Lohn !“ Hier ist es jedoch anders. An Ihrer Bereitschaft, eine vertragsgemäße Arbeitsleistung zu erbringen, hat sich durch Ihre Weigerung, eine vertragswidrige Tätigkeit auszuführen, nichts geändert. Der Arbeitgeber ist also weiterhin zur Vergütung verpflichtet, wenn Sie Ihre Arbeitskraft ordnungsgemäß anbieten, also am Arbeitsplatz erscheinen.

Beispiel: Petra Kleinschmidt ist als Sekretärin eines Abteilungsleiters bei der Fa. Materialbau GmbH beschäftigt. Eines Tages macht Herr Kohler, ihr Vorgesetzter, ihr einen Heiratsantrag, den Sie höflich, aber bestimmt ablehnt. Herr Kohler fühlt sich brüskiert und setzt bei der Geschäftsleitung durch, daß Frau Kleinschmidt angewiesen wird, ab dem ersten Werktag des Folgemonats in der Schreibkanzlei des Unternehmens zu arbeiten. Frau Kleinschmidt erscheint an diesem Tag dennoch an ihrem alten Arbeitsplatz, stellt aber fest, daß dieser bereits von einer neuen, jüngeren Mitarbeiterin besetzt ist. Frau Kleinschmidt geht nach Hause. Für die sich anschließende Zeit der Arbeitslosigkeit verlangt sie von der Firma Vergütung. Die Firma weigert sich zu zahlen mit der Begründung, Frau Kleinschmidt habe nicht gearbeitet, obwohl Arbeit in der Schreibkanzlei in ausreichendem Umfang da gewesen sei. – Wer hat recht?

Frau Kleinschmidt wird recht bekommen, da die Weisung in diesem Fall nicht dem erforderlichen billigen Ermessen entsprochen hat und damit unzulässig war. Dieser – unzulässigen – Weisung brauchte Frau Kleinschmidt nicht Folge zu leisten. Da sie andererseits ihre Arbeitsleistung ordnungsgemäß angeboten hat, hat sie ihren Vergütungsanspruch nicht verloren. Man sagt: Der Arbeitgeber befand sich im **Annahmeverzug**, das heißt, er hat es versäumt, die von Frau Mangold ordnungsgemäß angebotene Arbeit anzunehmen.

Was ist, wenn ich irrtümlich geglaubt habe, eine Weisung sei rechtswidrig und ich deshalb die Arbeit verweigere?

Sehr unangenehm für Sie: Wenn Sie irrtümlich an die Rechtswidrigkeit einer Weisung geglaubt haben, nützt Ihnen das nichts. Das heißt, es kann Ihnen nach einer entsprechenden Abmahnung trotzdem **gekündigt** werden.

WICHTIG: *Diese unangenehme Folge ergibt sich nach der Rechtsprechung des Bundesarbeitsgerichts normalerweise selbst dann, wenn Ihr Irrtum auf einer entsprechenden Beratung eines Rechtsanwalts oder einer Gewerkschaft beruhte. Hier ist also Vorsicht geboten.*

Kann ich gegen eine Weisung gerichtlich vorgehen?

Häufig wird es aus der Natur der Situation heraus kaum möglich oder sinnvoll sein, gegen eine Weisung gerichtlich vorzugehen. Bis es zum Prozeß und zu einer Entscheidung im Prozeß kommt, hat sich die Angelegenheit in der einen oder anderen Weise (Befolgung oder Nichtbefolgung der Weisung) erledigt. In diesen Fällen geht es dann nur noch um die Folgen, z. B. Zulässigkeit einer Kündigung wegen Arbeitsverweigerung oder um die Vergütungspflicht des Arbeitgebers bei Annahmeverzug.

Bei Weisungen, die auf einen Dauerzustand oder eine immer wieder auftretende Situation gerichtet sind, kann eine Klage gegen die Weisung selbst aber durchaus sinnvoll sein.

Beispiele: Manfred Kugler ist Angestellter in der Firma Oxanol GmbH. In letzter Zeit erscheint er öfter mit einem unscheinbaren Parteiabzeichen am Revers im Betrieb. Von der Firmenleitung erhält er einen Brief, in dem ihm das Tragen des Parteiabzeichens unter Hinweis auf den Betriebsfriedens untersagt wird. -
Frau Paulsen ist Filialleiterin in einer Drogeriemarkt-Kette. Ihr Arbeitsvertrag enthält in § 2 folgende Regelung: *„Die Arbeitnehmerin wird als Filialleiterin in der Filiale Wandsbeker Marktstraße in Hamburg-Wandsbek eingestellt. Mit einer ggf. aus betrieblichen Gründen notwendigen Versetzung in eine andere Filiale ist die Arbeitnehmerin einverstanden".* Die Filiale in der Wandsbeker Marktstraße befindet sich in der Nähe der Wohnung von Frau Paulsen. Nach drei Jahren Beschäftigungsdauer erhält sie ein Schreiben der Firmenleitung, in dem ihr ohne nähere Begründung aufgegeben wird, ab nächstem Ersten in der Filiale in der Pinneberger Chaussee in Hamburg-Eidelstedt ihre Arbeit aufzunehmen.

In beiden Fällen ist es sinnvoll, wenn der betroffene Arbeitnehmer bzw. die betroffene Arbeitnehmerin im Wege einer Klage gegen die Weisung gerichtlich vorgeht. Es handelt sich nämlich in beiden Fällen um Weisungen, die längerfristig für den Arbeitnehmer Auswirkungen haben. Eine solche Klage wird auch als zulässig angesehen. Ob die Klage im Einzelfall allerdings jeweils Erfolg haben wird, kann nur nach näherer Kenntnis der Einzelumstände beurteilt werden. Was dabei eine Rolle spielt, haben wir in den vorangegangenen Abschnitten erläutert.

Übrigens bezeichnet man Weisungen, die darauf gerichtet sind, dem Arbeitnehmer einen Arbeitsplatz an einem anderen Ort oder einen andersartigen Arbeitsplatz zuzuweisen, allgemein als **Versetzung**.

4. Wann muß der Arbeitgeber eine Änderungskündigung aussprechen?

Im Zusammenhang mit unseren Überlegungen zum Weisungsrecht des Arbeitgebers haben wir an verschiedener Stelle festgestellt, daß der Arbeitgeber normalerweise an den „Pflökken“ des Arbeitsvertrags nicht im Wege des Weisungsrechts rütteln kann, sondern hierzu eine Änderungskündigung ausgesprochen werden muß. Wir wollen uns deshalb im folgenden mit der Änderungskündigung und ihren Unterschieden zu einer Maßnahme im Rahmen des Weisungsrechts beschäftigen.

Was ist eine Änderungskündigung?

Dazu zunächst ein

Beispiel: Cornelia Sommer ist seit zweieinhalb Jahren bei der Condata GmbH, einem Software-Haus mit 11 Arbeitnehmern, als Buchhalterin halbtags beschäftigt. Nach einer internen Überprüfung und aufgrund einer Beratung durch einen Unternehmensberater reift beim Geschäftsführer die Einsicht, daß die Buchhaltung wirtschaftlicher durch einen stundenweise in freier Mitarbeit beschäftigten Buchhalter bewältigt werde. Frau Sommer erhält daraufhin folgendes Schreiben.
„Betrifft: Änderungskündigung
Sehr geehrte Frau Sommer,
zu unserem Bedauern sehen wir uns gezwungen, Ihr Arbeitsverhältnis aus betrieblichen Gründen ordentlich zum Quartalsende zu kündigen. Zugleich bieten wir Ihnen die Stelle einer Sekretärin mit einer gegenüber bisher um 250 DM brutto geringeren Vergütung bei im übrigen gleichbleibenden Bedingungen an.“
Das Schreiben verursacht bei Frau Peters erhebliche Aufregung. Sie wendet sich an Rechtsanwalt Dr. Wagler, um zu erfahren, was sie dagegen machen kann. Was wird ihr der Rechtsanwalt sagen?

Dr. Wagler wird ihr vorab erklären, was eine Änderungskündigung eigentlich ist:

Eine Änderungskündigung ist zunächst einmal eine Kündigung, d. h. eine Erklärung des Arbeitgebers (oder auch des Arbeitnehmers), mit der dieser das Arbeitsverhältnis **einseitig** beendet. Eine Änderungskündigung kann wie eine „normale" Beendigungs-Kündigung als außerordentliche (= fristlose) oder als ordentliche (= fristgemäße) Kündigung ausgesprochen werden.

Das besondere der Änderungskündigung gegenüber der Beendigungskündigung liegt nun darin, daß die Kündigung mit dem Angebot zum Abschluß eines neuen Arbeitsvertrags mit geänderten Bedingungen verbunden ist.

WICHTIG: *Die Änderungskündigung ist für den Arbeitgeber der einzige formelle Weg, um von „ungeliebten" Arbeitsvertragsbestimmungen herunterzukommen, ohne Sie um Ihr Einverständnis bitten zu müssen. Gehören Sie zum nach dem Kündigungsschutzgesetz oder anderen Gesetzen bei Kündigungen geschützten Personenkreis, muß er das Vorliegen der Voraussetzungen für eine Kündigung nachweisen können.*

Was kann ich gegen eine Änderungskündigung unternehmen?

Frau Sommer hat zwei Möglichkeiten:

(1) Sie kann das neue Vertragsangebot ablehnen oder ignorieren und gegen die Kündigung als solche Klage erheben, in der Hoffnung, daß die Kündigung vom Gericht als unrechtmäßig angesehen wird. Sie wird dann nur die Kündigung mit einer Kündigungsschutzklage angreifen (Achtung: Drei-Wochen-Frist beachten!). Diesen Weg wird Frau Sommer wählen, wenn das Arbeitsverhältnis für sie nur zu den alten Konditionen interessant ist, wenn sie also sagt:

„Wenn es mir nicht gelingt, das Arbeitsverhältnis mit den früheren Bedingungen zu erhalten, möchte ich das Arbeitsverhältnis lieber ganz aufgeben."

Ein solcher Standpunkt wäre etwa nachvollziehbar, wenn Frau Sommer befürchten muß, durch die weniger qualifizierte Tätigkeit als Sekretärin mit ihren Buchhaltungsfähigkeiten aus der Übung zu kommen und damit bei späteren Bewerbungen eine schlechtere Ausgangsposition zu haben.

(2) Will Frau Sommer nicht riskieren, daß sie den Arbeitsplatz verliert, hat sie die Möglichkeit, sich diesen zu sichern. Dazu muß sie ihrem Arbeitgeber innerhalb der Kündigungsfrist, spätestens aber drei Wochen, nachdem sie die Kündigung erhalten hat, etwa folgendes mitteilen:

„Ihr Vertragsangebot im Zusammenhang mit Ihrer Änderungskündigung nehme ich unter dem Vorbehalt (oder: unter der Voraussetzung) an, daß die Änderung der Vertragsbedingungen nicht sozial ungerechtfertigt ist."

Mit einer solchen Erklärung hat Frau Sommer deutlich gemacht, daß sie an ihrem Arbeitsplatz auf jeden Fall – notfalls auch unter den von der Condata GmbH gewünschten geänderten Bedingungen – festhalten und nur die Änderung der Konditionen durch das Gericht überprüfen lassen will.

Unter welchen Voraussetzungen ist eine Änderungskündigung rechtswirksam?

Ganz allgemein gesprochen sagt man, die Änderung der Arbeitsbedingungen müsse sozial gerechtfertigt sein und einen angemessenen Ausgleich der beiderseitigen Interessen beinhalten. Beachten Sie aber, daß das nur dann gilt, wenn die Voraussetzungen für die Anwendbarkeit des Kündigungsschutzgesetzes vorliegen. (Näheres dazu im Abschnitt über den Kündigungsschutz, S. 148ff.)

Im Ergebnis läuft es regelmäßig darauf hinaus, daß das Gericht an eine Änderungskündigung weniger strenge Maßstäbe anlegt als an eine Beendigungskündigung.

Zurück zu unserem Fall mit Frau Sommer. Rechtsanwalt Dr. Wagler wird Frau Sommer darauf hinweisen, daß sie – wenn sie klagt – nicht ohne weiteres mit einem Erfolg ihrer Klage rechnen kann. Wenn die Condata GmbH nämlich nachweisen kann, daß die Buchhaltung tatsächlich ohne willkürliches Handeln auf eine externen Buchhalter verlagert wurde und dadurch der Arbeitsplatz von Frau Sommer wegfällt, wird das Gericht der Condata GmbH recht geben.

Welchen Unterschied macht es für mich, ob mein Arbeitgeber in meinem Arbeitsverhältnis eine Änderung der Arbeitsbedingungen im Wege des Weisungsrechts oder nur mit einer Änderungskündigung durchsetzen kann?

In diesem Kapitel haben wir gesehen, daß der Arbeitgeber eine bestimmte Maßnahme im einen Fall durch eine formlose Weisung, im anderen Fall nur im Wege einer Änderungskündigung durchsetzen kann. Folgender Fall soll das noch einmal verdeutlichen:

Beispiel: Heidemarie Scholl wird von der Drugstore GmbH, einem Unternehmen, das überregional Drogerie-Märkte betreibt, als Filialleiterin eingestellt. In ihrem Arbeitsvertrag findet sich u. a. folgende Bestimmung: *„§ 1. Frau Scholl wird als Filialleiterin für die Filiale Frankfurt, Gutleutstraße, eingestellt.... Mit einer ggf. aus betrieblichen Gründen notwendigen Versetzung in eine andere Filiale ist Frau Scholl einverstanden."*
Heike Löffler wird in der gleichen Filiale als Verkäuferin beschäftigt. In ihren Arbeitsvertrag wurde versehentlich die zitierte Bestimmung des § 1 („Mit einer ..Versetzung .. einverstanden.") nicht mit aufgenommen.
Die Drugstore GmbH entschließt sich wegen unbefriedigender Erträge in der Filiale Gutleutstraße, dieselbe zu schließen und die

dort Beschäftigten in eine gerade neu eröffnete Filiale am Stadtrand umzusetzen.
Wodurch unterscheiden sich die Rechtspositionen von Frau Scholl und Frau Löffler?

Die Drugstore GmbH kann die geplante Umsetzung von Frau Scholl im Rahmen des Weisungsrechts durchführen, da der Arbeitsvertrag die Grenzen des Weisungsrechts bezüglich des Beschäftigungsorts sehr weit gesteckt hat. Die Drugstore GmbH kann also Frau Scholl durch einfaches Schreiben und ohne Einhaltung einer Frist anweisen, ihre Arbeitsleistung künftig in der neu eröffneten Filiale zu erbringen. Klagt Frau Scholl gegen diese Weisung, so wird das Gericht die Weisung daraufhin überprüfen, ob sie der „Billigkeit entspricht". Das ist im Allgemeinen ein weniger strenger Maßstab, als wenn das Gericht die soziale Rechtfertigung einer Änderungskündigung prüft. Bei ihrer Klage ist Frau Scholl an keine formelle Frist gebunden. Es wird ihre Position allerdings nicht verbessern, wenn sie mit einer beabsichtigten Klage zu lange wartet.

Wie sieht es bei Frau Löffler aus? Sie hat in dieser Situation zweifellos einen besseren Stand. Die Drugstore GmbH kann Frau Löffler nämlich nur dann wirksam in die neue Filiale versetzen, wenn sie eine Änderungskündigung ausspricht. Da die Änderungskündigung eine Kündigung ist, sind die vorgesehenen Kündigungsfristen für die beabsichtigte Veränderung einzuhalten. Geht Frau Löffler gegen die Kündigung gerichtlich vor, so sind die vom Gericht zu prüfenden Voraussetzungen an die Wirksamkeit der Versetzungsanordnung im Ergebnis strenger als bei einer Versetzungsanordnung im Rahmen des Weisungsrechts. Voraussetzung ist allerdings, daß das Kündigungsschutzgesetz Anwendung findet. (Näheres hierzu im Abschnitt über den Kündigungsschutz, S. 148 ff.)

Genießt Frau Löffler besonderen Kündigungsschutz, weil sie z. B. schwanger, Betriebsratsmitglied oder schwerbehindert ist, so kommt ihr dies bei der von der Drugstore GmbH durchgeführten Änderungskündigung ebenfalls zugute.

Sind also z. B. sowohl Frau Scholl wie auch Frau Löffler zum Zeitpunkt der Maßnahme schwanger, so kann Frau Scholl bei Vorliegen der sonstigen Voraussetzungen sofort in die neue Filiale geschickt werden, während vor der erforderlichen Änderungskündigung von Frau Löffler die Zustimmung der zuständigen Stelle (in Bayern: Gewerbeaufsichtsamt) eingeholt sein muß. Ist dies nicht geschehen, ist die Versetzung von Frau Löffler schon deswegen rechtsunwirksam.

V. Die Arbeitszeit

Beispiel: Otto Stenger ist Arbeiter in der Endmontage der Süddeutschen Produktionsmittel GmbH. Laut Tarifvertrag beträgt die wöchentliche Arbeitszeit 38,5 Stunden. Der Arbeitgeber und der Betriebsrat haben eine Betriebsvereinbarung geschlossen, wonach montags bis einschließlich donnerstags je 8,5 Stunden und freitags 4,5 Stunden und samstags überhaupt nicht gearbeitet wird. Herr Stenger, dem an einem langen Feierabend mehr gelegen ist als an einem frühen Arbeitsende am Freitag, wendet sich gegen die Betriebsvereinbarung. Er stellt sich auf den Standpunkt, die Betriebsvereinbarung verstoße gegen ein zwingendes Gesetz, da im Arbeitszeitgesetz eine tägliche Arbeitszeit von maximal acht Stunden vorgesehen sei. Hat Herr Stenger recht?

Herr Stenger wendet sich zu Unrecht gegen die Betriebsvereinbarung. Es ist zwar richtig, daß das Arbeitszeitgesetz ein zwingendes Gesetz ist. Die dort festgelegte werktägliche Arbeitszeit kann jedoch unter bestimmten Voraussetzungen, auf die noch später eingegangen wird, überschritten werden.

1. Die wichtigsten Regeln

Was für ein Gesetz ist das Arbeitszeitgesetz und welche Regeln enthält es?

Herr Stenger beruft sich auf das Arbeitszeitgesetz (amtl. abgekürzt: ArbZG), ein zweifellos wichtiges Gesetz, wenn es darum geht festzustellen, wie der Arbeitgeber mit der Arbeitszeit seiner Arbeitnehmer umgehen darf. Wesentliches Ziel des Gesetzes ist der Gesundheitsschutz der Arbeitnehmer durch Festlegung von Mindest- und Höchstbedingungen, was

- tägliche Arbeitszeit
- Ruhepausen
- arbeitsfreie Ruhezeiten
- Nachtarbeit und
- Sonntagsarbeit

betrifft. Um Ihnen den Einstieg in die relativ komplizierte Materie des Arbeitszeitrechts zu erleichtern, erhalten Sie vorab einen stichwortartigen Überblick über die wesentlichen Regeln des Arbeitszeitgesetzes und anderer arbeitszeitrechtlicher Vorschriften:

Stichwort	**Regelung des ArbZG**
tägliche Höchstarbeitszeit	• 8 Stunden
Wochenarbeitstage	• 6 Werktage
wöchentliche Höchstarbeitszeit	• 48 Stunden pro Woche
Nachtarbeit	• Höchstens 8 Std. pro Nachtschicht • Regelmäßige ärztliche Untersuchung auf Kosten des Arbeitgebers • Pflicht des Arbeitgebers zur Versetzung des Arbeitnehmers in die Tagschicht unter bestimmten Voraussetzungen • Pflicht zur Gewährung bezahlter freier Tage bzw. eines angemessenen Zuschlags als Ausgleich für geleistete Nachtarbeit
Sonntagsarbeit	• grundsätzlich verboten, aber Ausnahmen

Stichwort	Regelung des ArbZG
Pausen	• 30 Min. bei über 6 Std. bis 9 Std. Arbeit • 45 Min. bei mehr als 9 Std. Arbeit • Aufteilung in Einzelpausen à 15 Min. möglich • Spätestens nach 6 Std. erste Pause!
Mindestruhezeiten zwischen Arbeitsende und Beginn der nächsten Arbeitsschicht	11 Stunden
Sondervorschriften für Frauen, soweit nicht das Mutterschutzgesetz eingreift	keine

Beachten Sie, daß es sich bei diesen Regeln um Grundsatzregeln handelt, die durch zahlreiche und komplizierte Ausnahmen durchbrochen werden.

Welche Arbeitszeitgesetze und -verordnungen gibt es außerdem noch?

Schauen wir uns die anderen Gesetze an, die Regeln über die Arbeitszeit enthalten:

Gesetz	Worum es in diesen Gesetzen und Verordnungen bezüglich der Arbeitszeit geht
Jugendarbeitsschutzgesetz	Arbeitszeit von Kindern und Jugendlichen vor Vollendung des 18. Lebensjahres umfassend geregelt

Gesetz	Worum es in diesen Gesetzen und Verordnungen bezüglich der Arbeitszeit geht
Mutterschutzgesetz	besondere Arbeitszeitregeln für werdende Mütter und Wöchnerinnen
Schwerbehindertengesetz	Schwerbehinderte können auf Verlangen von der Leistung von Mehrarbeit befreit werden
Ladenschlußgesetz	Regelung der Arbeitszeit der im Einzelhandel Beschäftigten indirekt über die Festlegung von Öffnungszeiten
Hinzu kommen arbeitszeitschutzrechtliche Regelungen für besondere Arbeitnehmergruppen (z. B. Bäcker und Konditoren, Seeleute, Kraftfahrer)	

Welche Gemeinsamkeit haben die genannten Arbeitszeitgesetze und -verordnungen?

Die genannten Gesetze und Verordnungen legen Mindestbedingungen bzw. Höchstgrenzen fest, die vom Arbeitgeber – und damit indirekt auch vom Arbeitnehmer – einzuhalten sind. Hält sich der Arbeitgeber nicht an die Bestimmungen, so muß er mit staatlichen Strafen oder Bußgeldern rechnen. Die zuständige Aufsichtsbehörde überwacht als staatliche Instanz die Einhaltung der arbeitszeitschutzrechtlichen Vorschriften.

Gibt es neben Vorschriften über Strafen und Bußgelder noch andere Regeln, die die Einhaltung der Arbeitszeitbestimmungen sichern?

Ihren Arbeitgeber treffen noch eine Reihe von Nebenpflichten, die die Einhaltung der Arbeitszeitvorschriften sichern sollen:

- Ihr Arbeitgeber muß eine Kopie des Arbeitszeitgesetzes, der aufgrund dieses Gesetzes erlassenen Rechtsverordnungen sowie von Tarifverträgen und Betriebsvereinbarungen aushängen, die Abweichungen vom Arbeitszeitgesetz enthalten.
- Er muß die über die werktägliche Arbeitszeit von 8 Stunden hinausgehende Arbeitszeit seiner Arbeitnehmer aufzeichnen und diese Aufzeichnungen mindestens 2 Jahre aufbewahren.
- Ein indirekter Zwang zur Einhaltung der Arbeitszeitvorschriften wird auch noch dadurch erzeugt, daß Vorschriften eines Einzelarbeitsvertrags, die gegen das Arbeitszeitgesetz verstoßen, unwirksam sind. Der Arbeitnehmer kann die Arbeitsleistung verweigern, wenn ihn der Arbeitgeber zu Arbeiten heranzieht, die die gesetzlich zulässigen Arbeitszeiten überschreiten.

Wo finde ich – außer im Gesetz – weitere Regeln bezüglich meiner Arbeitszeit und was ist dort geregelt?

Im **Einzelarbeitsvertrag** wird die Arbeitszeit üblicherweise nur kurz behandelt.

> **Beispiel** einer arbeitsvertraglichen Regelung: *„Die regelmäßige Arbeitszeit beträgt 40 Stunden pro Woche".*

Dies ist eine für den Arbeitnehmer günstigere Regelung als im Arbeitszeitgesetz vorgesehen. Das Arbeitszeitgesetz sieht nämlich für den Regelfall eine wöchentliche Höchstarbeitszeit von 48 Stunden vor.

Tarifverträge befassen sich im allgemeinen sehr eingehend mit der Arbeitszeit. Fast immer legen sie die Zeitdauer der wöchentlichen Arbeitszeit fest, bisweilen jetzt auch die monatliche Arbeitszeit:

Beispiel: § 7 des Manteltarifvertrags vom 1. 6. 1994 für das Gaststätten- und Beherbergungsgewerbe in Bayern: „I. *Die Regelarbeitszeit ausschließlich der Essenszeit und Ruhepausen beträgt 8 Stunden täglich bzw. 39 Stunden wöchentlich bzw. 169 Stunden monatlich. Die wöchentliche Arbeitszeit ist auf 5 Tage zu verteilen.*"

Die Tarifvertragsparteien können auch den Beginn und das Ende der täglichen Arbeitszeit sowie der Pausen festlegen. Hiervon wird in der Praxis jedoch relativ selten Gebrauch gemacht, da diese Fragen zweckmäßiger auf betrieblicher Ebene geregelt werden.

Man überläßt daher diesen Bereich meist einer Betriebsvereinbarung. Bezüglich der Arbeitszeit behandeln Betriebsvereinbarungen üblicherweise Fragen des Beginns und des Endes der Arbeitszeit sowie der Pausen.

Zurück zu unserem Ausgangsfall mit Herrn Stenger. Hier hatte der Betriebsrat mit dem Arbeitgeber eine Betriebsvereinbarung über Beginn und Ende der Arbeitszeit getroffen, die jedoch zugleich auch eine Aussage über die Dauer der regelmäßigen täglichen Arbeitszeit (8,5 Stunden) enthielt. Da das Arbeitszeitgesetz einen höheren Rang hat als eine Betriebsvereinbarung, geht das Arbeitszeitgesetz im Zweifel vor. Das ist allerdings nur von Bedeutung, wenn die Betriebsvereinbarung gegen das Arbeitszeitgesetz verstößt. Wollen wir also wissen, ob die Betriebsvereinbarung gegen das Arbeitszeitgesetz verstößt, müssen wir das Gesetz noch etwas genauer anschauen.

Was gilt als Arbeitszeit?

Als Arbeitszeit gilt die Zeit vom Beginn bis zum Ende der Arbeit ohne Ruhepausen (§ 2 Absatz 1 ArbZG).

Vorgesehene Ruhepausen werden also nicht mitgezählt. Auch Waschen und Umziehen zählt nicht zur Arbeitszeit. Andererseits genügt es, daß Sie dem Arbeitgeber im Betrieb zur Arbeitsleistung zur Verfügung stehen, z. B. in der Weise, daß

Sie auf notwendige Anweisungen Ihres Arbeitgebers oder auf Arbeitsmaterial warten.

> **Beispiel:** Peter Koch arbeitet als Fließbandarbeiter in einem Automobilwerk. Durch fehlerhafte Disposition im Einkauf kommt es zu Nachschubschwierigkeiten und damit zu einer vorübergehenden Stockung der Produktion. Herr Koch und seine Kollegen stehen untätig herum, da keine Arbeit da ist.

Auch diese Zeit ist Arbeitszeit. Gleiches gilt für die sogenannte Arbeitsbereitschaft, wie sie etwa bei Pförtnern, Wächtern und Kraftfahrern (ggf. beim Be- und Entladen) vorliegt.

Welche regelmäßige tägliche Arbeitszeit ist höchstens zugelassen – wie lange darf mich also mein Arbeitgeber am Tag im Höchstfall beschäftigen?

Das Arbeitszeitgesetz geht von einer Höchstarbeitszeit von 8 Stunden pro **Werk**tag und von einer Woche mit 6 Werktagen aus. Damit kommen wir zu einer Wochenarbeitszeit von 48 Stunden. Beachten Sie, daß es sich um eine Höchstarbeitszeit handelt, die durch Tarifvertrag oder Arbeitsvertrag abgekürzt werden kann. Von dieser Möglichkeit wird heutzutage meistens Gebrauch gemacht.

Gibt es Ausnahmen vom Grundsatz der achtstündigen Höchstarbeitszeit?

Ja. Es gibt zahlreiche Ausnahmen vom Grundsatz der achtstündigen Arbeitszeit. Allerdings darf der Arbeitstag auch in den Ausnahmefällen keinesfalls länger als zehn Stunden dauern.

Die **erste Ausnahme** besteht darin, daß die Arbeitszeit ungleichmäßig verteilt werden kann, sofern eine durchschnittliche Arbeitszeit von 8 Stunden pro Werktag nicht überschritten wird. Bei der Berechnung des Durchschnitts können bis zu 6 Kalendermonate zugrunde gelegt werden (§ 3 Satz 2

ArbZG). Damit löst sich der Fall des Herrn Stenger. Die in der Betriebsvereinbarung vorgesehene Tagesarbeitszeit ist zulässig. Sie überschreitet nämlich nicht die „Schallgrenze“ von 10 Stunden pro Arbeitstag und hält sich innerhalb des Rahmens von durchschnittlich 8 Stunden pro Werktag.

Eine **zweite Ausnahme** besteht darin, daß durch Tarifvertrag oder durch Betriebsvereinbarung an bis zu 60 Tagen im Jahr die Arbeitszeit auf bis zu 10 Stunden pro Werktag verlängert werden kann, auch ohne daß das mit kürzerer Arbeitszeit an anderen Arbeitstagen ausgeglichen werden muß.

Beispiel: Ein Arbeitgeber könnte in einem Jahr 10 Wochen hintereinander oder auch mit Unterbrechung 60 Stunden pro Woche arbeiten lassen (sofern der Arbeitsvertrag und der Tarifvertrag dies zulassen).

Eine **dritte Ausnahme** sieht vor, daß in Betriebsvereinbarungen bzw. Tarifverträgen der Berechnungszeitraum (sog. Ausgleichszeitraum) für die Berechnung des höchstzulässigen Durchschnitts von 8 Stunden pro Werktag anders als im Gesetz, d. h. höher oder niedriger, festgelegt werden kann.

Beispiel: Die Tarifvertragsparteien der Nahrungsmittelindustrie eines Bundeslandes legen im Tarifvertrag fest, daß der Ausgleichszeitraum zwölf Monate betragen soll. Ein Eiskremproduzent ordnet auf dieser Grundlage in der Zeit vom 1.3. bis 31.8. eines jeden Jahres eine Arbeitszeit von Montag bis einschließlich Samstag von 8.00 Uhr bis 18.45 Uhr (incl. 45 Min. Pausen) an. In den übrigen Monaten des Jahres gilt eine Arbeitszeit für Montag bis Donnerstag von 8.00 Uhr bis 16.00 Uhr und freitags von 8.00 Uhr bis 12.00 Uhr.

Eine solche Regelung ist arbeitszeitrechtlich unbedenklich, weil der Unternehmer im Zwölfmonatsdurchschnitt 48 Wochenstunden und 8 Stunden pro Werktag nicht überschreitet.

Eine **vierte Ausnahme** besagt, daß die Tarifvertragsparteien die Arbeitszeit auch über 10 Stunden hinaus ohne Ausgleich verlängern können, wenn in die Arbeitszeit regelmäßig und in erheblichem Umfang Arbeitsbereitschaft fällt (§ 7 Abs. 1 Ziff. 1. a) ArbZG).

Schließlich kann die zuständige Aufsichtsbehörde (in Bayern ist das z. B. das Gewerbeaufsichtsamt) genehmigen, daß auch die „Schallgrenze" von 10 Stunden pro Tag überschritten werden kann, (§ 15 Abs. 1 und 2 ArbZG) und zwar

- für kontinuierliche Schichtbetriebe zur Erreichung zusätzlicher Freischichten,
- für Bau- und Montagestellen,
- für sog. Saison – und Kampagnebetriebe (z. B. gastronomische Betriebe).

Darf der Arbeitgeber Arbeit an Sonn- und Feiertagen anordnen?

Grundsätzlich dürfen Arbeitnehmer an Sonn- und gesetzlichen Feiertagen von 0.00 Uhr bis 24.00 Uhr nicht beschäftigt werden (§ 9 Abs. 1 ArbZG). Allerdings dürfen Arbeitnehmer in bestimmten Branchen ausnahmsweise auch an diesen Tagen beschäftigt werden, sofern die Arbeiten nicht an Werktagen vorgenommen werden kann.

Beispiel: Josef Reindl ist Kellner im Gasthaus „Zur Alpspitze". Der Wirt des Gasthauses hat wegen des umsatzträchtigen Ausflugsbetriebs am Wochenende auch sonntags geöffnet. Er teilt Herrn Reindl durchgehend zur Arbeit am Sonntag ein. Herr Reindl ist nicht einverstanden.

Die Anordnung des Wirts ist im Grundsatz nicht zu beanstanden, weil die Gastronomie zu den insgesamt 16 Wirtschaftsbereichen gehört, für die diese Ausnahmeregel gilt, und weil es auf der Hand liegt, daß das „Sonntagsgeschäft" nicht an einem Wochentag gemacht werden kann. Allerdings ist der

Wirt verpflichtet, innerhalb von zwei Wochen nach dem Arbeits-Sonntag einen sogenannten Ersatzruhetag zu gewähren. Außerdem müssen 15 Sonntage im Jahr beschäftigungsfrei bleiben. Auch diese „eiserne Ration“ von beschäftigungsfreien Sonntagen kann durch Tarifvertrag oder Betriebsvereinbarung noch weiter verringert werden.

Kann mein Arbeitgeber Sonntagsarbeit anordnen, um seine Maschinen besser auszulasten?

Ohne Erlaubnis der Aufsichtsbehörde darf der Arbeitgeber auch dann keine Sonntagsarbeit anordnen, wenn er so viele Aufträge hat, daß er die Maschinen an 7 Tagen laufen lassen könnte und so zu einer rentableren Maschinenauslastung käme. Allerdings muß die Aufsichtsbehörde ihm nach dem Gesetz die Sonntagsarbeit genehmigen, wenn bei einer weitgehenden Ausnutzung der gesetzlich zulässigen Betriebszeiten und bei längeren Betriebszeiten im Ausland die Konkurrenzfähigkeit unzumutbar beeinträchtigt ist und durch die Genehmigung von Sonn- und Feiertagsarbeit die Beschäftigung gesichert werden kann.

2. Überstunden und ihre Bezahlung

Was sind Überstunden und wodurch unterscheiden sich Überstunden von Mehrarbeit?

Unter Überstunden versteht man im allgemeinen diejenigen Arbeitsstunden Ihrer Arbeitszeit, die über die vertraglich/tarifvertraglich festgesetzte Normalarbeitszeit hinaus gehen.

> **Beispiel:** Ihre wöchentliche Arbeitszeit beträgt laut Arbeitsvertrag 39 Stunden. In der Woche vor Weihnachten arbeiten Sie statt 39 insgesamt 48 Stunden. Bei der 40. bis einschließlich 48. Stunde handelt es sich um Überstunden.

Der Begriff der Mehrarbeit wird im Arbeitsleben heute – anders als in früheren Jahren – auf den gleichen Sachverhalt angewendet wie der Begriff der Überstunden. Praktisch gibt es also keinen Unterschied zwischen „Überstunden" und „Mehrarbeit".

Wann muß ich Überstunden leisten?

Zur Beantwortung dieser Frage ist ein Blick in den Arbeitsvertrag – ggf. auch den Tarifvertrag – erforderlich. Findet sich in Ihrem Arbeitsvertrag lediglich eine Begrenzung der wöchentlichen Arbeitszeit, z. B.: *„Die Arbeitszeit beträgt 40 Stunden pro Woche."*, so brauchen Sie im allgemeinen keine Überstunden zu leisten. Etwas anderes kann allerdings in Notfällen gelten oder wenn sich eine solche Verpflichtung aus der Art Ihres Arbeitsvertrags (z. B. als gutbezahlter leitender Angestellter) ergibt. Ungünstiger sieht es für Sie aus, wenn im Arbeitsvertrag die Anordnung von Überstunden vorbehalten ist, z. B.: *„Der Arbeitnehmer ist verpflichtet, Über- und Mehrarbeit, Sonn- und Feiertagsarbeit sowie Nacht- und Schichtarbeit im gesetzlich zulässigen Umfang zu leisten."* Die Anordnung von Überstunden ist dann im Rahmen des Weisungsrechts des Arbeitgebers und der gesetzlichen Grenzen zugelassen. Die Weisung des Arbeitgebers muß sich aber auch hier im Rahmen des billigen Ermessens (siehe 4. Kapitel) halten. Besteht in Ihrem Betrieb ein Betriebsrat, muß Ihr Arbeitgeber im übrigen vor der Anordnung von Überstunden im allgemeinen die Zustimmung des Betriebsrats einholen.

Unter welchen Voraussetzungen muß mir der Arbeitgeber Überstunden vergüten?

Wir kommen hier zu einer Frage, die Ihnen vielleicht gar nicht problematisch erscheint, die aber immer wieder zu Streitfällen führt. Wann nämlich können Sie überhaupt Überstundenvergütung verlangen? (Unterscheiden Sie hiervon die weiter unten behandelte Frage, wann eine solche Vergütung *zuschlagpflichtig* ist. Um eine Forderung auf Zahlung von Überstundenvergütung gerichtlich erfolgreich durchzusetzen, sind einige schwierige Hürden zu überwinden.

1. Sie müssen angeben, zu welchen Zeiten sie nach dem Arbeitsvertrag/Tarifvertrag zur Arbeit erscheinen müssen bzw. mußten (z. B. Montag bis Freitag von 8.00 Uhr bis 16.30 Uhr).
2. Sie müssen ferner angeben, zu welchen Zeiten Sie tatsächlich gearbeitet haben: **Beispiel:** „Am 7. August habe ich von 8.00 Uhr bis 18.30 Uhr gearbeitet. Mittagspause war von 12.00 Uhr bis 12.30 Uhr"
3. Ungenügend wäre es, wenn Sie folgendes angeben:
   „Am 7. August habe ich zwei Überstunden geleistet." oder: „In der Woche vom 7. bis 13. August habe ich insgesamt zehn Überstunden geleistet."
4. Sie müssen angeben, ob und wann Ihr Arbeitgeber die Überstunden angeordnet oder „wissentlich geduldet" hat. Das bedeutet, daß Sie dem Gericht möglichst genau berichten müssen, wann Ihr Arbeitgeber Ihnen gesagt hat, daß er will, daß Sie diese Überstunden leisten. Eine solche Anordnung kann auch darin liegen, daß Ihr Arbeitgeber Ihnen eine Arbeit zuweist, die nur bei Überschreitung der regelmäßigen Arbeitszeit geleistet werden kann, und daß er die Erwartung ihrer baldigen Erledigung zum Ausdruck bringt. Wollen Sie sich darauf berufen, daß Ihr Arbeitgeber die Überstunden wissentlich geduldet hat, müssen sie mitteilen, woraus sich das ergibt. Bloße Vermutungen reichen nicht.
5. Bestreitet Ihr Arbeitgeber im Gerichtsverfahren Ihre Behauptungen, so müssen Sie Ihre Behauptungen Punkt für Punkt beweisen. Keine einfache Sache, wenn man bedenkt, daß Sie z. B. nach längerer Zeit durch einen Zeugen beweisen sollen, daß Sie an einem bestimmten Tag bis abends um 19.30 Uhr im Büro gearbeitet haben.

Wenn Sie sich diesen stattlichen Katalog von Voraussetzungen für eine erfolgreiche Überstundenvergütungsklage anschauen, wird es Sie nicht wundern, daß solche Klagen in der Praxis nicht gerade häufig von Erfolg gekrönt sind.

WICHTIG: *Es gibt einen sicheren Weg, um sich die Vergütung von Überstunden zu sichern: Sie führen Aufzeichnungen über Ihre Überstunden und lassen diese gleich am nächsten Tag oder bei der nächsten Gelegenheit von Ihrem Vorgesetzten abzeichnen.*

VI. Das Arbeitsentgelt

1. Lohnhöhe

Der wichtigste Anspruch, den Sie gegen Ihren Arbeitgeber haben, ist der auf Zahlung des vereinbarten Entgelts für Ihre Tätigkeit.

Bei Angestellten spricht man von Gehalt und bei Arbeitern von Lohn. Einige Gesetze jedoch bezeichnen jede Form der Arbeitsvergütung als Lohn. So werden auch nachfolgend die Bezeichnungen nicht streng unterschieden.

Woraus ergibt sich die Höhe der Vergütung?

Sagt der Arbeitsvertrag über die Höhe der Vergütung nichts aus, so ergibt sich eine Antwort vielfach aus einem Gehalts- oder Lohntarifvertrag, nämlich dann, wenn Sie Mitglied der Gewerkschaft sind und der Arbeitgeber Mitglied des Arbeitgeberverbandes ist, die den Entgelttarifvertrag abgeschlossen haben.

Der Tarifvertrag ist auch für nicht gewerkschaftlich organisierte Mitarbeiter maßgebend, nämlich dann, wenn dessen Anwendung im Arbeitsvertrag vereinbart wurde oder wenn der Arbeitgeber in seinem Betrieb üblicherweise den Arbeitsvertrag zugrundelegt. Überdies hat der zuständige Landes- oder Bundesarbeitsminister nicht selten den Tarifvertrag für allgemeinverbindlich erklärt, d. h. seine Anwendbarkeit auf alle nicht tarifgebundenen Arbeitgeber und Arbeitnehmer erstreckt.

Beispiel: Fräulein Klug vereinbart mit dem Inhaber einer Gaststätte in Sensau einen Lohn, der um 50 DM unter dem Tariflohn liegt.

Sie kann, wenn der Arbeitsminister den Lohntarifvertrag des Hotel- und Gaststättengewerbes für allgemein verbindlich erklärt hat, Bezahlung mindestens in Höhe des Tariflohnes – also 50 DM mehr – verlangen.

Ist die Höhe der Vergütung weder durch Tarifverträge noch durch den Einzelarbeitsvertrag festgelegt, so ist die übliche Vergütung für die betreffende Tätigkeit zugrunde zu legen.

Wie finde ich die jeweils maßgebliche Lohn- und Gehaltsgruppe?

In den meisten Gewerbezweigen bestehen Vergütungstarifverträge. Sie ordnen die Tätigkeiten der Arbeiter und Angestellten bestimmten Vergütungsgruppen zu.

> **Beispiel:** Der Bundesangestelltentarifvertrag (BAT) umschreibt die unterste Vergütungsgruppe so:
>
> Vergütungsgruppe X
>
> 1. Angestellte im Büro-, Registratur-, Kassen-, Buchhalterei-, Sparkassen-, Kanzlei-, sonstigen Innendienst und im Außendienst mit vorwiegend mechanischer Tätigkeit (z. B. Führung einfacher Kontrollen und Listen wie Aktenausgabekontrollen, Nummerverzeichnisse; Hilfeleistung bei der Postabfertigung, ... Einordnen von Karteiblättern, ... Heraussuchen und Einordnen von Aktenstücken) ...
> 2. Angestellte mit vorwiegend mechanischer Tätigkeit in Büchereien...
> 6. Bademeister ohne Prüfung...
> 13. Waschmeister ohne Fachprüfung.

Übliche Merkmale der Lohn- und Gehaltsgruppen sind dabei die Vorbildung (Dreiteilung in Facharbeiter, angelernte und ungelernte Arbeiter), die Berufserfahrung und die Schwere der Arbeit. Mit der Einordnung Ihrer Tätigkeit in eine bestimmte Lohn- und Gehaltsgruppe ist die wesentliche Entscheidung gefallen, an welcher Stelle der Einkommensleiter Sie angesiedelt sind. Die Vergütungshöhe können Sie mit dem Arbeitgeber frei vereinbaren.

Im Fall der Tarifbindung muß die vereinbarte Vergütung mindestens die tarifliche Bezahlung erreichen.

Beispiel: Der Mitarbeiter ist Mitglied der Gewerkschaft ÖTV, der Arbeitgeber, die Stadt München, Mitglied des Kommunalen Arbeitgeberverbandes. Wäre der Tariflohn 2800 DM, würde der Mitarbeiter jedoch einen Lohn von lediglich 2700 DM vereinbaren, so könnte er dennoch die Bezahlung von 2800 DM verlangen.

Zahlt Ihnen Ihr Arbeitgeber weniger, als Ihre Arbeit nach dem Tarifvertrag wert ist, so können Sie den Unterschiedsbetrag zu der Vergütungsgruppe verlangen, der Ihre tatsächlich ausgeübte Tätigkeit zuzuordnen ist.

Im Verfahren vor Gericht müssen Sie eine genaue Beschreibung Ihrer Tätigkeit vorlegen und die darin enthaltenen Taschenbehauptungen auch beweisen, wenn sie der Arbeitgeber bestreitet.

Was ist, wenn sich meine Tätigkeit später ändert?

Ändert sich nachträglich Ihre Tätigkeit, weil Ihnen eine höherwertige Arbeit zugewiesen wird, so sind Sie auch in diesem Falle „höher zu gruppieren".

2. Die verschiedenen Vergütungsarten

Alles, was der Arbeitgeber Ihnen für Ihre Arbeitsleistung zuwendet, ist Arbeitsentgelt. Das gilt nicht nur für Geldzahlungen, sondern auch für Sachbezüge, wie die Gewährung freier Unterkunft und Verpflegung oder die Überlassung eines Dienstwagens auch zur persönlichen Nutzung.

Welches sind die wichtigsten Vergütungsarten?

Die wichtigsten Vergütungsarten sind:

- Vergütung **nach der Arbeitszeit** (Zeitlohn),
- **ergebnisabhängige** Vergütungen (Akkordlohn),
- **Zuwendungen aus bestimmtem Anlaß** wie die Weihnachtsgratifikation,
- **Prämien:** Vergütungen für besonders gute Erfüllung der Vertragspflichten. Sie werden meistens zusätzlich zum Zeitlohn gezahlt, um dem Arbeitnehmer einen Anreiz für einen bestimmten Leistungserfolg zu geben. So gibt es Qualitäts-, Mengen-, Pünktlichkeits-, Anwesenheits-, Ersparnisprämien.

Beispiel: Ihr Arbeitgeber schreibt Ihnen: „Jeder Mitarbeiter, der nicht mehr als einmal im Monat zu spät zur Arbeit erscheint, erhält für diesen Monat zusätzlich DM 50,–."

- **Provisionen** stellen Vergütungen dar, die dem Wert der vermittelten oder abgeschlossenen Geschäfte, die durch Ihre Tätigkeit als Arbeitnehmer zustande gekommen sind, entsprechen.
- Mit den **Tantiemen** werden die Mitarbeiter am Jahresgewinn des Unternehmens beteiligt. Bei vorzeitigem Ausscheiden erhält der tantiemenberechtigte Mitarbeiter einen seiner Arbeitszeit entsprechenden Anteil am Jahresgewinn.
- Beim **Zeitlohn** zahlt der Arbeitgeber für einen bestimmten Zeitraum (Stunde, Tag, Woche, Monat) einen im voraus fest bestimmten Betrag, unabhängig davon, wie die Arbeitsleistung tatsächlich zu bewerten ist.

Beispiel: Die Sekretärin schreibt fehlerhaft. Die Verkäuferin berät schlecht und ist unfreundlich, der Kellner ist ungeschickt und unhöflich. Der Arbeiter stellt statt der erwarteten durchschnittlichen 20 Stück nur zehn, oder aber er stellt gar 30 Stück her – an dem vereinbarten Stundenlohn von DM 23,– ändert dies nichts.

Zusätzlich zu dem üblichen Arbeitsentgelt gewähren die Arbeitgeber häufig eine Sondervergütung oder Gratifikation aus besonderen Anlässen (Weihnachten, Urlaub; Geschäfts- und Dienstjubiläen). Gratifikationen sind in der Regel zusätzliches Entgelt für geleistete Dienste und zugleich Anreiz für weitere Betriebstreue. Sie sind also keine Schenkungen.

Wann erwerbe ich einen Anspruch auf eine Gratifikation?

Ein Anspruch auf eine Gratifikation kann sich für Sie ergeben aus einem Tarifvertrag, einer Betriebsvereinbarung, aus dem Arbeitsvertrag oder auch aus dem Gleichbehandlungsgrundsatz.

Beispiel: Ihre Gehaltsabrechnung für Dezember ist eindrucksvoll: Zusätzlich zu Ihrem Dezembergehalt von DM 4000,– hat Ihr Arbeitgeber Ihnen weitere DM 4000,– als Weihnachtsgeld gezahlt. Aber es gab auch lange Gesichter: Wie schon in den vergangenen Jahren, so erhielten auch dieses Jahr die Arbeiter nur 80% ihres – ohnehin niedrigeren – Monatslohnes als Weihnachtsgeld. Können die Arbeiter einen vollen Monatslohn als Weihnachtsgeld verlangen?

Aufgrund des Gleichbehandlungsgrundsatzes gilt hinsichtlich der Arbeiter: Diese können Zahlung der Differenz von 20% zu einem vollen Monatslohn verlangen, wenn der Arbeitgeber für die Schlechterstellung der Arbeiter gegenüber den Angestellten keine einleuchtende Begründung geben kann.

Ein Anspruch auf Zahlung für die Zukunft entsteht, wenn der Arbeitgeber **dreimal hintereinander ohne Vorbehalt** eine Gratifikation bezahlt hat.

Beispiel: Unternehmer Groß hat in den letzten fünf Jahren zu Weihnachten jeweils einen Monatslohn zusätzlich bezahlt, ohne daß dies im Arbeitsvertrag stand. Weil das letzte Geschäftsjahr keinen Gewinn gebracht hat, wollte er dieses Jahr keine Gratifikation bezahlen. Zwei Arbeiter verlangen einen zusätzlichen Monatslohn – zu Recht?

Ja, denn der Anspruch ist auch für die künftigen Jahre entstanden, da Groß die Gratifikation mindestens drei Jahre hintereinander ohne Vorbehalt gewährt hatte.

Von der vertraglichen Verpflichtung zur Zahlung der Gratifikation kann der Arbeitgeber sich für die Zukunft nur durch eine entsprechende vertragliche Abrede mit dem Mitarbeiter befreien. Wenn dieser nicht darauf eingeht, so kann er sich in besonders gelagerten Ausnahmefällen, insbesondere bei sehr erheblicher Verschlechterung der Geschäftslage, durch eine Änderungskündigung von dieser Verpflichtung befreien.

Beispiel: Wegen einer dauerhaften sehr erheblichen Verschlechterung der Geschäftslage, die die Existenz der Firma gefährdet, kündigt der Arbeitgeber allen Mitarbeitern und bietet ihnen die Fortsetzung der Arbeitsverhältnisse an zu gleichen Bedingungen, jedoch bei Wegfall der Gratifikation.

Etwas anderes gilt jedoch, wenn der Arbeitgeber bei der Zahlung oder bei der Zusage der Gratifikation etwa folgenden Vorbehalt macht: „freiwillig", „jederzeit widerruflich", „ohne Anerkennung einer Rechtspflicht", „ohne Rechtsanspruch".

Ein derartiger Vorbehalt schließt aus, daß für spätere Jahre ein Anspruch auf eine Gratifikation entsteht. Ein solcher Vorbehalt berührt jedoch nicht das Recht des Arbeitnehmers auf die für das laufende Jahr zugesagte oder gewährte Gratifikation. Die gewährte Gratifikation kann der Arbeitgeber nicht widerrufen. Es ist jedoch möglich, daß der Arbeitgeber die Gewährung der Gratifikation davon abhängig macht, daß der Arbeitnehmer das Arbeitsverhältnis zum Auszahlungszeitpunkt nicht gekündigt hat.

Beispiel: Frank hat das Arbeitsverhältnis zum 31. Dezember gekündigt. Der Arbeitgeber zahlt allen anderen eine Gratifikation – außer ihm. Zu Recht?

Der Arbeitgeber kann die Zahlung der Gratifikation verweigern, wenn er deren Zahlung bisher davon abhängig gemacht hatte, daß das Arbeitsverhältnis nicht gekündigt war, und die Mitarbeiter dies wußten.

Wann muß der Mitarbeiter eine Gratifikation zurückzahlen?

> **WICHTIG:** *Die bereits gewährte Gratifikation zurückzahlen muß der Mitarbeiter nur, wenn der Arbeitgeber mit ihm verbindlich eine Pflicht zur Zurückzahlung für den Fall seines Ausscheidens aus dem Arbeitsverhältnis vereinbart hatte.*

> **Beispiel:** Der Arbeitgeber hat mit dem Mitarbeiter vereinbart: Die Weihnachtsgratifikation in Höhe des Monatsgehalts von DM 4000,– ist zurückzuzahlen, wenn der Mitarbeiter das Arbeitsverhältnis zum 31. März des nächsten Jahres kündigt. Der Mitarbeiter kündigt zum 31. März. Muß er zahlen?

Ja. Der Arbeitgeber kann die Rückzahlung der im Dezember ausgezahlten Gratifikation verlangen.

Wann sind Rückzahlungsklauseln ungültig?

Solche Rückzahlungsklauseln sollen die Entscheidungsfreiheit des Arbeitnehmers für oder gegen eine betriebliche Veränderung jedoch nicht allzu stark einschränken. Sie sind entsprechend den von der Rechtsprechung des Bundesarbeitsgerichts aufgestellten Grundsätzen nur innerhalb folgender Grenzen verbindlich:

- Eine Kleinstgratifikation bis zu DM 200,– braucht in keinem Fall zurückgezahlt werden, auch nicht anteilig. Eine mit einer solchen Zahlung verbundene Rückzahlungsklausel ist unwirksam.
- Bei einer Gratifikation von bis zu einem Monatsgehalt darf eine Rückzahlung nur für den Fall vorbehalten werden, daß der Arbeitnehmer bis spätestens zum 31. März des nächsten Jahres ausscheidet.

In unserem Beispiel muß der Angestellte die DM 4000,– voll zurückzahlen. Es verbleibt ihm also auch kein Sockelbetrag.

Welches ist der Unterschied zwischen einer Weihnachtsgratifikation und einem 13. Monatsgehalt?

Keine Gratifikationen im bisher erwähnten Sinne sind Gehaltsbestandteile, die fest in das Gehaltsgefüge eingebaut sind, wie etwa das 13. Monatsgehalt. Mit der Weihnachtsgratifikation wird vergangene und – je nach Ausgestaltung – auch zukünftige Betriebstreue belohnt. Das 13. Monatsgehalt ist demgegenüber eine zusätzliche Vergütung für geleistete Dienste.

Ist das 13. Monatsgehalt bei vorzeitigem Ausscheiden anteilig zu gewähren?

Während ein Anspruch auf eine Weihnachtsgratifikation häufig nur entsteht, wenn der Arbeitnehmer zum üblichen Zeitpunkt der Auszahlung der Gratifikation – etwa Ende November oder Anfang oder Ende Dezember – noch im Arbeitsverhältnis steht, ist das 13. Monatsgehalt auch dann entsprechend der abgeleisteten Dienstzeit zu zahlen, wenn der Arbeitnehmer im Laufe des Jahres ausscheidet. Bei Beginn des Arbeitsverhältnisses am 1. Januar und Ausscheiden zum 30. Juni des Jahres ist es also zur Hälfte zu gewähren.

Woran erkenne ich, ob es sich bei einer Zusatzleistung um ein 13. Monatsgehalt oder um eine Weihnachtsgratifikation handelt?

Darüber, ob es sich bei einer Zahlung um eine Gratifikation oder um ein 13. Monatsgehalt handelt, entscheidet nicht allein die Bezeichnung.

Sagt der Arbeitgeber Ihnen eine zusätzliche Leistung zu, ohne weitere Voraussetzungen für den Anspruch zu nennen, so können Sie im Zweifelsfall davon ausgehen, daß lediglich eine zusätzliche Vergütung für geleistete Arbeit bezweckt wird. Soll hingegen die bewiesene „Betriebstreue“ belohnt werden, so kommt dies etwa darin zum Ausdruck, daß der Arbeitnehmer eine bestimmte Zeitdauer dem Betrieb angehört haben muß und zum Stichtag – etwa Weihnachten – noch Arbeitnehmer ist, um in den Genuß der Zuwendung zu kommen.

3. Brutto- und Nettolohn

Was ist der Unterschied zwischen Brutto- und Nettolohn?

Der Lohn vor Vornahme der Abzüge (Steuern und Sozialversicherungsbeiträge) ist der **Bruttolohn**. Von dem geschuldeten Bruttolohn muß der Arbeitgeber die Lohnsteuer und bei versicherungspflichtigen Arbeitnehmern die Arbeitnehmeranteile zur Sozialversicherung abziehen. Der dann noch auszuzahlende Betrag ist der **Nettolohn**.

Beispiel: Ein Koch vereinbart mit seinem Arbeitgeber einen Nettolohn von DM 3500,–. Der Gaststätteninhaber meint, die Sozialversicherungsbeiträge müsse er von den DM 3500,– abziehen.

Nettolohnvereinbarungen sind zulässig. Der Arbeitgeber muß also den vereinbarten Betrag in **voller Höhe auszahlen** und die Lohnsteuer wie die Sozialversicherungsbeiträge (Arbeitgeber- und Arbeitnehmeranteil) aus der eigenen Tasche abführen. Diese Abzüge errechnen sich nicht etwa nach dem Lohn von DM 3500,–, sondern nach dem Bruttolohn, der sich aufgrund des vereinbarten Nettolohns ergibt.

Wann ist Brutto- und wann ist Nettolohn vereinbart?

Die Vereinbarung eines Nettolohns ist die Ausnahme. Sie muß eindeutig sein. Wird nur ein bestimmter Betrag ohne nähere Kennzeichnung genannt, so gilt er als Bruttolohn.

Wer ist Steuerschuldner?

Steuerschuldner ist der Arbeitnehmer. Der Arbeitgeber haftet lediglich neben dem Arbeitnehmer für die richtige Abführung.

Beispiel: Weil Rechtsanwalt Schnell für die bei ihm angestellte Frau Frey 500 DM zuwenig Lohnsteuer abgeführt hat, zahlt er diesen Betrag auf Verlangen des Finanzamtes nach. Rechtsanwalt Schnell kann verlangen, daß Frau Frey ihm diesen Betrag erstattet.

VII. Lohn ohne Arbeit

Im Arbeitsrechts gilt der Grundsatz: „Ohne Arbeit keinen Lohn.“ Das Arbeitsverhältnis ist jedoch meist die Existenzgrundlage des Arbeitnehmers. Deshalb hat der Gesetzgeber eine Reihe von Fällen vorgesehen, in denen Arbeitnehmer einen Lohnanspruch erwerben, obwohl sie nicht arbeiten, insbesondere bei Krankheit, bei Kuren und einigen sonstigen Gründen persönlicher Verhinderung wie Pflege schwerwiegend erkrankter naher Angehöriger.

1. Entgeltfortzahlung bei Krankheit

Allen Arbeitnehmern, auch den geringfügig Beschäftigten, bleibt der Vergütungsanspruch für die Dauer bis zu sechs Wochen erhalten, wenn sie ohne ihr Verschulden an der Arbeitsleistung gehindert sind.

Das regelt das Entgeltfortzahlungsgesetz nunmehr für alle Arbeitnehmer, für Arbeiter wie für Angestellte, einheitlich.

Der § 3 Absatz 1 Satz 1 Entgeltfortzahlungsgesetz bestimmt:

> „Wird ein Arbeitnehmer durch Arbeitsunfähigkeit infolge Krankheit an seiner Arbeitsleistung verhindert, ohne daß ihn ein Verschulden trifft, so hat er Anspruch auf Entgeltfortzahlung im Krankheitsfall für die Zeit der Arbeitsunfähigkeit bis zur Dauer von sechs Wochen.“

Das klingt kompliziert. Doch greifen wir den wesentlichen Punkt heraus.

Wann ist der Entgeltfortzahlungsanspruch ausgeschlossen?

Der Arbeitnehmer hat einen Anspruch auf Entgeltfortzahlung nur, wenn die Arbeitsunfähigkeit **unverschuldet** ist.

Verschuldet ist die Arbeitsunfähigkeit nur, wenn sie auf einen „gröblichen Verstoß" gegen das von einem verständigen Menschen im eigenen Interesse zu erwartende Verhalten zurückzuführen ist.

Beispiel aus der Rechtsprechung: Xaver Unertl stutzte an einem Wochenende in seinem Garten die Bäume. Plötzlich brach auf dem halbgefrorenen Boden die Stehleiter ein. Der Gartenfreund stürzte hinunter und brach sich ein Bein. Als er von seinem Arbeitgeber Streng die Fortzahlung der Vergütung für sechs Wochen verlangte, berief der sich darauf, Xaver Unertl habe die einschlägigen Unfallverhütungsvorschriften außer acht gelassen und den Unfall damit selbst „grob fahrlässig" verschuldet.
Ähnlich erging es Joseph Lettl, der, als er nach dem Fensterln gar zu beschwingt die Leiter hinabstieg, sich ein Bein brach und alsdann vergeblich von seinem Arbeitgeber die Lohnfortzahlung verlangte.

Beide Arbeitgeber mußten sich vom Richter sagen lassen, daß nur ein „grob fahrlässiges Eigenverschulden" den Anspruch ausschließt. (Eine Faustformel für grobe Fahrlässigkeit lautet: „Das darf auf gar keinen Fall passieren!")

Der Arbeitgeber kann sich in diesem Zusammenhang jedoch nicht auf die einschlägigen Unfallverhütungsvorschriften berufen. Die sind auf den persönlichen Lebensbereich nämlich nicht anzuwenden. Xaver Unertl wie Joseph Lettl hatten sich zwar unvorsichtig verhalten. Ein bloß unvorsichtiges Verhalten ist jedoch noch nicht grob fahrlässig.

So mußten die jeweiligen Arbeitgeber den Lohn fortzahlen. Nur ein besonders leichtfertiges Verhalten schließt also den Lohnfortzahlungsanspruch aus. Das liegt jedoch nur selten vor.

Was ist, wenn mir beim Sport etwas zustößt?

So gibt es auch keine schlechthin gefährlichen Sportarten, deren Verletzungsfolgen den Vergütungsanspruch ausschlössen. Es behält deshalb auch ein Drachenflieger, der auf einem Baum „landet“ und sich dabei verletzt, seinen Anspruch, wenn er die bekannten Sicherheitsvorkehrungen und Regeln beim Ausüben seines Sports beachtet hat.

Unfälle wegen Teilnahme an einer Rauferei schließen hingegen einen Lohnanspruch in der Regel aus, ebenso die Anbahnung eines Liebesverhältnisses, wenn mit der Eifersuchtstat eines Freundes der Frau zu rechnen ist.

Fingerhakeln hingegen ist zumindest im bayerischen Raum eine durchaus nicht unübliche Art des Zeitvertreibs. Dabei erlittene Verletzungen sind nicht selbstverschuldet und schließen den Lohnfortzahlungsanspruch nicht aus, es sei denn, der Verletzte hat besonders schwache und verletzungsanfällige Fingerknochen und dies ist ihm bekannt gewesen.

Und was ist, wenn ich einen über den Durst getrunken habe?

Ist die Arbeitsunfähigkeit auf einen durch den Alkoholmißbrauch herbeigeführten Unfall zurückzuführen, so entfällt ein Anspruch, da heute jedem Erwachsenen die Gefahren des Alkohols bekannt sind.

Beispiel: So haben die Arbeitsgerichte den Lohnfortzahlungsanspruch einer Frau abgelehnt, die, nachdem sie mehrere Gläser Bier und Schnaps getrunken hatte, bei dem Versuch aufzustehen, über einen Stuhl gestürzt ist und sich dabei verletzt hat. Zuvor hatte ihr Lebensgefährte sie vergeblich aufgefordert, mit dem Trinken aufzuhören und nach Hause zu gehen.

Und was passiert, wenn ich bei einem Unfall den Sicherheitsgurt nicht angelegt hatte?

Die durch das Nichttragen des Sicherheitsgurtes eingetretenen Verletzungsfolgen sind stets verschuldet. Ein Lohnfortzahlungsanspruch besteht in diesem Falle nicht.

Was muß ich tun, wenn ich krank bin?

Alle Arbeitnehmer sind verpflichtet, den Arbeitgeber von einer Arbeitsunfähigkeit sobald als möglich zu unterrichten. Sie brauchen Ihrem Chef jedoch nicht mitzuteilen, woran Sie erkrankt sind. Sie brauchen während der Arbeitsunfähigkeit auch nicht unbedingt das Bett zu hüten.

Beispiel: Der Maurer Pius Hofer war vom 20. Mai bis zum 11. Juli an Lungenentzündung erkrankt. Am Tag nach dem Arztbesuch hat er den Arbeitgeber telefonisch von der Arbeitsunfähigkeit verständigt. Zwei Tage später hat er die Arbeitsunfähigkeitsbescheinigung vorgelegt. Am 30. und 31. Mai hat er an einer Marienwallfahrt nach Walldürn im Odenwald teilgenommen. Für diese beiden Tage hat der Arbeitgeber die Lohnzahlung strikt verweigert. Zu Recht?

Das Arbeitsgericht verurteilte den Arbeitgeber, den Lohn nachzuzahlen. Die Arbeitsunfähigkeit hatte Hofer durch die Vorlage der ärztlichen Bescheinigung nachgewiesen. Allein aus der Teilnahme an der Wallfahrt folgt nicht, daß Hofer etwa arbeitsfähig gewesen wäre. Erhebliche Zweifel an der Arbeitsunfähigkeit wären etwa dann veranlaßt gewesen, wenn Hofer an seinem Haus gemauert hätte. Beachten Sie im übrigen, daß Sie während einer Erkrankung verpflichtet sind, alles zu unterlassen, was den Heilungsverlauf beeinträchtigen kann. Schwere Verstöße gegen diese Pflicht können u. U. eine Kündigung rechtfertigen.

Wer muß eine Arbeitsunfähigkeitsbescheinigung vorlegen?

Eine ärztliche Bescheinigung über das Bestehen einer Arbeitsunfähigkeit und deren voraussichtliche Dauer müssen Arbeitnehmer dem Arbeitgeber nur dann vorlegen, wenn die Arbeitsunfähigkeit länger als drei Tage dauert.

Die Bescheinigung muß der Arbeitnehmer dem Arbeitgeber in diesem Fall am darauffolgenden Arbeitstag vorlegen.

In Abweichung von dieser Regel ist der Arbeitgeber allerdings auch berechtigt, die Vorlage der ärztlichen Bescheinigung früher zu verlangen.

Bis zur Vorlage der Bescheinigung kann der Arbeitgeber die Fortzahlung des Lohnes vorübergehend verweigern. Bei Vorlage der Bescheinigung muß er den Lohn voll nachzahlen.

Hält der Arbeitnehmer sich zu Beginn der Arbeitsunfähigkeit **im Ausland** auf, so muß der Arbeitnehmer die Arbeitsunfähigkeit und deren voraussichtliche Dauer nicht nur unverzüglich seiner gesetzlichen Krankenkasse anzeigen. Er muß vielmehr auch dem Arbeitgeber die Arbeitsunfähigkeit, deren Dauer sowie die Anschrift am Aufenthaltsort in der schnellstmöglichen Art der Übermittlung mitteilen. Die Kosten hierfür trägt der Arbeitgeber.

Was muß mir mein Arbeitgeber während der Krankheit weiterzahlen?

Den Anspruch auf Entgeltfortzahlung erwirbt der Arbeitnehmer erst, wenn das Arbeitsverhältnis vier Wochen ununterbrochen bestanden hat. Während dieser Zeit kann er ggf. Krankengeld von der Krankenkasse beanspruchen.

Und seit der gesetzlichen Neuregelung, die zum 1. Oktober 1996 in Kraft getreten ist, stehen ihm nur noch 80% seines regelmäßigen Arbeitsentgelts zu. Überstunden sind also nicht mehr zu berücksichtigen.

Die tariflichen Regelungen sehen überwiegend weiterhin die volle Entgeltfortzahlung zu 100% bei Arbeitsunfähigkeit vor. Diese wie auch günstigere arbeitsvertragliche Regelungen gelten weiter und gehen der für die Arbeitnehmer nachteiligeren gesetzlichen Neuregelung vor.

2. Entgeltfortzahlung bei Kuren und Heilverfahren sowie bei Schonzeit

Alle Arbeitnehmer haben bei Kuren und Heilverfahren zur Erhaltung, Besserung oder Wiederherstellung der Erwerbsfähigkeit einen Anspruch auf Vergütungsfortzahlung für sechs Wochen.

Früher konnten Angestellte sich eine Kur ärztlich verordnen lassen. Diese Möglichkeit gibt es nach dem Entgeltfortzahlungsgesetz nicht mehr.

Der Arbeitgeber muß dem Arbeitnehmer jedoch auf dessen Verlangen im Anschluß an eine Kur Urlaub gewähren.

3. Lohnzahlung bei sonstiger persönlicher Verhinderung

Häufig sehen die einschlägigen Manteltarifverträge für sonstige Fälle von Arbeitsverhinderung bezahlten Sonderurlaub vor.

In welchen Fällen persönlicher Verhinderung ist der Lohn fortzuzahlen?

Sofern der einschlägige Tarifvertrag oder der Einzelarbeitsvertrag nichts anderes vorsieht, bleibt den Arbeitnehmern auch in verschiedenen anderen Fällen der Lohnanspruch erhalten, wenn ihnen die Arbeit aus persönlichen Gründen nicht zumutbar ist. In den Worten des Gesetzes (§ 616 Bürgerliches Gesetzbuch) liest sich dies so:

> Der zur Dienstleistung Verpflichtete wird des Anspruchs auf die Vergütung nicht dadurch verlustigt, daß er für eine verhältnismäßig nicht erhebliche Zeit durch einen in seiner Person liegenden Grund ohne sein Verschulden an der Dienstleistung verhindert wird.

Zu nennen sind vor allem folgende Anlässe: Geburt, Sterbefall oder Begräbnis in der Familie; eigene Hochzeit oder auch silberne Hochzeit, goldene Hochzeit der Eltern; Arztbesuch, ohne daß Arbeitsunfähigkeit vorliegt, soweit dieser außerhalb der Arbeitszeit nicht möglich ist; gerichtliche Ladung als Zeuge oder Beisitzer; Musterung; Gesellenprüfung; schwerwiegende Erkrankung naher Angehöriger.

Wann besteht bei Betreuung eines erkrankten Kindes unter acht Jahren ein Lohnanspruch?

Wenn ein im Haushalt lebendes Kind unter acht Jahren erkrankt, behält der Arbeitnehmer den Anspruch auf Lohn bis zu fünf Tagen, wenn nach ärztlichem Zeugnis der Arbeitnehmer das Kind betreuen muß, weil eine andere im Haushalt lebende Person (Ehemann, Lebensgefährtin usw.) nicht zur Verfügung steht.

Zu wessen Lasten gehen schlechte Verkehrsverhältnisse?

Schlechte Witterungsverhältnisse (Überschwemmungen, Glatteis, Schnee), Zusammenbruch der öffentlichen Verkehrsmittel, Fahrverbote wegen Smog liegen nicht in der Person des Arbeitnehmers begründet und lassen, wenn deswegen der Arbeitnehmer nicht zur Arbeitsstelle kommen kann, den Lohnanspruch entfallen.

In den meisten Branchen sehen die einschlägigen Manteltarifverträge für Arbeitsverhinderungen bezahlten Sonderurlaub vor, so z. B. für die eigene Eheschließung ein bis drei Tage; für die Eheschließung von Eltern, Kindern, Geschwistern einen Tag; für den Todesfall des Ehegatten zwei bis vier Tage; Todesfall von Kindern, Eltern, Geschwistern, Schwiegereltern ein bis drei Tage; schwere Erkrankung des Ehegatten, der Kinder oder Eltern ein bis sechs Tage; für die Teilnahme an Vorsorgeuntersuchungen, die Wahrnehmung öffentlicher Ehrenämter sowie die Vorladung bei Gerichten und Behörden, soweit der Arbeitnehmer nicht Antragsteller, Partei oder Beschuldigter ist, wird bezahlter Sonderurlaub für die Dauer der notwendigerweise ausfallenden Arbeitszeit gewährt.

Soweit Arbeitgeber und Arbeitnehmer nicht durch einen Tarifvertrag gebunden sind, können sie frei vereinbaren, ob und für welche Arbeitsverhinderungen der Arbeitgeber bezahlten Sonderurlaub in welcher Dauer gewähren muß.

4. Was der Arbeitgeber schuldet, wenn er den Arbeitnehmer nicht arbeiten läßt

Wenn der Arbeitgeber Sie als Arbeitnehmer trotz ordnungsgemäß angebotener Arbeit am Betreten des Betriebs hindern oder Ihnen keine Arbeit zuweisen würde, käme er in **Annahmeverzug**. Die Folge wäre: Sie würden als Arbeitnehmer Ihren Lohnanspruch behalten.

Beispiel: Am Montag morgen findet die Verkäuferin der Boutique einen Zettel der Inhaberin Frieda Frey vor: „Liebe Sonja! Bin bis Mittwoch in Paris. Spann auch Du bis dahin aus. Frieda." Als Sonja am Monatsende ihre Abrechnung überprüft, stellt sie fest, daß Frieda ihr für drei Tage einen Gehaltsabzug gemacht hat. Sonja verlangt Nachzahlung. Wer hat Recht?

Frieda Frey bleibt zur Lohnzahlung für die Zeit von Montag bis Mittwoch verpflichtet. Sonja braucht die ausgefallene Arbeitszeit nicht nachzuholen.

Behalte ich den Lohnanspruch bei ungerechtfertigter Kündigung?

Entsprechendes gilt auch für den Fall, daß der Arbeitgeber das Arbeitsverhältnis zu Unrecht fristlos oder unwirksam fristgerecht kündigt.

Der Arbeitgeber gerät bei der unberechtigten fristlosen Kündigung sofort und bei der unwirksamen fristgerechten

Kündigung mit Ablauf der Kündigungsfrist in Annahmeverzug.

Der Arbeitgeber muß den Lohn nachzahlen. Der arbeitswillige Arbeitnehmer braucht nach Erhalt einer Kündigung seine Arbeitskraft nicht nochmals gesondert anzubieten, um seinen Lohnanspruch zu erhalten. Seinen Arbeitswillen hat er durch seine bisherige Arbeitsleistung bereits hinreichend gezeigt.

Beispiel: Die Friseuse Claudia Klar weigert sich, der Aufforderung ihres Chefs Streng nachzukommen, die Schaufensterscheiben zu putzen. Daraufhin kündigt er ihr Anfang Januar fristlos.
Auf ihre Klage erklärt das Arbeitsgericht im September die Kündigung für unwirksam. Herr Streng muß seiner Friseuse Claudia den Lohn für die Monate Januar bis September nachzahlen.

VIII. Die Lohnsicherung

Gehalt oder Lohn sind häufig die einzige Existenzgrundlage des Arbeitnehmers. Andererseits kommt es immer wieder vor, daß Gläubiger des Arbeitnehmers (z. B. Finanzierungsinstitute, Banken, Versandunternehmen, der Arbeitgeber selbst) auf den Lohn zugreifen.

Geht es dem Arbeitgeber schlecht, dann muß der Arbeitnehmer u. U. mit anderen Gläubigern des Arbeitgebers um dessen knappe Geldmittel kämpfen.

Der Gesetzgeber hat deshalb Vorkehrungen zum Schutz des Arbeitsentgelts getroffen, und zwar vor dem Zugriff Dritter (Pfändungsschutz), Maßnahmen des Arbeitgebers (Aufrechnungsverbot) und eigenen Verfügungen des Arbeitnehmers (Abtretungsverbot) und auch für den Fall des Konkurses des Arbeitgebers.

1. Inwieweit können Gläubiger den Lohn pfänden?

Kommt der Arbeitnehmer seinen finanziellen Verpflichtungen nicht nach (etwa gegenüber Unterhaltsberechtigten oder bei Teilzahlungskauf), so kann der Inhaber der Forderung, der Gläubiger, (z. B. eine Bank oder ein Kfz-Händer) die Lohnforderung des Arbeitnehmers gegen den Arbeitgeber vom Gericht pfänden lassen, wenn er einen vollstreckbaren Titel (z. B. ein Gerichtsurteil) gegen den Arbeitnehmer besitzt.

Beispiel: Arbeitnehmer Müller schuldet dem Radiohändler Huber 2000 DM. Müller ist bei Arbeitgeber Spät beschäftigt.
Bei der Lohnpfändung tritt nun folgende Lage ein:
Durch den gerichtlichen Pfändungs- und Überweisungsbeschluß, den Radiohändler Huber beim Amtsgericht erwirkt, tritt Huber an die Stelle von Müller, soweit der Lohn gepfändet ist. Herr

Huber wird durch die Pfändung also Inhaber des Lohnanspruchs von Herrn Müller gegen Herrn Spät. Daraus folgt: Gläubiger Huber kann die Lohnforderung gegen Spät geltend machen, als ob es seine eigene Lohnforderung wäre. Für einen Streit über diese Forderung sind demnach auch die Arbeitsgerichte zuständig.

An wen muß der Arbeitgeber den Lohn nach erfolgter Pfändung zahlen?

Die Lohnforderung darf nun nicht mehr der Arbeitnehmer einziehen, der Arbeitgeber darf nicht mehr an ihn zahlen. Der Arbeitgeber muß an den Pfändungsgläubiger leisten. Beachtet der Arbeitgeber die Lohnpfändung nicht, so muß er die gepfändeten Lohnanteile an den Pfändungsgläubiger (nochmals) zahlen, auch wenn er den Lohn schon an den Arbeitnehmer ausgezahlt hatte.

Beispiel: Arbeitnehmer Müller verdient beim Arbeitgeber Spät DM 2500,– netto. Davon hatte der Radiohändler Huber DM 500,– gepfändet: Dennoch hatte der Arbeitgeber Spät dem Arbeitnehmer Müller den vollen Monatslohn von DM 2500,– bezahlt. Den Betrag von DM 500,– muß der Arbeitgeber nun zusätzlich noch an Herrn Huber bezahlen. (Vom Arbeitnehmer Müller kann der Arbeitgeber die DM 500,– wieder zurückverlangen.)

Kann ein Gläubiger den gesamten Lohn kassieren?

Nein. Damit dem Arbeitnehmer Geld zum Leben bleibt, ist die Pfändbarkeit des Lohnes beschränkt. Dies gilt in zweifacher Hinsicht: Einmal sind bestimmte Arten von Bezügen **absolut unpfändbar** wie Reisespesen, Auslösungsgelder, Gefahren-, Schmutz- und Erschwerniszulagen, zusätzliches Urlaubsgeld. Außerdem sieht das Gesetz beim Lohn bestimmte pfändungsfreie Beträge **(Pfändungsgrenzen)** vor. Hierbei ist immer vom Nettoeinkommen auszugehen.

Was bedeutet es, wenn es verboten ist, Lohn abzutreten?

Wenn eine Forderung nicht pfändbar ist, kann der Arbeitnehmer sie auch nicht an einen anderen abtreten. Eine dennoch vorgenommene Abtretung ist unwirksam. Dadurch soll der Arbeitnehmer davor geschützt werden, durch eine Abtretung seiner Lohnansprüche das notwendige Bargeld, das er für seinen Lebensunterhalt braucht, zu verlieren.

> **Beispiel:** Die zur Sicherung eines Bankdarlehens erfolgte Abtretung des gesamten Monatsgehalts ist bei einem unterhaltspflichtigen Arbeitnehmer bei einem Monatseinkommen von 2000 DM netto nur in Höhe von 553 DM wirksam.

Ferner kann die Abtretbarkeit der Lohnforderung im Arbeitsvertrag, in Tarifverträgen und in Betriebsvereinbarungen im voraus abgeschlossen werden. Die trotzdem von Arbeitnehmern verfügte Abtretung wäre nichtig.

2. Was mit dem Lohnanspruch geschieht, wenn der Arbeitgeber in Konkurs geht

Ist der Arbeitgeber zahlungsunfähig geworden, so kann auf seinen eigenen Antrag oder aufgrund des Antrages eines Arbeitnehmers oder eines anderen Gläubigers das Amtsgericht das Konkursverfahren über das Vermögen des Arbeitgebers eröffnen. In diesem Fall werden die Forderungen der Arbeitnehmer zum Teil vorweg berücksichtigt oder aber sie genießen Rangvorteile vor den gewöhnlichen Konkursforderungen.

Wozu dient das Konkursausfallgeld?

Häufig kommt es allerdings vor, daß das Konkursverfahren, weil kein oder zuwenig Schuldnervermögen zu verteilen ist, „mangels Masse“ nicht eröffnet wird oder daß die Masse so gering ist, daß für rückständige Lohnforderungen nicht mehr genügend Geld vorhanden ist.

Deshalb zahlen die Arbeitsämter auf Antrag der Arbeitnehmer diesen Konkursausfallgeld als Ausgleich von Ansprüchen auf rückständigen Lohn für die der Eröffnung des Konkursverfahrens vorausgegangenen letzten drei Monate des Arbeitsverhältnisses.

Wird „mangels Masse" der Konkursantrag abgewiesen oder die Betriebstätigkeit ohne Konkursantrag mangels Masse vollständig beendet, so kann der Arbeitnehmer ebenfalls Zahlung von Konkursausfallgeld verlangen.

Hat der Arbeitnehmer in Unkenntnis der Abweisung des Konkursantrages mangels Masse weitergearbeitet, so wird Konkursausfallgeld für rückständigen Arbeitslohn während der letzten drei Monate vor Kenntnisnahme des Arbeitnehmers gezahlt.

Wie hoch ist das Konkursausfallgeld?

Die Höhe des Konkursausfallgeldes entspricht dem um die gesetzlichen Abzüge (Lohnsteuer, Kirchensteuer, Sozialversicherungsbeiträge) verminderten Arbeitsentgelt für die der Konkurseröffnung vorausgegangenen letzten drei Monate des Arbeitsverhältnisses, das der Arbeitnehmer noch zu beanspruchen hat.

Wann muß ich den Antrag auf Konkursausfallgeld stellen?

Den Antrag auf Konkursausfallgeld können die Arbeitnehmer bei jedem Arbeitsamt stellen. Sie können dies innerhalb von zwei Monaten nach Konkurseröffnung tun.

IX. Anspruch auf Urlaub

1. Der Erholungsurlaub

Jeder Arbeitnehmer hat in jedem Jahr Anspruch auf Erholungsurlaub, also auf bezahlte Freizeit. Er soll zur Wiederherstellung der Arbeitskraft und zur Persönlichkeitsentfaltung beitragen.

Wieviel Urlaub steht mir zu?

Nach dem Bundesurlaubsgesetz beträgt der Urlaub jährlich mindestens 24 Werktage. Arbeitsfreie Samstage werden mitgezählt. Demnach ergibt sich eine gesetzliche Mindestdauer von vier Wochen.

Die Tarifpolitik ist über diesen Mindesturlaub erheblich hinausgegangen: Für mehr als 98% der tariflich erfaßten Arbeitnehmer beträgt der Urlaub vier Wochen und mehr. Rund 94% der Arbeitnehmer erhalten einen Urlaub von fünf Wochen und mehr. Mindestens sechs Wochen erhielten 1987 rund 66% der von Tarifverträgen erfaßten Arbeitnehmer.

Ab wann kann ich wieviel Urlaub bekommen?

Der Arbeitnehmer erwirbt den vollen Urlaubsanspruch regelmäßig bereits mit Jahresbeginn.

Bei einem neu begründeten Arbeitsverhältnis entsteht der volle Urlaubsanspruch jedoch erstmalig nach Ablauf einer Wartezeit von sechs Monaten.

Eine Zwölftelung des gesetzlichen Urlaubsanspruches für jeden vollen Monat des Arbeitsverhältnisses findet dann statt, wenn der Arbeitnehmer die Wartezeit nicht voll erfüllt oder nach erfüllter Wartezeit in der ersten Jahreshälfte aus dem Arbeitsverhältnis ausscheidet.

Beispiel: Der Arbeitnehmer ist am 10. Oktober in das Arbeitsverhältnis eingetreten und zum 31. Mai des folgenden Jahres ausgeschieden. Er hat für das vergangene Jahr Anspruch auf (2 × 2) vier und für das laufende Jahr Anspruch auf (5 × 2) zehn Urlaubstage.

Muß ich dem Arbeitgeber etwas zurückzahlen, wenn ich bereits den gesamten Jahresurlaub genommen habe und vorzeitig ausscheide?

Hat derselbe Arbeitnehmer nach Ableistung der Wartezeit von sechs Monaten den vollen Urlaub von 24 Tagen für das laufende Kalenderjahr – etwa im Mai – erhalten, so schadet ihm die nachträgliche Kürzung des Urlaubsanspruchs infolge seines Ausscheidens innerhalb der ersten Jahreshälfte nicht: Das für den bereits genommenen Urlaub gezahlte Urlaubsentgelt kann nicht zurückgefordert werden.

Wann darf ich in Urlaub gehen?

Nach Entstehung des Urlaubsanspruchs darf sich der Arbeitnehmer nicht selbst beurlauben. Vielmehr setzt der Arbeitgeber den Urlaubszeitpunkt fest (Urlaubserteilung). Hierbei muß er die Urlaubswünsche des Arbeitnehmers berücksichtigen.

Will der Arbeitgeber Betriebsferien allgemein für die Belegschaft oder einen Teil von ihr festsetzen, so kann er dies nur, wenn – soweit vorhanden – der Betriebsrat zustimmt. Der Arbeitgeber soll den Urlaub zusammenhängend gewähren, und der Arbeitnehmer soll ihn nach Möglichkeit im laufenden Urlaubsjahr nehmen.

Was ist, wenn ich am Jahresende bzw. bis Ende März des Folgejahres meinen Urlaub nicht genommen habe?

Eine Übertragung des Urlaubs auf das nächste Kalenderjahr kommt nur ausnahmsweise „bei dringenden betrieblichen oder in der Person liegenden Gründen“ in Betracht, bestimmt das Bundesurlaubsgesetz. Zur Übertragung bedarf es jedoch keiner besonderen Abrede zwischen Arbeitgeber und Arbeitnehmer.

Beispiel: Wegen starken Termindrucks konnte der Angestellte Still nicht, wie er vorhatte, im Dezember in Urlaub gehen. Im Februar verlangt er für März seinen Urlaub von einem Monat aus dem Vorjahr. Der Arbeitgeber lehnt ab. Er meint, der Urlaub sei verfallen. Kann Still seinen Urlaub noch verlangen?

Ja, da Still den Urlaub aus betrieblichen Gründen nicht hat nehmen können, ist er auf das nächste Jahr übergegangen.

Still kann verlangen, daß ihm der Urlaub bis Ende März gewährt wird. Versäumt Still es, den Urlaub bis Ende März zu nehmen, so erlischt der Anspruch.

Kann ich Abgeltung des nicht genommenen Urlaubs verlangen?

Eine Abgeltung des Urlaubs ist nur für den Fall vorgesehen, daß der Arbeitnehmer ihn wegen der Beendigung des Arbeitsverhältnisses nicht mehr in natura einbringen kann. Solange das Arbeitsverhältnis besteht, haben Sie also keinen Anspruch auf Abgeltung des nicht in Anspruch genommenen Urlaubs.

Wie hoch ist das Urlaubsentgelt?

Wesentliches Merkmal des Erholungsurlaubs ist die Zahlung von Urlaubsentgelt, das den Lebensstandard des Arbeitnehmers sicherstellen soll.

Es ist deshalb vor Urlaubsantritt auszuzahlen. Es bemißt sich in der Höhe nach dem durchschnittlichen Verdienst des Arbeitnehmers in den letzten 13 Wochen vor Urlaubsantritt; Überstunden wirken sich seit dem 1. Oktober 1996 nicht mehr erhöhend auf das Urlaubsentgelt aus.

Wann habe ich Anspruch auf ein zusätzliches Urlaubsgeld?

Gesetzlich ist ein zusätzlich zum Urlaubsentgelt zu zahlendes Urlaubsgeld nicht vorgeschrieben, jedoch sehen zahlreiche Tarifverträge es vor. Ende 1985 hatten 94% der erfaßten Arbeitnehmer zusätzlich zu dem während des Urlaubs fortzuzahlenden Arbeitsentgelt aufgrund von Tarifverträgen einen Anspruch auf zusätzliches Urlaubsgeld.

Was geschieht mit meinem Urlaub, wenn ich krank werde?

Erkranken Sie während der Betriebsferien oder sonst während des Urlaubs, so haben Sie für die Dauer der Arbeitsunfähigkeit Anspruch auf Lohnfortzahlung. Erkrankt ein Arbeitnehmer vor Beginn des Urlaubs, so muß der Urlaub verschoben und neu festgesetzt werden.

Diejenigen Tage des ursprünglich geplanten Urlaubs, an denen Sie krank gewesen sind, bleiben Ihnen als Urlaubsanspruch erhalten. Jedoch verfällt der Urlaub, wenn Sie den Urlaub wegen Krankheit nicht im Urlaubsjahr oder bis zum 31. März des folgenden Jahres nehmen konnten.

Auch für diesen Bereich sehen Tarifverträge häufig eigene Regeln vor.

Gibt es Sonderregelungen zugunsten schutzbedürftiger Arbeitnehmer?

Jugendliche haben Anspruch auf längeren Erholungsurlaub. Er beträgt jährlich mindestens 30 Werktage, wenn der Jugendliche zu Beginn des Kalenderjahres noch nicht 16 Jahre alt, mindestens 27 Werktage, wenn der Jugendliche zu Beginn des Kalenderjahres noch nicht 17 Jahre alt, und mindestens 25 Werktage, wenn der Jugendliche zu Beginn des Kalendermonats noch nicht 18 Jahre alt ist.

Den **Schwerbehinderten** hat der Arbeitgeber einen zusätzlichen bezahlen Urlaub von einer Woche zu gewähren. Dieser Anspruch steht jedoch nicht den Gleichgestellten zu, also den

Personen, die mit ihrem Grad der Behinderung zwischen 30% und 50% liegen und die das Arbeitsamt auf ihren Antrag den Schwerbehinderten „gleichgestellt“ hat.

2. Der Erziehungsurlaub

Wer hat Anspruch auf Erziehungsurlaub?

Einen Anspruch besonderer Art haben berufstätige Mütter und Väter.

Der frühere „Mutterschaftsurlaub“ in den ersten sechs Monaten nach der Geburt ist durch die Regelung des „Gesetzes über die Gewährung von Erziehungsgeld und Erziehungsurlaub“ ersetzt worden.

Beispiel: Anja Glück entbindet am 30. Juli von einer Tochter. Am 28. August teilt sie ihrem Arbeitgeber mit, daß sie bis zur Vollendung der ersten 18 Lebensmonate der Tochter in Erziehungsurlaub geht.
Sie verlangt zu Recht Erziehungsurlaub für die Zeit nach Beendigung des achtwöchigen gesetzlichen Beschäftigungsverbots nach der Entbindung.

Aufgrund des Gesetzes wird für die Mutter oder den Vater, wenn sie ein Kind betreuen und erziehen, für die Dauer von bis zu drei Jahren ein Erziehungsgeld von DM 600,– bezahlt. Vom Beginn des siebten Lebensmonats des Kindes an ist die Höhe des Erziehungsgeldes von bestimmten Einkommensgrenzen abhängig. Das Erziehungsgeld ist steuerfrei.

Wo kann ich Erziehungsgeld beantragen?

Für den Antrag und die Auszahlung des Erziehungsgeldes sind zuständig in Baden-Württemberg die Landeskreditbank; in Bayern, Hessen, Mecklenburg-Vorpommern, Nordrhein-Westfalen, Saarland, Sachsen-Anhalt und Schleswig-Holstein die Versorgungsämter; in Bremen der Senator für Gesundheit, Jugend und Soziales; in Berlin und Hamburg die Bezirksämter (Jugend/Einwohnermeldeamt); in Brandenburg und Rheinland-Pfalz die Jugendämter; in Niedersachsen die Kreisfreien Städte und Landkreise; in Sachsen und Thüringen die Ämter für Familie und Soziales; in Sachsen-Anhalt die Ämter für Versorgung und Soziales.

Für welche Zeit besteht Anspruch auf Erziehungsurlaub?

Für denselben Zeitraum, für den der Anspruch auf Erziehungsgeld besteht, also bis zur Vollendung des dritten Lebensjahres des Kindes, kann einer der beiden Ehegatten unbezahlte Freistellung von der Arbeit (Erziehungsurlaub) von seinem Arbeitgeber verlangen.

X. Die betriebliche Altersversorgung

Auch, wenn Sie in den verdienten Ruhestand getreten sind, reißt zumindest Ihr finanzielles Band zum früheren Arbeitgeber nicht gänzlich ab: Zum Arbeitsentgelt gehört auch die betriebliche Altersversorgung.

Beispiel: Sie sind mit 63 Jahren in den Ruhestand getreten. Neben Ihrer Rente vom Träger der Sozialversicherung erhalten Sie von Ihrem Arbeitgeber eine monatliche Betriebsrente von DM 500,–.

Wenn Sie als Arbeitnehmer bei Erreichen der Altersgrenze, bei Erwerbs- oder Berufsunfähigkeit aus dem Arbeitsverhältnis ausscheiden, so erhalten Sie vom Rentenversicherungsträger eine Rente. Sie soll Ihnen und Ihrer Familie den Lebensunterhalt sichern.

Diese gesetzlichen Renten (Angestelltenversicherung, Arbeitsrentenversicherung) sind in der Regel niedriger als das bisherige Arbeitseinkommen. So gewähren viele Arbeitgeber ihren langjährig Beschäftigten eine zusätzliche betriebliche Altersversorgung (Ruhegeld, Ruhegehalt, Pension) oder den Hinterbliebenen eine Hinterbliebenenversorgung.

Über 60% der Arbeitnehmer sind in eine Form der betrieblichen Altersversorgung einbezogen.

Welche Formen der betrieblichen Altersversorgung gibt es?

Folgende Formen der betrieblichen Altersversorgung gibt es:

- Der Arbeitgeber gibt dem Arbeitnehmer eine unmittelbare Versorgungszusage **(Direktzusage)**.

Damit ist er selbst zur Zahlung des Ruhegeldes an den Arbeitnehmer verpflichtet.

- Der Arbeitgeber schließt mit einer Lebensversicherungsgesellschaft eine Lebensversicherung zugunsten einzelner, mehrerer oder aller Arbeitnehmer ab **(Direktversicherung)**. Ihr Anspruch entsteht gegen die Versicherung.
- Es besteht eine **Pensionskasse.** Der Arbeitgeber wendet dem Arbeitnehmer einen Rechtanspruch gegen die selbständige betriebliche Pensionskasse zu,
- Es besteht nur eine **Unterstützungskasse.** Auf ihre Leistungen besteht kein Rechtsanspruch.
- Der Arbeitgeber entrichtet für den Arbeitnehmer Beiträge zur **Höherversicherung in der gesetzlichen Sozialversicherung.** Der Arbeitnehmer erwirbt unmittelbare Ansprüche gegen die Träger der Sozialversicherung.

Das hier maßgebliche „Gesetz zur Verbesserung der betrieblichen Altersversorgung" begründet selbst keine Ruhegeldansprüche.

Welche Ansprüche sichert das Gesetz?

Das Gesetz sichert lediglich anderweitig begründete Ansprüche. Diese Ruhegeldansprüche können sich namentlich ergeben aus dem Einzelarbeitsvertrag, aus einer Betriebsvereinbarung, aus dem Tarifvertrag oder auch aus dem Gleichbehandlungsgrundsatz oder dem Gedanken der Gleichberechtigung.

Beispiel: Ein Kaufhauskonzern sieht für seine Mitarbeiter arbeitsvertraglich folgende Leistungen vor. „Nach 15 Jahren Betriebszugehörigkeit erwirbt der Mitarbeiter Anspruch auf die betriebliche Altersversorgung der Kaufhaus AG."
Frau Treu scheidet mit Erreichen des 63. Lebensjahres und 20 Jahren Betriebszugehörigkeit aus und verlangt von der Kaufhaus AG die Leistungen aus der betrieblichen Altersversorgung. Die Kaufhaus AG will nicht zahlen. Sie stellt sich auf den Stand-

punkt, sie brauche nur die elf Jahre der Vollzeitbeschäftigung, nicht die 9 Jahre der Teilzeitbeschäftigung anzurechnen. Frau Treu zieht vor das Arbeitsgericht. Wird sie recht bekommen?

Allgemein sind 90% der Teilzeitbeschäftigten Frauen. Die Regelung hätte auch hier eine teilzeitbeschäftigte Frau benachteiligt. Sie war insoweit wegen „mittelbarer Benachteiligung" der teilzeitbeschäftigten Frauen unwirksam. Der Arbeitgeber mußte somit auch die Betriebszugehörigkeit als Teilzeitbeschäftigte berücksichtigen.

Die Verkäuferin Frau Treu hat demnach einen Anspruch auf die betriebliche Altersversorgung erworben.

Bleibt mir die Versorgungsanwartschaft auch bei einem Wechsel des Arbeitgebers erhalten?

Wechselt ein Arbeitnehmer während seines Arbeitslebens den Arbeitgeber, so besteht die Gefahr, daß er seine während eines früheren Arbeitsverhältnisses erworbene Anwartschaft auf betriebliche Altersversorgung durch den Wechsel verliert.

Das Gesetz regelt daher insbesondere die **Unverfallbarkeit** von Versorgungsanwartschaften: Diese bleiben dem Arbeitnehmer auch bei einem Wechsel des Betriebs erhalten, wenn der Arbeitnehmer zu diesem Zeitpunkt 35 Jahre alt ist und entweder die Zusage zehn Jahre besteht oder der Arbeitnehmer dem Unternehmen zwölf Jahre angehört hat und seit mindestens drei Jahren eine Versorgungszusage besitzt.

Beispiel: Alfred Dauer ist 40 Jahre alt und seit 13 Jahren bei der Firma Stein beschäftigt. Nach der dort bestehenden Regelung erwerben Mitarbeiter nach zehnjähriger Betriebszugehörigkeit und Eintreten in den Ruhestand einen Anspruch auf betriebliche Altersversorgung. Dauer scheidet bei der Firma Stein nunmehr aus und tritt bei der Firma Frisch ein. Mit Vollendung des 63. Lebensjahres scheidet er endgültig aus dem Arbeitsleben aus. Jetzt kann er auch von seinem früheren Arbeitgeber, der Firma Stein, sein dort erdientes betriebliches Altersruhegeld verlangen.

Was geschieht mit dem Anspruch auf Ruhegeld, wenn der Arbeitgeber inzwischen in Konkurs gegangen ist?

Für die betrieblichen Ruhegeldansprüche besteht eine besondere gesetzliche Insolvenzsicherung: Wenn Ihr Arbeitgeber wegen Zahlungsunfähigkeit oder wegen Konkurses die Ruhegeldansprüche nicht erfüllt, können Sie Ihre Ansprüche gegen den Pensions-Sicherungsverein mit Sitz in Köln geltend machen.

XI. Auslagen des Arbeitnehmers für den Arbeitgeber

1. Aufwendungen im allgemeinen

Was sind Aufwendungen des Arbeitnehmers aus dem Arbeitsverhältnis?

Aufwendungen aus dem Arbeitsverhältnis sind im allgemeinen Ausgaben, die Sie bei Ausführung der Ihnen übertragenen Arbeit haben. Hierzu werden teilweise auch Schäden gerechnet, die Sie bei Ausübung der Arbeit an Ihrem Eigentum erleiden.

Wann muß mein Arbeitgeber mir meine Aufwendungen erstatten?

Aufwendungen bei Ausführung der Arbeit muß Ihr Arbeitgeber ersetzen, wenn Sie diese Auslagen den Umständen nach für erforderlich halten durften und diese Aufwendungen nicht bereits mit dem Lohn bzw. Gehalt abgegolten sind.

Sie können sich vorstellen, daß es bei der Feststellung, ob eine bestimmte Aufwendung als mit dem Lohn abgegolten anzusehen ist, schnell zu gegensätzlichen Auffassungen kommen kann. Kommt ein solcher Fall zum Gericht, ist die Entscheidung nur schwer vorauszusagen, weil die Grenzen fließend sind.

Um diese Rechtsunsicherheit zu beseitigen, finden wir in zahlreichen Tarifverträgen ausführliche Regeln zu diesem Punkt. Als grobe Leitlinie können Sie sich für die Fälle, in denen der Aufwendungsersatz nicht in einem Tarifvertrag oder in Ihrem Arbeitsvertrag eigens geregelt ist folgendes einprägen:

- Zu den **erstattungsfähigen** Auslagen gehören nur diejenigen Aufwendungen, die der Arbeitsausführung selbst dienen.

Beispiele: Fahrtkosten zu auswärtigen Baustellen, Fahrtkosten für Dienstfahrten, Reisespesen (Übernachtung), Auslagen zur Beschaffung von Handwerkszeug, sofern nicht branchenüblich vom Arbeitnehmer selbst bereitzustellen.

- **Nicht erstattungsfähig** sind die persönlichen von seinem Lohn zu bestreitenden Aufwendungen des Arbeitnehmers.

Beispiele: In der Regel die Kosten der Arbeitskleidung, Kosten der Verpflegung, Fahrtkosten zwischen Wohnung und Arbeitsstätte, Umzugskosten.

Wann muß mein Arbeitgeber mir Auslagen für von mir beschaffte Arbeitskleidung ersetzen?

Erstattungsfähig sind Ausgaben für persönliche Schutzkleidung, die aufgrund von Unfallverhütungsvorschriften zu tragen ist. Im allgemeinen muß der Arbeitgeber diese Bekleidungsstücke selbst bereitstellen. Tut er das nicht und besorgen Sie an seiner Stelle die vorgeschriebenen Stücke (z. B. Sicherheitsschuhe, Sicherheitshelm, Schutzbrille), so muß der Arbeitgeber Ihnen die erforderlichen Auslagen ersetzen. Bei Beendigung des Arbeitsverhältnisses müssen Sie diese Gegenstände dann allerdings herausgeben.

Nicht erstattungspflichtig sind Kosten derjenigen Arbeitskleidung, die lediglich zur Schonung Ihrer Privatkleidung bestimmt ist, oder etwa die Kosten Ihrer im Dienst getragenen normalen Kleidung.

In allen übrigen Fällen müssen Sie u. a. anhand der Branchenüblichkeiten feststellen, ob Aufwendungen hierfür als mit der Vergütung abgegolten angesehen werden müssen oder nicht. Vielfach können jedoch Tarifverträge weiterhelfen, weil sie Rückschlüsse auf bestehende Branchenüblichkeiten zulassen.

2. Schäden des Arbeitnehmers an seinem Eigentum

Beispiel: Pavlos Samirakis ist Lagerarbeiter bei der Halogen GmbH. Eines Tages wird er beim Entladen eines LKWs mit Ameisensäure-Korbflaschen eingesetzt. Bei einer der Korbflaschen platzt beim Herunterheben von der Rampe wegen eines Materialfehlers der Glasboden ab. Die Säure fließt aus und verletzt ihn erheblich. Außerdem ist seine Bekleidung unbrauchbar geworden. Die zuständige Berufsgenossenschaft hat den Vorfall als Berufsunfall anerkannt und den Personenschaden ersetzt. Herr Samirakis möchte von der Halogen GmbH auch den Schaden an seiner Kleidung, also den Sachschaden ersetzt bekommen. Die Halogen GmbH lehnt ab. Am Materialfehler des Glases der Korbflasche treffe sie kein Verschulden, und ohne Verschulden gebe es keine Haftung. Wer hat recht?

Was gilt, wenn ich im Rahmen meiner Arbeit an meinem persönlichen Eigentum Schaden erleide?

Herr Samirakis kann verlangen, daß der Schaden an seiner Kleidung ersetzt wird. Hätte die Halogen GmbH ein Verschulden an dem Unfall getroffen (z. B. mangelnde Sicherheitsvorkehrungen trotz Vorhersehbarkeit des Unfalls), so wäre ein Schadensersatzanspruch schon deswegen gegeben.

Im vorliegenden Fall, der vom Bundesarbeitsgericht vor vielen Jahren einmal entschieden wurde, fehlte es an einem solchen Verschulden. Das Bundesarbeitsgericht hat dennoch einen Schadensersatzanspruch anerkannt, indem es den Schaden als einen Aufwand des Arbeitnehmers angesehen hat, der mit der Arbeitsvergütung als nicht abgegolten angesehen werden könne. Voraussetzung sei jedoch, so das Bundesarbeitsgericht,

- daß der Schaden im Vollzug einer gefährlichen Arbeit entstanden ist und
- daß er außergewöhnlich ist, der Arbeitnehmer also damit nach der Art des Betriebes oder nach der Natur der Arbeit nicht zu rechnen brauchte.

Diese Voraussetzungen hat das Bundesarbeitsgericht in dem geschilderten Fall als gegeben angesehen. Aus diesen Grundsätzen ergibt sich andererseits deutlich, daß nicht jeder Schaden, den Sie bei Ausübung Ihrer Arbeit an Ihrem Eigentum erleiden, von Ihrem Arbeitgeber ersetzt werden muß.

Beispiel: Frau Spät ist Sekretärin. Sie bückt sich, um aus dem untersten Fach eines Regals einen schweren Aktenordner hervorzuholen. Mit einer scharfen Kante des Ordners reißt sie ein Loch in ihren Strumpf.

Hier muß der Arbeitgeber nicht zahlen, da die Arbeit von Frau Spät zum einen nicht gefährlich ist und zum anderen der entstandene Schaden auch nicht außergewöhnlich ist.

Muß mir mein Arbeitgeber den Schaden ersetzen, wenn ich auf einer Dienstfahrt mit meinem PKW einen Unfallschaden habe?

Diese Abgrenzung von erstattungspflichtigen Schäden zu Schäden, die der Arbeitnehmer selbst tragen muß, führt allerdings bei Dienstfahrten mit dem Privat-PKW zu unbefriedigenden Ergebnissen. Autofahren kann zwar als gefährlich eingestuft werden, dabei auftretende Schäden sind aber keineswegs außergewöhnlich.

Das Bundesarbeitsgericht hat aus diesem Grund seine Rechtsprechung verändert. Nunmehr gilt, daß der Arbeitgeber für Schäden am Eigentum des Arbeitnehmers aufkommen muß, wenn folgende Voraussetzungen erfüllt sind:

- Der Schaden ist im Betätigungsbereich des Arbeitgebers entstanden.
- Der Arbeitnehmer erhält für das diesbezügliche Schadensrisiko keine besondere Vergütung.
- Der Schaden gehört nicht zum privaten Lebensbereich des Arbeitnehmers (vgl. den zuvor dargestellten Fall mit dem zerrissenen Strumpf).

Damit ist jetzt für die Haftungsfrage nicht mehr entscheidend, ob der Schaden „im Vollzug einer gefährlichen Arbeit“ entstanden und ob er „außergewöhnlich“ ist.

Beispiel: Maria Kandler ist beim Verein für Sozialfürsorge e.V. – einer Sozialstation mit ländlichem Einzugsgebiet – als hauptamtliche Altenpflegerin beschäftigt. Für ihre Hausbesuche benutzt sie mit Billigung des Geschäftsführers des Vereins ihr privates Kraftfahrzeug und erhält dafür ein Kilometergeld von 0,32 DM. An einem Februarmorgen fährt sie auf einer Kreisstraße zu einem Hausbesuch. Auf einer nicht rechtzeitig erkennbaren Ölspur gerät sie ins Schleudern und kollidiert mit einem Baum. Sachschaden: 5000 DM. Frau Kandler möchte den Schaden vom Verein ersetzt haben. Der Geschäftsführer winkt ab: Solche Schäden gehörten zum allgemeinen Lebensrisiko und außerdem habe Frau Kandler sich durch eine Kaskoversicherung schützen können. – Wer hat recht?

Der Verein wird zahlen müssen. Hätte Frau Kandler ihr Fahrzeug nicht zur Verfügung gestellt, hätte der Verein selbst ein eigenes Fahrzeug einsetzen und damit das Unfallrisiko tragen müssen. Mit öffentlichen Verkehrsmitteln hätte sich nämlich Frau Kandlers Aufgabe nicht erledigen lassen. So gesehen kann ohne weiteres angenommen, daß der Schaden „im Betätigungsbereich des Arbeitgebers“ entstanden ist.

WICHTIG: *Wenn Sie ein privateigenes Kraftfahrzeug im Dienst einsetzen, ist für die eventuelle Schadensersatzpflicht Ihres Arbeitgebers entscheidend, ob Ihr Arbeitgeber für den Fall, daß Sie Ihr Fahrzeug nicht bereitstellen würden, ein Dienstfahrzeug zur Verfügung stellen müßte.*

Hinzu kommt, daß das Unfallrisiko von Frau Kandler durch den Verein nicht vergütet worden ist. Der Kilometersatz von 0,32 DM mag ihre allgemeinen Kfz-Kosten knapp abdekken, für den Abschluß einer Vollkaskoversicherung reicht dieser Satz sicher nicht aus.

Haftet mein Arbeitgeber auch, wenn ich den Unfall schuldhaft verursacht habe?

Hierzu vertritt die Rechtsprechung die Auffassung, daß der Arbeitgeber nicht nur das Schadensrisiko unverschuldeter Unfälle tragen muß, sondern auch das Risiko, daß es infolge geringen Verschuldens (= leichte Fahrlässigkeit) zu einem Unfall kommt.

Beispiel: Frau Kandler fährt auf ein bei Gegenlicht vor ihr fahrendes und überraschend bremsendes Fahrzeug auf. Sachschaden: 1800 DM.

Auch in diesem Fall könnte Frau Kandler Ersatz des an ihrem PKW entstandenen Schadens vom Verein verlangen. Beruht der Unfall andererseits auf sogenannter „mittlerer Fahrlässigkeit“, so ist der Schaden zwischen Arbeitgeber und Arbeitnehmer zu teilen. Bei grober Fahrlässigkeit schließlich muß der Arbeitnehmer den Schaden allein tragen.

Wie kann ich leichte von mittlerer Fahrlässigkeit und mittlere Fahrlässigkeit von grober Fahrlässigkeit unterscheiden?

Das Bürgerliche Gesetzbuch erklärt im § 276 Absatz 1 Satz 2 den allgemeinen Begriff der Fahrlässigkeit folgendermaßen: Fahrlässig handelt, wer die im Verkehr erforderliche Sorgfalt außer acht läßt.

Wir ersparen uns ein Studium der umfangreichen Einzelfallrechtsprechung zum Fahrlässigkeitsbegriff. Statt dessen folgende Faustregel:

Leichte Fahrlässigkeit	Das kann jedem passieren
Mittlere Fahrlässigkeit	Das darf nicht passieren
Grobe Fahrlässigkeit	Das darf auf keinen Fall passieren

Wie kann ich mich bei Dienstfahrten mit meinem privaten PKW dahingehend absichern, daß eventuelle Unfallschäden nicht von mir selbst getragen werden müssen?

Wenn es nicht – wie etwa im Fall von Frau Kandler – offensichtlich ist, daß Ihr Arbeitgeber Ihnen eigentlich ein Fahrzeug zur Durchführung der Dienstfahrten zur Verfügung stellen müßte, müssen Sie darauf dringen, daß die Benutzung des eigenen PKWs von Ihrem Arbeitgeber vor Antritt der Reise angeordnet wird. Eine andere Möglichkeit besteht darin, daß Sie eine – ggf. zeitlich begrenzte – Vollkaskoversicherung abschließen und sich von Ihrem Arbeitgeber zusichern lassen, daß die Kosten hierfür zusätzlich zum Kilometergeld übernommen werden.

XII. Schadensersatzpflichten des Arbeitnehmers

1. Die allgemeine Schadenshaftung

Beispiel: Helga Bartelt denkt nur ungern an ihren letzten Arbeitsplatz. Nicht nur die Tatsache, daß ihr „verhaltensbedingt" gekündigt wurde, macht ihr zu schaffen. Auch die Weigerung ihres früheren Arbeitgebers, das letzte Gehalt auszuzahlen, ärgert sie. Frau Bartelt war als Buchhalterin eingestellt worden, nachdem sie hatte nachweisen können, daß sie einen Anfänger- und einen Fortgeschrittenen-Kurs in Buchhaltung mit Erfolg abgeschlossen hatte. Einige Wochen vor ihrer Kündigung stellte sich heraus, daß ihr bei der Buchführung schwerwiegende Fehler unterlaufen waren. So hatte sie bei einzelnen Konten „Soll" und „Haben" durchgängig vertauscht. Außerdem hatte sie es unterlassen, Saldenvorträge von Bestandskonten aus dem Vorjahr in die neuen Konten des laufenden Jahres einzubuchen. Infolge der Fehlbuchungen mußte die Firma die Buchhaltung für eineinhalb Jahre durch eine Fremdfirma komplett neu erstellen lassen, was 48.500 DM kostete.
Als Frau Bartelt ihr letztes Gehalt verlangt, weist sie ihr Arbeitgeber auf den hohen Schaden hin, der ihm durch die Buchungsfehler von Frau Bartelt entstanden sind. Frau Bartelt klagt das Gehalt bei Gericht ein. Das Gericht holt ein Sachverständigen-Gutachten ein. Der Sachverständige kommt nach Überprüfung zu dem Ergebnis, daß Frau Bartelt in elementarer Weise gegen die Regeln der ordentlichen Buchführung – er nennt diese Fehler „strukturelle" Fehler – verstoßen habe, ohne daß es sich um Flüchtigkeitsfehler gehandelt habe, die jedem bei der Arbeit einmal unterliefen. – Wie wird das Gericht entschieden haben.

Zunächst wird es den pfändungsfreien Betrag des Gehalts Frau Bartelt zusprechen, da dem Arbeitgeber eine Aufrechnung mit eigenen Gegenforderungen nur für den Teil des Gehalts gestattet ist, der den sogenannten **pfändungsfreien Betrag** übersteigt. Das Existenzminimum soll hierdurch gesichert werden. (Einzelheiten zum Pfändungsschutz finden Sie im 8. Kapitel.)

Im Hinblick auf den über den pfändungsfreien Betrag hinausgehenden Gehaltsanteil gilt folgendes: Im allgemeinen haftet der Arbeitnehmer – wie jeder Vertragspartner im sonstigen Geschäftsleben auch – für jeden Schaden, den er dem anderen Vertragspartner (Arbeitgeber) durch schuldhafte, d. h. vorsätzliche oder fahrlässige Verletzung seiner (arbeits)vertraglichen Pflichten zufügt. Trifft den Arbeitgeber eine Mitverschulden, so ist das selbstverständlich zu berücksichtigen und führt zu einer Verringerung des Ersatzanspruchs des Arbeitgebers.

Der Umfang der dem Arbeitnehmer obliegenden Pflichten wird durch Auslegung des Arbeitsvertrags festgestellt. Im Fall von Frau Bartelt wird das Gericht zu dem Schluß kommen, daß Frau Bartelt bei ihren Buchungen die Regeln der Buchführung zu beachten hatte.

WICHTIG: *Bei der Durchführung der Arbeit muß der Arbeitnehmer die für die Berufsgruppe üblichen Fertigkeiten und Kenntnisse einsetzen und erteilte Weisungen beachten. Ein Handwerker hat also z. B. fach- und sachgerecht zu arbeiten. Zu den Pflichten eines Kraftfahrers gehört die unbedingte Einhaltung der Straßenverkehrsvorschriften.*

Frau Bartelt hat hier erkennbar die üblichen Fertigkeiten nicht eingesetzt, so daß sie nach den allgemeinen Regeln des Schadensersatzrechts eigentlich den ganzen Schaden bezahlten müßte. – Ein hartes Ergebnis?

2. Mildere Haftung im Arbeitsverhältnis?

Gibt es Haftungserleichterungen für Arbeitnehmer?

Die Rechtsprechung läßt den Arbeitnehmer in solchen Fällen nicht völlig im Regen stehen, wie Sie es an folgendem Fall sehen können:

Beispiel: Peter Angerer arbeitet als Taxifahrer für Hans Großhauser. An einem sonnigen Frühjahrsnachmittag verursacht er infolge eines fahrlässigen Fahrfehlers einen Unfall, bei dem am Taxi von Herrn Großhauser ein Schaden im Wert von 4.500 DM entsteht. Herr Großhauser klagt von dem zahlungsunwilligen Herrn Angerer 4.500 DM ein. Herr Angerer weigert sich. Er ist der Ansicht, der Schaden gehöre zum Unternehmerrisiko von Herrn Großhauser. – Wie wird das Gericht entscheiden?

Herrn Angerer kommen gewisse Haftungserleichterungen zugute, da der Schaden bei Ausführung einer Arbeit entstanden ist, die durch den (Taxi-)Betrieb des Arbeitgebers veranlaßt war und die aufgrund eines Arbeitsverhältnisses geleistet wurde.

Diese Haftungserleichterungen sehen so aus, daß der Arbeitnehmer bei leichter Fahrlässigkeit nicht haftet. Verursacht er den Schaden grob fahrlässig, so haftet er regelmäßig voll. Ist mittlere Fahrlässigkeit im Spiel, so wird der Schaden zwischen Arbeitgeber und Arbeitnehmer unter Berücksichtigung verschiedener Umstände aufgeteilt. Zu diesen Umständen gehören u. a.:

- Dauer der Betriebszugehörigkeit
- bisheriges arbeitsvertragliches Verhaltenähl
- Höhe des Arbeitsentgelts
- gefahrenerhöhende Momente
- Möglichkeit des Arbeitgebers, das Schadensrisiko durch eine Versicherung abzudecken.

Das muß dann aber im Einzelfall keineswegs bedeuten, daß immer im Verhältnis 50 zu 50 aufgeteilt wird. Das Gericht kann – je nach Bewertung der Einzelumstände – auch jede andere Aufteilung wählen. Hat es der Arbeitgeber z. B. versäumt, sich durch eine Vollkaskoversicherung gegen den eingetretenen Schaden abzusichern, so kann die Aufteilung auch so aussehen, daß lediglich die übliche Selbstbeteiligungsquote einer solchen Versicherung vom Arbeitnehmer gefordert werden kann.

WICHTIG: *Ausnahmsweise kommt eine Schadensaufteilung zwischen Arbeitnehmer und Arbeitgeber auch bei grober Fahrlässigkeit in Betracht, nämlich dann, wenn der Lohn in einem deutlichen Mißverhältnis zum Schadensrisiko der jeweiligen Tätigkeit steht.*

Hat Herr Großhauser es also unterlassen, das Fahrzeug Vollkasko zu versichern, so spricht einiges dafür, daß das Gericht der Klage des Herrn Großhauser lediglich in Höhe der üblichen Selbstbeteiligung stattgeben wird. Für die Abgrenzung von leichter, mittlerer und grober Fahrlässigkeit gelten im übrigen die gleichen Faustregeln, wie sie bereits im elften Kapitel beschrieben wurden. Welche Art von Fahrlässigkeit Herrn Angerer in unserem Beispiel vorzuwerfen war, ist nicht näher ausgeführt. Eine Beurteilung ist im übrigen auch nur möglich, wenn man die Begleitumstände sehr genau kennt.

Welche Rolle spielt der Begriff der „gefahrgeneigten Arbeit" in diesem Zusammenhang?

Dieser Begriff hat ausgedient: Nach der bis einschließlich 1993 herrschenden Rechtsprechung, also nach dem bis dahin geltenden Richterrecht, gab es die eben beschriebenen Haftungserleichterungen nur bei bestimmten Schäden, nämlich solchen Schäden, die bei einer „gefahrgeneigten" Arbeit entstanden waren. Von gefahrgeneigter Arbeit sprach man, wenn die Eigenart der vom Arbeitnehmer zu leistenden Arbeit es mit großer Wahrscheinlichkeit mit sich bringt, daß auch dem sorgfältigen Arbeitnehmer gelegentlich Fehler unterlaufen. Fehler, die – für sich allein betrachtet – zwar jedesmal vermeidbar wären, mit denen aber angesichts der menschlichen Unzulänglichkeit erfahrungsgemäß zu rechnen ist. Nach dieser alten Rechtsprechung hätte Frau Bartelt in jedem Fall voll gehaftet, da die Buchhaltung nicht als eine derartige Tätigkeit angesehen wurde.

Das Bundesarbeitsgericht hat diese Rechtsprechung geändert und das Erfordernis, daß der Schaden bei einer gefahrgeneigten Arbeit entstanden sein muß, aufgegeben. Nunmehr sind die Haftungserleichterungen immer dann anzuwenden, wenn der Schaden bei Ausführung einer Arbeit entstanden ist, die durch den Betrieb veranlaßt ist und die aufgrund eines Arbeitsverhältnisses geleistet wurde.

WICHTIG *ist also, daß sich der Schadensfall im Rahmen eines Arbeitsverhältnisses abgespielt hat – ein sog. freier Mitarbeiter kommt z. B. nicht in den Genuß der Erleichterungen – und daß die Tätigkeit, bei der es dann passiert ist, betrieblich veranlaßt war.*

Frau Bartelt wird in unserem Fall wohl nicht den vollen Schaden ersetzen müssen, weil ein deutliches Mißverhältnis zwischen Einkommen und Schadensrisiko besteht. Aber auch ein Teilbetrag kann sie empfindlich treffen.

Kommen die Haftungserleichterungen bei jeder Arbeit bzw. Tätigkeit im Rahmen eines Arbeitsverhältnisses zum Zuge?

Hierzu ein **Beispielsfall**, der sich in ähnlicher Form – allerdings mit weitaus höherer Schadenssumme – tatsächlich ereignet hat.

Mathias Dohme ist Gymnasiast und steht kurz vor dem Abitur. Um seine Abiturreise finanzieren zu können, hat er mit der Firma Germancar GmbH – Filiale Bremen – einen „Rahmenvertrag" geschlossen, demzufolge er von Fall zu Fall für einen Stundenlohn von 12,50 DM im Rahmen eines Arbeitsverhältnisses PKWs zu anderen Filialen in der Bundesrepublik Deutschland überführt. Im Rahmenvertrag heißt es u. a.: *„Der Aushilfsarbeitnehmer ist verpflichtet, die vorgeschriebene Fahrtroute einzuhalten."* An einem sonnigen Sommernachmittag erhält Mathias Dohme von der Firma Germancar den Auftrag, einen PKW von Bremen nach Berlin zu überführen. Mit den Fahrzeugpapieren erhält er einen Zettel: „Fahrtroute: Autobahn Bremen – Hannover – Helmstedt – Berlin".

Bevor Mathias Dohme aufbricht, telefoniert er mit seiner Freundin Astrid, die spontan ihr Interesse bekundet mitzufahren. Die beiden beschließen, mit dem zu überführenden Fahrzeug noch einen kleinen Ausflug an die Ostsee zu machen, um dann gegen Abend, „wenn die Straßen leer sind", nach Berlin aufzubrechen. Auf dem Parkplatz eines Restaurants in Travemünde passiert es: Beim Einrangieren in eine enge Lücke gibt es einen Kratzer am Wagen. Schaden: 1.200 DM. Die Firma Germancar GmbH verlangt von Mathias Dohme 1.200 DM. Herr Dohme will nicht zahlen: Ihn treffe allenfalls leichteste Fahrlässigkeit, da er erst seit einem halben Jahr den Führerschein besitze und das große Fahrzeug der T-Klasse für ihn völlig ungewohnt sei. – Muß er zahlen?

Er muß. Die Haftungserleichterungen gelten nämlich dann nicht, wenn der Arbeitnehmer mit einem Wagen seines Arbeitgebers eine Schwarzfahrt unternimmt oder auf einer Dienstfahrt Umwege für private Zwecke macht. In diesen Fällen wird der Schaden nämlich nicht in Ausführung einer betrieblichen Tätigkeit verursacht. Nur dann, wenn der Schaden **im Rahmen einer betrieblichen Tätigkeit** herbeigeführt wurde, hält die Rechtsprechung eine Haftungsmilderung zugunsten des Arbeitnehmers für gerechtfertigt. Keinen Anlaß für eine

Haftungserleichterung sieht die Rechtsprechung andererseits, wenn die zum Schaden führende Handlung oder Tätigkeit wie in unserem Fall ein reines „Privatvergnügen“ des Arbeitnehmers war.

WICHTIG: *Darauf, ob etwa ein deutliches Mißverhältnis zwischen Vergütungshöhe und Schadensrisiko bestand, kommt es in diesen Fällen nicht an.*

Zum Problem der Haftungserleichterungen im Arbeitsverhältnis noch eine abschließende Bemerkung: Bei den in diesem Kapitel beschriebenen Grundsätzen handelt es sich größtenteils nicht um Regeln, die in Gesetzen zu finden sind. Vielmehr ergeben sie sich aus der Rechtsprechung, dem sogenannten Richterrecht. (Einzelheiten zum Richterrecht finden Sie im 2. Kapitel, S. 25ff.) Das Richterrecht ist allerdings in diesem Bereich in laufender Veränderung. Was heute gilt, kann u.U. morgen schon überholt sein.

3. Wenn etwas in der Kasse oder im Lagerbestand fehlt

Beispiel: Heike Lorenzen ist Verkäuferin bei der Fa. Modern Style GmbH, einem Konfektionshandelsunternehmen, in einer Schwabinger Boutique beschäftigt. Frau Lorenzen hat als Alleinkraft die Kinderabteilung zu betreuen. Diese ist in einem Ladengeschäft gegenüber dem Hauptgeschäft untergebracht. In der einstündigen Mittagspause wird Frau Lorenzen jeweils von einer Kollegin aus dem Hauptgeschäft abgelöst. Etwa vier Monate nach Arbeitsaufnahme wird eine Inventur durchgeführt. Dabei wird ein Fehlbestand von 1.632,28 DM festgestellt. Die Modern Style GmbH verlangt diesen Betrag von Frau Lorenzen.
Muß Frau Lorenzen zahlen?

Unter welchen Voraussetzungen muß ich als Arbeitnehmer Fehlbeträge ersetzen, die in meinem Arbeitsbereich entstanden sind?

Frau Lorenzen muß nur dann zahlen, wenn es der Modern Style GmbH gelingt, zu erklären und ggf. zu beweisen, daß Frau Lorenzen ein Verschulden an dem Fehlbetrag trifft.

Für ein **Manko** – so nennt man den Unterschied zwischen Soll- und Ist-Bestand im Warenbestand und/oder in der Kasse – haftet der Arbeitnehmer, wenn nichts anderes vereinbart ist, nur bei Verschulden, also z. B. nicht für Schwund durch Witterungseinflüsse oder nicht vermeidbare Diebstähle, die von Kunden oder Kollegen begangen werden.

Eine Haftung des Arbeitnehmer für ein Manko ohne Nachweis des Verschuldens kommt allenfalls dann in Betracht, wenn der Arbeitnehmer den alleinigen Zugang zu der Kasse und/oder den Waren hatte. Im Fall von Frau Lorenzen kann von einem alleinigen Zugang zur Kasse und den Waren nicht die Rede sein, weil Frau Lorenzen jeden Mittag im Laden durch eine Kollegin vertreten wurde und damit keine Kontrolle über das Geschehen im Laden hatte.

> **Abwandlung:** Frau Lorenzen macht in der Mittagspause den Laden zu, so daß sie die einzige ist, die zu Kasse und Waren Zugang hat. Ladendiebstähle sind praktisch ausgeschlossen, da die Ware elektronisch gesichert ist. Frau Lorenzen will den Fehlbetrag nicht ersetzen. Sie bestreitet den von der Firma Modern Style behaupteten Fehlbetrag. Die Firma Modern Style beruft sich hinsichtlich des Anfangsbestandes auf die Lieferlisten der bei Arbeitsaufnahme von Frau Lorenzen neu eingerichteten Kinderabteilung. Die zweite Inventur war von Frau Lorenzen selbst durchgeführt worden. – Ist Frau Lorenzen schadensersatzpflichtig?

Der Arbeitgeber wird sich schwer tun, scinen behaupteten Anspruch durchzusetzen. Er muß nämlich beweisen, daß der ermittelte Fehlbetrag nicht nur ein Fehlbetrag „auf dem Papier“ ist, sondern zugleich auch ein tatsächlicher (effektiver) Fehlbetrag ist, daß also wirklich etwas fehlt.

Das bedeutet, es muß klar sein bzw. ggf. bewiesen werden, wie viele Teile zu welchem Verkaufswert bei der ersten Inventur vorhanden waren, wie viele Teile zu welchem Verkaufswert bei der zweiten Inventur vorhanden waren und wie viele Teile zu welchem Verkaufswert bei der zweiten Inventur hätten vorhanden sein müssen (sog. Soll-Ist-Vergleich). Es reicht also nicht, wenn die Firma Modern Style GmbH den Umfang der Warenbestände zum Zeitpunkt der Arbeitsaufnahme von Frau Lorenzen etwa lediglich anhand von durch Frau Lorenzen nicht gegengezeichneten Lieferpapieren rekonstruiert. Anders sieht es aus, wenn Frau Lorenzen bei beiden Inventuren selbst beteiligt war und das Ergebnis dieser Inventuren gegengezeichnet hat.

Was versteht man unter einer Mankovereinbarung?

Um sich Erleichterungen bei der Beweisführung zu verschaffen, nehmen Arbeitgeber, insbesondere im Einzelhandel, häufig eine sog. **Mankovereinbarung** in den Arbeitsvertrag auf. Diese sieht normalerweise vor, daß der Arbeitnehmer auch ohne Nachweis eines Verschuldens für auftretende Fehlbeträge haften soll. Das hört sich für den Arbeitnehmer nicht gut an, werden Sie sagen.

Sind Mankovereinbarungen überhaupt zulässig?

Mankovereinbarungen sind zulässig. Sie sind allerdings nur dann wirksam, wenn das Abwälzen des Haftungsrisikos auf den Arbeitnehmer den betrieblichen Verhältnissen angemessen ist und wenn dem erhöhten Risiko für den Arbeitnehmer ein angemessener wirtschaftlicher Ausgleich gegenübersteht.

> **Beispiel** einer Mankoabrede: „Der Arbeitnehmer haftet mit den übrigen Mitarbeitern der gleichen Filiale für alle Fehlbeträge in der Geschäftskasse oder am Warenbestand gesamtschuldnerisch, solange der Schuldige nicht zweifelsfrei feststeht.“

Eine solche Mankoabrede ist unwirksam.

Zunächst eine Erläuterung des Begriffs „gesamtschuldnerische Haftung“. Er besagt, daß der Arbeitgeber von jedem der in Frage kommenden Mitarbeiter den vollen und nicht etwa nur den anteiligen Schadensbetrag verlangen kann, solange eine Zahlung noch nicht erfolgt ist.

Die Mankoabrede ist aus folgender Überlegung heraus unwirksam: Die Mitarbeiter einer Verkaufsstelle haben über ihr gegenseitiges Verhalten im allgemeinen keine nennenswerte Kontrollmöglichkeit, sollen aber trotzdem haften. Eine solche weitgehende, vom Verschulden unabhängige Haftung des Arbeitnehmers kann kaum mit betrieblichen Erfordernissen gerechtfertigt werden. Diese Vereinbarung verlagert vielmehr das unternehmerische Risiko in unzumutbarer Weise auf den Arbeitnehmer. Eine solche Mankovereinbarung wäre also nichtig.

Zulässig wäre andererseits in unserem vorigen Fall, wenn Frau Lorenzen mit der Modern Style GmbH folgendes vereinbart hätte:

> „Die Mitarbeiterin kann sich nicht auf die Unrichtigkeit von Inventuren berufen, an denen sie selbst teilgenommen hat oder an denen teilzunehmen sie sich zu Unrecht geweigert hat.“

Eine solche Vereinbarung ist nicht zu beanstanden, da sie dem Arbeitgeber die Möglichkeit gibt, sich im Streitfall auf vorliegende Inventurergebnisse zu berufen, und andererseits sichergestellt ist, daß der Arbeitnehmer die Möglichkeit hatte, das Zustandekommen der Ergebnisse zu kontrollieren.

4. Vertragsstrafen

Was ist eine Vertragsstrafe?

Will ein Arbeitgeber von seinem Arbeitnehmer wegen einer Pflichtverletzung des Arbeitnehmers Schadensersatz einklagen, so kommt der Arbeitgeber oft schon deswegen in Schwierigkeiten, weil es vielfach nur schwer möglich ist anzugeben, wo der Schaden genau entstanden ist und wie hoch er ist.

Beispiel: Sie haben am am 1. März einen Arbeitsvertrag geschlossen. Vorgesehener Arbeitsantritt:: 1. April. Sie faxen am 14. März an den Arbeitgeber, daß Sie aus persönlichen Gründen die Stelle doch nicht nehmen sollen. Die Firma muß erneut inserieren, was zunächst ohne Erfolg bleibt. Erst zum 15. Mai findet man eine Ersatzkraft. Die Zeit zwischen dem 1. April und dem 15. Mai wird durch personelle Umschichtung überbrückt, was aber letztlich auf Kosten der Pflege der Kundenkontakte des Unternehmens geht und mit Wahrscheinlichkeit dazu führt, daß Aufträge verlorengehen.

Hier wird es dem Unternehmen schwer fallen, zu erklären und zu beweisen, worin der genau der Schaden liegt, den Sie verursacht haben, und wie hoch dieser sein soll. Man kennt ja u.U. die Aufträge gar nicht, die man hereinbekommen hätte, wenn die Mannschaft in der vorgesehenen Stärke bei der Arbeit gewesen wäre.

Um eine solche Situation zu vermeiden und gleichzeitig indirekt durch finanziellen Druck die Einhaltung von wichtigen vertraglichen Vereinbarungen zu sichern, werden häufig Vertragsstrafen vereinbart.

Beispiel einer Vertragsstrafenregelung eines Arbeitnehmerüberlassungs-Unternehmens: „Tritt der Arbeitnehmer das Arbeitsverhältnis schuldhaft nicht zu dem vereinbarten Zeitpunkt an, oder bleibt der Arbeitnehmer vertragswidrig der Arbeit fern oder beendet er das Arbeitsverhältnis ohne Einhaltung der vertraglichen Kündigungsfrist, so ist er zur Zahlung einer Vertragsstrafe verpflichtet. Als Vertragsstrafe bei Nichtantritt gelten 500 DM als vereinbart. Als Vertragsstrafe bei vertragswidriger Beendigung des Arbeitsverhältnisses gilt für jeden nicht eingehaltenen Kündigungstag eine Tagesbruttovergütung als vereinbart. Als Vertragsstrafe bei vertragswidrigem Fernbleiben von der Arbeit gilt ein Tagesbruttoverdienst als vereinbart."

Welchen vertraglichen Pflichten kann eine Vertragsstrafenregelung zugeordnet werden?

Das vorstehende Beispiel veranschaulicht die Hauptanwendungsfälle für Vertragsstrafen, nämlich

- den Nichtantritt der Arbeit einerseits und
- die (schuldhafte) Arbeitsniederlegung (und vorzeitige Kündigung) andererseits.

Ein weiterer wichtiger Anwendungsfall ist

- die Vereinbarung einer Vertragsstrafe zur Sicherung der Einhaltung eines Verbots einer Konkurrenztätigkeit während oder im Anschluß an das Arbeitsverhältnis.

Vertragsstrafen können sich aber auch auf andere Pflichten aus dem Arbeitsverhältnis beziehen.

WICHTIG: *Mitunter sehen auch Tarifverträge Vertragsstrafenregelungen vor.*

Ist jede vertragliche Vertragsstrafenregelung für mich bindend?

Sind Sie zu Ihrer Berufsausbildung beschäftigt, so sind Vertragsstrafen gemäß § 5 Absatz 2 Berufsbildungsgesetz von vornherein unwirksam.

Bei allen übrigen Arbeitsverhältnissen werden Vertragsstrafenregelungen mit gleichen Maßstäben gemessen wie auch andere vertragliche Regelungen, d. h. sie dürfen insbesondere nicht gegen zwingende Gesetze verstoßen. Verstoßen sie gegen zwingende Gesetze, so sind sie unwirksam und nicht verbindlich. Das ist u. a. der Fall, wenn die Vertragsstrafenregelung zu einem Verhalten verpflichten oder eine Leistung sichern soll, die vom Gesetz verboten ist.

Beispiel: Der Arbeitnehmer wird im Arbeitsvertrag verpflichtet, Arbeit auch über die nach dem Arbeitszeitgesetz zulässige Höchstarbeitszeit hinaus zu leisten. Zur Sicherung dieser Verpflichtung wird eine Vertragsstrafe vereinbart.

Eine solche Vereinbarung ist nichtig, da die Bestimmungen des Arbeitszeitgesetzes über einzuhaltende Höchstarbeitszeiten zwingend sind, eine darüber hinausgehende Arbeitsleistung also verboten ist.

Schließlich können Vertragsstrafenabreden auch unwirksam sein, weil sie zu unbestimmt gehalten sind.

> **Beispiel** einer solchen Vereinbarung: „Für den Fall, daß der Arbeitnehmer seine Verpflichtungen gegenüber dem Arbeitgeber nicht oder nicht genügend erfüllt, ist ungeachtet des tatsächlich entstandenen Schadens eine einmalige Ausgleichszahlung in Höhe von DM 1.000,- vereinbart."

Wie Sie sehen, kann eine Vertragsstrafe auch unter anderen Begriffen (hier: „Ausgleichszahlung“) auftauchen. Wesentlich ist, daß eine Zahlungsverpflichtung unabhängig von der Entstehung bzw. dem Nachweis eines Schadens lediglich bei Vorliegen einer Vertragsverletzung entstehen soll.

Zurück zur Unbestimmtheit der Vereinbarung. Die – der Praxis entnommene – beispielhaft wiedergegebene Regelung läßt nicht erkennen, welche vertraglichen Pflichten in besonderer Weise gesichert werden sollen. Eine solche Vertragsstrafenvereinbarung mit „Gießkannenwirkung“ für nicht näher bezeichnete bedeutende und unbedeutende Vertragsverstöße ist unwirksam.

Was ist, wenn die vereinbarte Vertragsstrafe empfindlich hoch ist?

Haben Sie Ihrem Arbeitgeber im Arbeitsvertrag die Möglichkeit gegeben, eine „saftige“ Vertragsstrafe zu verhängen, so wird die Vereinbarung im allgemeinen nicht deswegen unwirksam, weil die vorgesehene Vertragsstrafe unverhältnismäßig hoch ist.

Trotzdem sind Sie nicht schutzlos. Kommt es zum Streit, kann das Gericht nämlich die Vertragsstrafe auf einen angemessenen Betrag herabsetzen.

WICHTIG: *Sie sollten, wenn es darauf ankommt, im Gerichtsverfahren darauf hinweisen, daß Ihnen die Vertragsstrafe zu hoch erscheint. Da das Gericht bei seiner Entscheidung über die Herabsetzung des vom Arbeitnehmer ggf. zu zahlenden Betrags alle Umstände zu berücksichtigen hat, die für oder gegen eine Vertragsstrafe in der vom Arbeitgeber verlangten Höhe sprechen, ist es wichtig, daß Sie für die Herabsetzung sprechende Argumente beisteuern (z. B. Hinweis auf eine der Pflichtverletzung zugrunde liegende schwierige persönliche Situation, geringes Verschulden u. ä.).*

XIII. Die Abmahnung

Im Arbeitsrecht gilt der Grundsatz der Verhältnismäßigkeit. Dieser verbietet es, mit „Kanonen auf Spatzen zu schießen".

Bevor ein Arbeitgeber zu dem denkbar einschneidendsten arbeitsrechtlichen Mittel, der Kündigung, greift, muß er demnach zuvor den Arbeitnehmer erfolglos abgemahnt haben.

Beispiel: Herr Hindelang ist Sachbearbeiter bei der Firma Berger GmbH. Jahrelang hat er pünktlich und zuverlässig gearbeitet. In letzter Zeit jedoch ist er morgens häufig zu spät dran. Seinem Vorgesetzten ist es lästig, sich mit Herrn Hindelang, der immer eine Ausrede parat hat, deswegen in lange Diskussionen einzulassen. Als er Herrn Hindelang morgens um 9.30 Uhr zum dritten Mal innerhalb von zwei Wochen nicht antrifft, obwohl es um wichtige Angelegenheiten geht, regt er bei der Personalabteilung die Kündigung von Herrn Hindelang an. Herrn Hindelang wird gekündigt. Er klagt vor dem Arbeitsgericht gegen die Kündigung. Ist die Kündigung wirksam?
Das Arbeitsgericht erklärt die Kündigung für unwirksam, da ihr keine „Abmahnung" vorausgegangen ist!

1. Was ist eine Abmahnung

Will ein Arbeitgeber ein bestimmtes Fehlverhalten eines Arbeitnehmers nicht hinnehmen – etwa wiederholte Unpünktlichkeit, langsames Arbeiten, Alkoholgenuß während der Arbeit trotz bestehenden Verbots, unfreundliches Verhalten gegenüber Kunden –, so darf er deswegen nicht gleich kündigen.

Vielmehr muß er zunächst den Mitarbeiter darauf mündlich oder schriftlich hinweisen, daß er das genau zu bezeichnende Verhalten nicht billigt. Ein allgemein gehaltener Hinweis auf

„Unpünktlichkeit“ oder „Schlechtleistung“ reicht dabei nicht aus.

Vielmehr muß der Arbeitgeber das Fehlverhalten genau kennzeichnen, also an welchen Tagen um welche Uhrzeit der Arbeitnehmer sich um wieviele Stunden oder Minuten verspätet hat oder welche Fehler der Sekretärin beim Schreiben von Briefen bei welcher Gelegenheit unterlaufen sind.

Muß in der Abmahnung die Kündigung angedroht werden?

Das allein reicht aber noch nicht aus. Der Arbeitgeber muß diese Beanstandung überdies mit dem Hinweis verbinden, daß im Wiederholungsfall das Arbeitsverhältnis in seinem Bestand gefährdet ist. Der Arbeitnehmer muß erkennen können, daß er bei neuerlichem Fehlverhalten u. U. mit einer Kündigung zu rechnen hat. Bestimmte kündigungsrechtliche Maßnahmen (ordentliche oder fristlose Kündigung) braucht der Arbeitgeber dabei nicht ausdrücklich anzudrohen. Bei Arbeitsleistungen, die nach Auffassung des Arbeitgebers unzulänglich waren, ist vor Ausspruch einer ordentlichen Kündigung schon deshalb regelmäßig eine vorherige vergebliche Abmahnung erforderlich, damit der Arbeitnehmer ausreichend Zeit und Gelegenheit hat, sich auf die Erwartungen des Arbeitgebers einzustellen und sein Verhalten zu ändern.

Gibt es Fälle, in denen der Arbeitgeber auch ohne vorherige Abmahnung kündigen darf?

Andererseits liegt es für jeden Arbeitnehmer von vornherein auf der Hand, daß er seinen Arbeitgeber nicht betrügen, bestehlen, bedrohen oder beleidigen darf. Darauf braucht ihn der Arbeitgeber nicht noch eigens hinzuweisen. Hier kann der Arbeitgeber dem Arbeitnehmer u. U. auch ohne vorherige Abmahnung kündigen.

2. Wie kann ich mich gegen eine Abmahnung wehren?

Gegen eine Abmahnung kann sich der Arbeitnehmer mit einer Gegendarstellung wehren. Diese ist zu den Personalakten zu nehmen. Er kann auch auf Entfernung einer Abmahnung aus der Personalakte klagen, wenn die Abmahnung seiner Ansicht nach zu Unrecht ausgesprochen worden ist.

Beispiele: Der Arbeitgeber beanstandet „häufiges Zuspätkommen" des Mitarbeiters – zu Unrecht, wenn dieser sich nur ein- oder zweimal verspätet hat.

Der Arbeitgeber rügt, daß der Angestellte seine Arbeitsunfähigkeitsbescheinigung für seine beiden Krankheitstage nicht eingereicht hat und daß er während der Arbeitsunfähigkeit spazierengegangen ist – zu Unrecht, wenn der einschlägige Tarifvertrag erst für eine Krankheitsdauer von mehr als drei Tagen einen entsprechenden Nachweis verlangt und wenn der Angestellte entsprechend der ärztlichen Anordnung während seiner Erkrankung nicht das Bett hüten mußte.

Herr Frisch verteilt während der Mittagspause in der Kantine Einladungen der örtlichen Friedensinitiative „Friedenstaube". Sein Arbeitgeber, die Firma Zahnrad GmbH, mahnt ihn wegen unzulässiger politischer Betätigung ab. Diese Abmahnung ist zu Unrecht erfolgt. Das Grundrecht der Meinungsäußerung macht vor den Werkstoren nicht halt. Das gilt jedoch nur, wenn der Arbeitnehmer hierdurch den Betriebsfrieden nicht stört.

Ein Krankenhaus mahnt eine Krankenschwester ab, weil sie sich als einzige unter Berufung auf ihre sittliche Überzeugung wiederholt geweigert hat, an „sozial indizierten" Schwangerschaftsabbrüchen mitzuwirken. Das Verhalten der Krankenschwester ist vom Grundrecht auf Gewissensfreiheit geschützt. Diese hat auch der Arbeitgeber bei Ausübung seines Direktionsrechts zu beachten. Auch sie kann vor dem Arbeitsgericht die Entfernung der Abmahnung aus der Personalakte durchsetzen.

Empfiehlt es sich, gegen eine Abmahnung zu klagen?

Der Mitarbeiter kann gegen die Abmahnung vor dem Arbeitsgericht klagen. Ob er dies tut, ist eine Frage der Zweckmäßigkeit. Besonders häufig werden die Arbeitnehmer diesen Weg sicherlich nicht wählen, da sie während des bestehenden Arbeitsverhältnisses ungern ihren Arbeitgeber vor Gericht zitieren werden, zumal den Arbeitnehmern aus dem Unterlassen der Klage nicht unbedingt Nachteile erwachsen.

> **Beispiel:** Den Fernmeldehandwerker Hans Schweiger hatte sein Arbeitgeber in den vergangenen Jahren wegen angeblichen Zuspätkommens wiederholt abgemahnt.
> Gegen diese Abmahnung hat er nichts unternommen. Auch Lohnkürzungen wegen der behaupteten Verspätungen nahm er widerspruchslos hin. Erst als ihm der Arbeitgeber wegen behaupteter erneuter Verspätungen kündigte, wehrte er sich mit einer Klage vor dem Arbeitsgericht – mit Erfolg?

Ja. Der Arbeitgeber konnte die Verspätungen im einzelnen nicht (mehr) beweisen. Der Mitarbeiter hatte sich gegen die Abmahnungen zuvor nicht gewehrt. Das brauchte er jedoch nicht zu tun. Dies hat ihm nicht das Recht genommen, die abgemahnten Pflichtwidrigkeiten in dem Kündigungsrechtsstreit zu bestreiten.
So erklärte das Arbeitsgericht die Kündigung für unwirksam. Hans Schweiger durfte an seinen Arbeitsplatz zurückkehren.

Wann wird eine Abmahnung wirkungslos?

Es kann für einen Arbeitgeber sogar von Vorteil sein, wenn er gegen eine Abmahnung zunächst nichts unternimmt. Zum einen verliert eine länger zurückliegende Abmahnung mit wachsendem Zeitabstand immer mehr an Bedeutung und Gewicht. Eine Abmahnung etwa, die drei Jahre zurückliegt, kann der Arbeitgeber nicht mehr zur Begründung einer Kündigung heranziehen. Feste Fristen lassen sich indes nicht nennen.

Zum anderen dürfte es dem beweispflichtigen Arbeitgeber mit wachsendem Zeitabstand immer schwerer fallen, die der Abmahnung zugrundeliegenden Vorgänge und Tatsachenbehauptungen im einzelnen zu beweisen. Mit einer Klage gegen eine Abmahnung geben Sie also dem Arbeitgeber die Möglichkeit, frühzeitig Beweise für das Ihnen vorgeworfene Fehlverhalten im Rahmen eines Gerichtsverfahrens zu sichern.

Kann ich beim Betriebsrat mit Unterstützung rechnen?

Sinnvoller, als vor dem Arbeitsgericht auf Entfernung der Abmahnung aus der Personalakte zu klagen, kann es u. U. sein, sich an den Betriebsrat zu wenden. Dieser kann dann mit dem Arbeitgeber darüber verhandeln, wie nicht zu beweisende oder sonst zu Unrecht erfolgte Vorwürfe geklärt und gegebenenfalls aus der Welt geschafft werden können.

XIV. Die Beendigung des Arbeitsverhältnisses

Die vom Grundgesetz geschützte freie Entfaltung der Persönlichkeit ist in unserer Industriegesellschaft normalerweise an die Ausübung einer abhängigen Beschäftigung gebunden.

Bei dem Schutz der Persönlichkeit, der die Arbeit und den Beruf miteinzubeziehen hat, geht es vor allem auch darum, den Bestand des eingegangenen Arbeitsverhältnisses in einem Mindestumfang zu sichern. Diese Bestrebungen finden ihren gesetzlichen Niederschlag vor allem in den Vorschriften über die Kündigungsfristen, in dem allgemeinen Kündigungsschutzgesetz und in einer Reihe von Arbeitsplatzschutzgesetzen für bestimmte Personengruppen wie werdende Mütter, Schwerbehinderte, Auszubildende, Wehrdienstpflichtige und Zivildienstleistende. In diesen Zusammenhang gehören auch die Mitwirkungsrechte der Betriebs- und Personalräte bei Kündigungen.

Arbeitsverhältnisse sind in der Regel auf Dauer angelegt. Sie enden – sofern sie nicht von vornherein befristet abgeschlossen werden – nicht von sich aus, sondern nur, wenn ein besonderer Beendigungsgrund vorliegt.

Möglich ist das durch

- die einverständliche Aufhebung des Arbeitsvertrages
- die Beendigung des Arbeitsverhältnisses durch die ordentliche fristgemäße Kündigung
- die außerordentliche fristlose Kündigung.

1. Kündigung

a) Erklärung der Kündigung

Die Kündigung des Arbeitsverhältnisses erfolgt durch eine einseitige Willenserklärung des Arbeitgebers oder des Arbeitnehmers. Durch sie wird das Arbeitsverhältnis aufgelöst.

Was ist eine ordentliche Kündigung, und wann spricht man von einer außerordentlichen Kündigung?

Von einer **ordentlichen** oder **fristgemäßen** Kündigung spricht man, wenn das Arbeitsverhältnis unter Einhaltung der vereinbarten, der tarifvertraglichen oder gesetzlich vorgeschriebenen Kündigungsfrist beendet werden soll.

Eine **außerordentliche** Kündigung liegt vor, wenn das Arbeitsverhältnis aus einem wichtigen Grund, meist fristlos, aufgelöst werden soll. Sie wird häufig einfach als fristlose Kündigung bezeichnet.

Muß ich die Kündigung annehmen?

WICHTIG: *Die Kündigungserklärung muß dem Empfänger zugehen, damit sie wirksam werden kann. Sie bedarf jedoch keiner Annahme.*

Manchmal erklärt der Kündigungsempfänger, „er nehme die Kündigung an" oder „er lehne sie ab". Das ist für die Kündigung und ihre Wirkungen ohne Bedeutung. Sie muß lediglich dem Kündigungsempfänger zugehen, damit sie das Arbeitsverhältnis beenden kann.

Beispiel: Der Chef will Herrn Frech das Kündigungsschreiben übergeben. Der erklärt, er nehme die Kündigung nicht an, zerreißt das Schreiben und wirft es dem Chef vor die Füße.

Diese Kündigung ist Herrn Frech wirksam zugegangen und setzt die Kündigungsfrist in Lauf, da Herr Frech die Möglichkeit hatte, vom Inhalt des Schreibens Kenntnis zu nehmen.

Wann ist eine schriftliche Kündigung zugegangen?

Wenn eine Kündigungserklärung übergeben wird, ist sie mit der Übergabe des Schriftstücks zugegangen. Wird die Kündigung zugeschickt, so geht sie in dem Augenblick dem Empfänger zu, wo dieser unter normalen Verhältnissen von ihr Kenntnis erlangen kann.

Beispiel: Herr Sorglos nimmt vom 15. Februar bis 22. Februar Urlaub. Er verbringt ihn zu Hause und will sich durch nichts stören lassen.
Am 15. Februar morgens wirft der Postbote ihm ein Kündigungsschreiben seines Arbeitgebers in den Briefkasten. Er leert den Briefkasten erst am 23. Februar. Wann ist ihm die Kündigung zugegangen?

Die Kündigung ist ihm am 15. Februar zugegangen.

Anders wäre es auch dann nicht, wenn er bis einschließlich 22. Februar in die Berge gefahren und dem Arbeitgeber die urlaubsbedingte Abwesenheit mitgeteilt hätte. Auch in diesem Falle wäre ihm die Kündigung am 15. Februar zugegangen.

Die Kündigung kann mündlich, telegrafisch und schriftlich erfolgen. Sie bedarf **keiner bestimmten Form.** Insbesondere brauchen die Kündigungsgründe nicht angegeben zu werden. Schriftform schreiben die Gesetze nur für die Kündigung eines Auszubildenden oder gegenüber Seeleuten vor.

Wird diese Form, sofern sie vorgeschrieben ist, nicht beachtet, d. h. hat der Aussteller die Kündigung nicht eigenhändig namentlich unterschrieben, so ist die Erklärung nichtig und ohne Wirkung.

Nach Ablauf der Probezeit eines Ausbildungsverhältnisses reicht die Schriftform allein nicht mehr aus. Jetzt müssen auch die Kündigungsgründe schriftlich angegeben werden.

Beispiel: Fräulein Anita Buchmaier befindet sich seit dem 1. April im Ausbildungsverhältnis. Die Probezeit beträgt drei Monate. Am 28. Juni, zwei Tage vor Ablauf der Probezeit, kündigt der Lehrherr ihr mündlich fristlos. Am 1. Juli wiederholt er die Kündigung schriftlich. Sind die Kündigungserklärungen wirksam?

Beide Erklärungen sind unwirksam. Das Ausbildungsverhältnis besteht ungekündigt fort. Die zunächst mündlich erklärte Kündigung verstößt gegen das Gebot der Schriftform. Am 1. Juli –nach Ablauf der Probezeit – war die Kündigung nur noch aus wichtigem Grund möglich; dessen Angabe fehlt jedoch im Kündigungsschreiben.

Kann eine Kündigung einseitig zurückgenommen werden?

> **Beispiel:** Arbeitgeber Stahl erklärt dem Arbeiter Rasch am 1. April die Kündigung zum 15. April. Am 13. April sagt er ihm, er nehme die Kündigung zurück. Rasch antwortet, er wolle jetzt nicht mehr bleiben. Er habe eine andere Stelle. Muß Herr Rasch bei Herrn Stahl weiterarbeiten?

Rasch braucht bei seinem bisherigen Arbeitgeber nicht weiterzuarbeiten. Das Arbeitsverhältnis endet am 15. April mit Ablauf der Kündigungsfrist, da Herr Stahl seine Kündigung nicht einseitig, d. h. ohne Zustimmung von Herrn Rasch zurücknehmen konnte. Die Fortsetzung eines wirksam gekündigten Arbeitsverhältnisses bedarf einer neuen Vereinbarung. In der Erklärung der Rücknahme der Kündigung oder in der Weiterbeschäftigung über die Kündigungsfrist hinaus liegt das Angebot, das Arbeitsverhältnis so fortzusetzen, als sei es nicht gekündigt gewesen.

> **Beispiel:** Arbeitgeber Stahl erklärt die Kündigung am 1. April zum 15. April, nimmt sie aber nicht zurück. Am 16. April und an den darauffolgenden Tagen kommt Rasch trotzdem weiter zur Arbeit. Stahl sieht es. Erst am 18. April schickt er Rasch unter Berufung auf die Kündigung vom 1. April ohne Einhaltung der Kündigungsfrist nach Hause. Kann Rasch die Fortsetzung des Arbeitsverhältnisses verlangen?

Die am 1. April erklärte Kündigung hat keine Wirkung mehr. Das Arbeitsverhältnis gilt vielmehr als auf unbestimmte

Zeit verlängert, weil Herr Rasch nach Ablauf der Kündigungsfrist die Arbeit fortgesetzt hat, Herr Stahl davon wußte und auch nicht widersprochen hat. Arbeitgeber Stahl muß erneut kündigen und die Kündigungsfrist einhalten.

Muß in der Kündigungserklärung das Wort „Kündigung" vorkommen?

In der Kündigungserklärung braucht das Wort „Kündigung" nicht vorzukommen. Die Erklärung muß aber eindeutig ergeben, daß das Arbeitsverhältnis zu einem bestimmten Zeitpunkt enden soll.

Beispiele: Für eine Kündigung kann es genügen, wenn der Arbeitgeber sagt: „Mir reicht es. Holen Sie sich im Lohnbüro die Papiere. Ich will Sie hier nicht mehr sehen!"
Nicht wirksam gekündigt wurde das Arbeitsverhältnis hingegen durch eine Erklärung wie: „Ich glaube, es ist besser, wenn Sie sich nach einer anderen Stelle umsehen." Oder: „Wenn sich Ihre Leistungen in der nächsten Zeit nicht bessern, sind Sie entlassen." Hier weiß der Arbeitnehmer nämlich nicht, ob und wann das Arbeitsverhältnis zu Ende geht.

Was ist eine Änderungskündigung?

Denkbar ist hingegen, daß der Arbeitgeber das Arbeitsverhältnis kündigt und dem Arbeitnehmer gleichzeitig die Fortsetzung des Arbeitsverhältnisses zu anderen Bedingungen anbietet (Änderungskündigung).

Beispiel: Frau Schulz arbeitet bei der Reinigungsfirma Putzteufel bisher wöchentlich 40 Stunden. Anfang Mai teilt ihr die Firmenleitung mit: „Hiermit kündigen wir Ihr Arbeitsverhältnis zum 30. Juni aus betrieblichen Gründen wegen Auftragsrückgangs. Wir sind jedoch bereit, Sie ab dem 1. Juli zu 30 Stunden wöchentlich bei entsprechend herabgesetztem Lohn weiterzubeschäftigen."

b) Anhörung des Betriebsrats

Bevor der Arbeitgeber Ihnen kündigt, muß er den Betriebsrat bzw. Personalrat anhören, soweit eine solche Arbeitnehmervertretung besteht.

Welche Folgen hat es, wenn der Arbeitgeber den Betriebsrat vor Ausspruch der Kündigung nicht anhört?

WICHTIG: *Unterläßt der Arbeitgeber die Anhörung des Betriebsrats, so ist die Kündigung nichtig. Die unterbliebene Anhörung kann der Arbeitgeber nicht mehr nachholen.*

Beispiel: Der Geschäftsführer der Firma Flink GmbH übergibt dem seit einem Monat beschäftigten Arbeiter Baier am Vormittag des 2. November ein Kündigungsschreiben, weil er vier Tage unentschuldigt gefehlt hat.
Gleich anschließend händigt der Geschäftsführer dem Betriebsratsvorsitzenden eine Kopie des Kündigungsschreibens aus.
Die fünf Mitglieder des Betriebsrats treten sofort zusammen. Sie stimmen der Kündigung zu. Der Vorsitzende teilt dies anschließend dem Geschäftsführer mit. Ist die Kündigung wirksam?

Nach dem Gesetz muß der Arbeitgeber den Betriebsrat vor Ausspruch der Kündigung anhören. Das hat die Firma Flink GmbH nicht getan. Die fehlende Anhörung kann nicht nachgeholt werden. Daran ändert auch die Zustimmung des Betriebsrats nichts.

Die Kündigung ist nichtig. Das Arbeitsverhältnis besteht fort.

Die Anhörung des Betriebsrats muß umfassen:

(1) Angabe der Personalien des Arbeitnehmers,
(2) Art der Kündigung,
(3) Termin, zu dem das Arbeitsverhältnis enden soll,
(4) Gründe für die Kündigung. Die Gründe muß der Arbeitgeber so genau angeben, daß sich der Betriebsrat über die

Umstände, die zur Kündigung führen, ein Bild machen kann.

Beispiel: Die Bau AG Hoch teilt dem Betriebsrat mit: „Wir beabsichtigen, Fräulein Sorglos wegen häufigen Zuspätkommens trotz vorangegangener Abmahnungen zu kündigen." Ist die Anhörung wirksam?

Diese Angaben würden nicht ausreichen. Die dennoch ausgesprochene Kündigung wäre unwirksam.

Bei korrekter Anhörung müßte der Arbeitgeber dem Betriebsrat mitteilen, an welchen Kalendertagen Fräulin Sorglos um wie viele Minuten zu spät gekommen ist, ob und wie sich dies betrieblich ausgewirkt hat und wann die Firma die Mitarbeiterin mit welchem Ergebnis abgemahnt hat. (Zur Abmahnung vergleiche Kapitel XIII.)

Eine nur pauschale, schlagwort- oder stichwortartige Bezeichnung des Grundes genügt ebensowenig wie die Mitteilung eines Werturteils wie z. B. „Schlechtleistung" ohne Angabe der für die Bewertung maßgebenden Tatsachen.

Wie lange hat der Betriebsrat Zeit zur Stellungnahme?

Der Betriebsrat kann sich bei der ordentlichen Kündigung dazu innerhalb einer Woche, bei der außerordentlichen Kündigung innerhalb von drei Tagen schriftlich äußern, er braucht es jedoch nicht zu tun.

Er kann zustimmen oder Bedenken äußern. Vor allem aber kann er der beabsichtigten Kündigung auch widersprechen. Von dieser Möglichkeit machen die Betriebsräte erfahrungsgemäß eher zurückhaltend Gebrauch.

Was bringt dem Arbeitnehmer der Widerspruch des Betriebsrats für Vorteile?

Bedeutung hat der Widerspruch nur bei einem Arbeitsverhältnis, das dem Kündigungschutz unterliegt. Bei ordnungsgemäßem Widerspruch des Betriebsrats kann der Arbeitnehmer, wenn ihm dennoch gekündigt wird, vom Arbeitgeber Weiterbeschäftigung bis zum rechtskräftigen Abschluß des Verfahrens verlangen. Hierauf wird später (unter Kapitel XIV Abschnitt 2) noch näher eingegangen.

Hat der Betriebsrat der Kündigung widersprochen und der Arbeitgeber kündigt trotzdem, so ist er verpflichtet, dem Arbeitnehmer eine Abschrift der Stellungnahme des Betriebsrats zuzuleiten. Im Normalfall muß der Arbeitgeber dem Arbeitnehmer gegenüer die Kündigungsgründe nur angeben, wenn er außerordentlich kündigt, und auch dann nur, wenn der Arbeitnehmer dies verlangt.

c) Kündigungsfristen

Wie kann ein Arbeitsverhältnis ordentlich gekündigt werden?

Ordentlich muß ein Arbeitsverhältnis gekündigt werden, wenn der andere Teil mit einer Aufhebung im gegenseitigen Einvernehmen (Aufhebungsvertrag) nicht einverstanden ist.

Beispiel: Der Arbeitgeber sagt am 13. Mai zu seinem Mitarbeiter: „Ich glaube, es ist das beste, wenn wir uns zum Quartalsende trennen." Der Mitarbeiter lehnt ab oder äußert sich nicht. Somit hat er das Angebot auf eine einvernehmliche Vertragsbeendigung nicht angenommen. Er kann – sofern der Arbeitgeber die Kündigung zum 30. Juni nicht rechtzeitig erklärt – Weiterbeschäftigung über den 30. Juni hinaus verlangen.

WICHTIG: *Die ordentliche Kündigung ist in der Regel nur bei Arbeitsverhältnissen zulässig, die auf unbestimmte Zeit geschlossen sind. Befristete Arbeitsverhältnisse (Zeitverträge) können nur bei Vorliegen eines wichtigen Grundes außerordentlich gekündigt werden, wenn nicht ausnahmsweise vertraglich die Möglichkeit der ordentlichen Kündigung eindeutig vorgesehen ist.*

Beispiel: Im Anstellungsvertrag steht lediglich: „Das Arbeitsverhältnis wird mit Wirkung zum 1. Mai für die Dauer eines Jahres befristet geschlossen."
Das Arbeitsverhältnis endet, ohne daß es einer Kündigung bedarf zum 30. April des folgenden Jahres. Eine frühere Beendigung ist nur bei Vorliegen eines wichtigen Grundes durch außerordentliche Kündigung möglich.

Etwas anderes gilt, wenn der Anstellungsvertrag hingegen so lautet:

Beispiel: „Der Arbeitsvertrag wird für die Dauer eines Jahres befristet geschlossen. Darüber hinaus kann er unter Einhaltung einer Kündigungsfrist von einem Monat zum Monatsende gekündigt werden."

In diesem Falle endet das Arbeitsverhältnis zwar mit Fristablauf von selbst. Eine vorzeitige Beendigung durch ordentliche Kündigung wäre aber daneben möglich.

Wann ist das Recht zur ordentlichen Kündigung ausgeschlossen?

Das Recht des Arbeitgebers zur ordentlichen Kündigung kann zugunsten des Arbeitnehmers durch Tarifvertrag ausgeschlossen sein – etwa nach einer bestimmten Beschäftigungszeit und bei einem bestimmten Lebensalter des Arbeitnehmers.

Beispiel: Der Bundesangestelltentarifvertrag für den öffentlichen Dienst bestimmt in § 53 Absatz 3, daß Angestellte nach einer Beschäftigungszeit von 15 Jahren, frühestens jedoch nach Vollendung des 40. Lebensjahres, unkündbar sind.

Für den begünstigten Arbeitnehmer selbst bleibt das Recht zur ordentlichen Kündigung jedoch bestehen.

In bestimmten Fällen schließen besondere Schutzgesetze im Interesse besonders schutzbedürftiger Arbeitnehmer das Recht des Arbeitgebers zur ordentlichen Kündigung aus. Das ist der Fall bei Auszubildenden nach Ablauf der Probezeit, Wehrpflichtigen und Zivildienstleistenden, Frauen während der Schwangerschaft und bis zum Ablauf von vier Monaten nach der Entbindung sowie während eines möglichen Erziehungsurlaubs. Betriebs- und Personalräte sind während ihrer Amtszeit und bis zu einem Jahr danach vor ordentlichen Kündigungen geschützt. (Siehe dazu Kapitel XIV Abschnitt 5.)

Welche Kündigungsfrist muß der Arbeitgeber wie der Arbeitnehmer einhalten?

In der alten BRD betrug die gesetzliche Regelkündigungsfrist bei Angestellten sechs Wochen zum Ende eines Kalendervierteljahres, bei Arbeitern zwei Wochen. In der ehemaligen DDR betrug die Kündigungsfrist einheitlich für alle Arbeitsverhältnisse zwei Wochen.

Die Grundkündigungsfrist beträgt jetzt einheitlich für alle Arbeitsverhältnisse **vier Wochen zum 15. oder zum Ende eines Kalendermonats.** In Betrieben mit bis zu 20 Arbeitnehmern können Arbeitgeber und Arbeitnehmer hiervon abweichen und einzelvertraglich eine vierwöchige Kündigungsfrist ohne die Festlegung auf den vorher genannenten Endtermin (15. bzw. Ende eines Kalendermonats) vereinbaren.

Wann muß der Arbeitgeber längere Kündigungsfristen einhalten?

Die verlängerten Kündigungsfristen für die Arbeitgeberkündigung betragen nach:

2jähriger Betriebszugehörigkeit 1 Monat zum Monatsende,
5jähriger Betriebszugehörigkeit 2 Monate zum Monatsende,
8jähriger Betriebszugehörigkeit 3 Monate zum Monatsende,
10jähriger Betriebszugehörigkeit 4 Monate zum Monatsende,

12jähriger Betriebszugehörigkeit 5 Monate zum Monatsende,
15jähriger Betriebszugehörigkeit 6 Monate zum Monatsende,
20jähriger Betriebszugehörigkeit 7 Monate zum Monatsende.

Bei der Berechnung der Beschäftigungsdauer bleiben die Beschäftigungszeiten unberücksichtigt, die vor der Vollendung des 25. Lebensjahrs liegen.

WICHTIG: *Für den Fall, daß der Arbeitnehmer von sich aus kündigt, muß er die verlängerten Kündigungsfristen nur dann beachten, wenn er dies vorher im Arbeitsvertrag mit dem Arbeitgeber so vereinbart hatte. Normalerweise kann der Arbeitnehmer also mit vierwöchiger Frist zum 15. oder zum Ende eines Kalendermonats kündigen.*

Wann gelten die früheren längeren Kündigungsfristen für Angestellte weiter?

Für 80% der Angestellten sichern Tarifverträge die früheren gesetzlichen Kündigungsfristen ab. Daran ändert die gesetzliche Neuregelung nichts. Die Regelungen im Tarifvertrag bestehen weiter.

Entsprechendes gilt auch für die Fälle, wo Arbeitgeber und Angestellte längere Kündigungsfristen im Einzelarbeitsvertrag vereinbart haben.

Auch für die Zukunft bleiben die Tarifpartner in der Gestaltung der Kündigungsfristen frei.

Können die Kündigungsfristen auch kürzer als die gesetzlichen sein?

Die Kündigungsfristen können tarifvertraglich auch abgekürzt werden, und auch im Einzelarbeitsvertrag können nichttarifgebundene Arbeitgeber und Arbeitnehmer die kürzeren tariflichen Kündigungsfristen für sich übernehmen.

d) Kündigung während der Probezeit

Arbeitgeber und Arbeitnehmer können in der Regel eine Probezeit höchstens für bis zu sechs Monaten vereinbaren.

Ein Probearbeitsverhältnis ist ein vollwertiges Arbeitsverhältnis. Alle arbeitsrechtlichen Gesetze, Tarifverträge und Betriebsvereinbarungen sind anzuwenden. Auch in der Probezeit muß der Arbeitgeber den Betriebsrat bzw. Personalrat vor Ausspruch der Kündigung hören.

Welche Kündigungsfristen gelten in der Probezeit?

In der Regel vereinbaren Arbeitgeber und Arbeitnehmer ein unbefristetes Arbeitsverhältnis mit vorgeschalteter Probezeit.

> **Beispiel:** Herr Peter Proband wird zum 1. Januar als Angestellter eingestellt. Im Vertragstext steht: „Die ersten sechs Monate gelten als Probezeit."

Dieses Arbeitsverhältnis können beide Seiten während der Probezeit, längstens für die Dauer von sechs Monaten, mit einer Frist von zwei Wochen kündigen.

Nach Ablauf der Probzeit geht das Arbeitsverhältnis, wenn es vorher nicht gekündigt wurde, automatisch in ein normales Dauerarbeitsverhältnis über.

Kann ein befristetes Probearbeitsverhältnis gekündigt werden?

Gelegentlich vereinbaren Arbeitgeber und Arbeitnehmer auch ein selbständig befristetes Probearbeitsverhältnis.

> **Beispiel:** Der Arbeitsvertrag lautet so: „Herr Johann Neuwald wird zum 1. Januar als Angestellter für die Dauer von sechs Monaten in ein Probearbeitsverhältnis eingestellt. Dieses endet zum 30. Juni, ohne daß es einer Kündigung bedarf."

Dieses Arbeitsverhältnis endet also von selbst mit Ablauf der vereinbarten Frist.

WICHTIG: *Während der Dauer des befristeten Probearbeitsverhältnisses ist eine ordentliche Kündigung, wie auch sonst bei befristeten Arbeitsverhältnissen, ausgeschlossen.*
Eine ordentliche Kündigung wäre hier nur möglich, wenn dies eindeutig vertraglich vereinbart wäre. Solche Vereinbarungen sind möglich. Sie werden aber nur selten getroffen.

Ob nach Ablauf der vereinbarten Probezeit ein Dauerarbeitsverhältnis entsteht, hängt davon ab, ob der Arbeitgeber mit dem Arbeitnehmer einen entsprechenden Vertrag schließt. Das kann auch stillschweigend geschehen, etwa dadurch, daß der Arbeitgeber den Arbeitnehmer wissentlich über den vereinbarten Beendigungszeitpunkt hinaus – etwa den 30. Juni – arbeiten läßt. Am 1. Juli entsteht dann ein unbefristetes Dauerarbeitsverhältnis. Um dieses zu beenden, müßte der Arbeitgeber oder der Arbeitnehmer kündigen.

2. Allgemeiner Kündigungsschutz

Was versteht man unter allgemeinem Kündigungsschutz?

Beispiel: Die Firma Hart GmbH, die 20 Mitarbeiter beschäftigt, kündigt Herrn Schneider unter Einhaltung der Kündigungsfrist. Er hatte drei Jahre dem Betrieb angehört.
Herr Schneider meint, allein die Einhaltung der Kündigungsfrist reiche nicht aus, um die Kündigung wirksam werden zu lassen. Er habe sich nichts zuschulden kommen lassen und er habe gute Arbeit geleistet. Er klagt vor dem Arbeitsgericht gegen die Kündigung – zu Recht?

Herr Schneider kann sich auf den allgemeinen gesetzlichen Kündigungsschutz berufen. Danach ist eine fristgemäß erklärte Kündigung nur wirksam, wenn sie **sozial gerechtfertigt** ist, also ein Grund für sie vorliegt. Das ist hier nicht der Fall. Somit ist die Kündigung unwirksam. Er verlangt zu Recht die Fortsetzung des Arbeitsverhältnisses.

Die ordentliche Kündigung schützt die Partner des Arbeitsvertrages nicht vor einer Beendigung, sie schiebt lediglich den Beendigungszeitpunkt hinaus. Arbeitsverhältnisse sind für die Arbeitnehmer jedoch regelmäßig deren einzige wirtschaftliche Existenzgrundlage. Deshalb hat der Gesetzgeber das Recht des Arbeitgebers zur odentlichen Kündigung beschränkt. Eine solche Kündigung ist nur zulässig, wenn **sachliche Gründe** vorliegen (allgemeiner Kündigungsschutz).

Zugunsten **besonders schutzbedürftiger Arbeitnehmer** wie werdender Mütter oder Schwerbehinderter hat der Gesetzgeber das Recht des Arbeitgebers zu kündigen noch weiter eingeengt und sogar ganz ausgeschlossen **(besonderer Kündigungsschutz)**.

Der allgemeine Kündigungsschutz umfaßt die weitaus meisten Arbeitsverhältnisse. Danach bedarf die ordentliche Kündigung des Arbeitsverhältnisses durch den Arbeitgeber eines rechtfertigenden Grundes.

Wann gilt für mich der allgemeine Kündigungsschutz?

Damit das Kündigungsschutzgesetz, das diesen Schutz regelt, anwendbar ist, müssen folgende Umstände vorliegen:

(1) Eine **ordentliche Kündigung** des Arbeitgebers. Der allgemeine Kündigungsschutz gilt nicht für sonstige Beendigungsgründe, wie den Fristablauf bei einem Zeitvertrag oder die vertragliche Aufhebung des Arbeitsverhältnisses im gegenseitigen Einvernehmen.

(2) Der Kündigungsempfänger muß **Arbeitnehmer** sein. Geschäftsführer einer GmbH, Vorstandsmitglieder einer AG oder vertretungsberechtigte Gesellschafter einer Personengesellschaft sind keine Arbeitnehmer. Sie genießen keinen Kündigungsschutz. Für leitende Angestellte gilt dage-

gen der allgemeine Kündigungsschutz mit der Einschränkung, daß der Arbeitgeber ohne Begründung die Auflösung des Arbeitsverhältnisses gegen Zahlung einer Abfindung verlangen kann, wenn die Kündigung unwirksam ist.

(3) Das Arbeitsverhältnis des betroffenen Arbeitnehmers muß vor Zugang der Kündigung in demselben Betrieb oder Unternehmen **länger als sechs Monate** rechtlich **bestanden** haben. Den rechtlichen Bestand unterbrechen nicht etwa ein etwaiger Wechsel des Inhabers des Betriebes, Krankheit oder Urlaub des Arbeitnehmers.

(4) Der allgemeine Kündigungsschutz gilt nur für Betriebe, in denen außer den zu ihrer Berufsausbildung Beschäftigten regelmäßig **mehr als 10 Arbeitnehmer** beschäftigt werden; Teilzeitbeschäftigte werden dabei nur anteilig berücksichtigt.

Beispiel: Keinen Kündigungsschutz genießen eine Friseuse in einem Friseurgeschäft mit insgesamt 10 Arbeitnehmern und zwei Auszubildenden oder eine Sekretärin in einem Industriebetrieb mit 100 Arbeitnehmern, wenn sie erst seit fünf Monaten dort angestellt ist.

Wann ist eine Kündigung unwirksam?

Soweit der Kündigungsschutz gilt, ist eine Kündigung unwirksam, „wenn sie sozial ungerechtfertigt ist" (§ 1 Absatz 1 des Kündigungsschutzgesetzes).

Sozial ungerechtfertigt ist eine Kündigung immer dann, wenn sie nicht bedingt ist

(1) durch Gründe, die in der Person oder

(2) in dem Verhalten des Arbeitnehmers liegen, oder

(3) durch dringende betriebliche Erfordernisse, die einer Weiterbeschäftigung in diesem Betrieb entgegenstehen.

Der Arbeitgeber muß in dem Verfahren vor dem Arbeitsgericht die Tatsachen vortragen und beweisen, welche die Kündigung rechtfertigen.

a) Kündigung wegen Krankheit

Wann kann mir der Arbeitgeber wegen Krankheit kündigen?

Eine Kündigung aus Gründen, die in der Person des Arbeitnehmers liegen (personenbedingte Kündigung), kommt vor allem bei mangelnder körperlicher oder geistiger Eignung in Betracht. Hierzu rechnen auch häufige Kurzerkrankungen oder eine langandauernde Erkrankung. Deswegen kündigen darf der Arbeitgeber jedoch nur dann, wenn auch in Zukunft mit weiteren Ausfällen zu rechnen ist und diese zu erheblichen betrieblichen Schwierigkeiten führen.

Beispiel: Der langjährig beschäftigte und dem Alkohol zuneigende Schlepperfahrer Sepp Bierbichler fiel gelegentlich wegen seines Hangs zum Alkohol auf. Außerdem unterlief ihm eine Reihe von Fehlern. So verteilte er einmal den Kalk, den er auf den Feldern ausstreuen sollte, überwiegend auf der Dorfstraße und fuhr dabei eine historisch wertvolle Pumpe um. Nach diesem Vorfall kam er zur Einsicht. Er nahm eine erfolgsversprechende Entziehungskur auf sich.

Die dennoch einige Zeit später ausgesprochene Kündigung, gegen die er sich wandte, erklärte das Arbeitsgericht für unwirksam. Es wertete die Alkoholabhängigkeit als Krankheit. Und da die Zukunftsprognose und die Heilungsaussichten für Sepp Bierbichler günstig waren, bestand kein ausreichender Grund, das Beschäftigungsverhältnis zu beenden.

Beispiel: Als der langjährig in der Versandabteilung beschäftigte Angestellte Eifrig seinem Arbeitgeber mitteilte, daß er eine AIDS-Infektion habe, kündigte der Arbeitgeber. – Eifrig erhob arbeitsgerichtlich Klage.

Er hatte Erfolg. Das Arbeitsgericht erklärte die Kündigung für unwirksam. Die AIDS-Infektion allein beeinträchtigt nämlich nicht die Leistungsfähigkeit des Angestellten. Eine Ansteckungsgefahr für die Arbeitskollegen besteht im Rahmen normaler arbeitsbezogener Kontakte ebenfalls nicht. Anders bei einer akuten AIDS-Erkrankung: Diese ist in ihrem Verlauf meist so schwer, daß die Eignung für die vorgesehene Tätigkeit erheblich eingeschränkt oder ganz aufgehoben ist. Der Arbeitgeber könnte sich von einem solchen Mitarbeiter durch eine ordentliche Kündigung trennen.

Rechtfertigen häufige Fehlzeiten in der Vergangenheit immer eine Kündigung?

Legt der Arbeitgeber im Verfahren vor dem Arbeitsgericht dar, daß der Arbeitnehmer in der letzten Zeit – etwa in den letzten drei Jahren – häufige oder langandauernde krankheitsbedingte Fehlzeiten aufzuweisen hat, so ist es Sache des Arbeitnehmers, ggf. vorzutragen, daß und warum sich das in Zukunft ändern wird. Sofern der Arzt den Arbeitnehmer über seine gesundheitliche Verfassung nicht ausreichend aufgeklärt hat, reicht es aus, wenn der Arbeitnehmer den ihn behandelnden Arzt von der ärztlichen Schweigepflicht entbindet und ihn als Zeugen für eine **günstige Zukunftsprognose** benennt. Bei einem älteren langjährig Beschäftigten muß der Arbeitgeber längere Fehlzeiten hinnehmen als bei einem jüngeren Arbeitnehmer, der dem Betrieb erst kurze Zeit angehört.

Bei der Abwägung der Interessen des Arbeitnehmers am Erhalt des Arbeitsplatzes und des Arbeitgebers an einer Kündigung muß auch die Stellung des Arbeitnehmers berücksichtigt werden. Einem Arbeitnehmer in einer Schlüsselposition kann der Arbeitgeber eher kündigen, als wenn ein leicht ersetzbarer oder gar entbehrlicher Mitarbeiter wegen Krankheit ausfällt.

Beispiel: Die seit sieben Jahren beschäftigte Frau Paula Fleißmann hat schon lange nicht mehr genug zu tun. Sie fühlt sich nicht ausgelastet und langweilt sich an ihrem Arbeitsplatz. Schließlich erkrankt sie für fünf Monate. Daraufhin kündigt ihr der Arbeitgeber. Ist die Kündigung wirksam?

Der krankheitsbedingte Arbeitsausfall von Frau Fleißmann hatte hier den Betriebsablauf sicher nicht gestört. Die Kündigung war demnach nicht berechtigt, sie hat das Arbeitsverhältnis nicht beendet.

Darf mir der Arbeitgeber kündigen, wenn er mich zu anderen Bedingungen weiterbeschäftigen kann?

WICHTIG: *Bevor der Arbeitgeber kündigt, muß er prüfen, ob er den Arbeitnehmer nicht zu geänderten Bedingungen weiterbeschäftigen kann. Nur, wenn dies nicht möglich ist, oder der Arbeitnehmer ein entsprechendes Angebot, zu geänderten Bedingungen weiterzuarbeiten, abgelehnt hat, darf der Arbeitgeber das Arbeitsverhältnis durch eine Kündigung beenden.*

Beispiel: Ein bisher als Kraftfahrer beschäftigter Arbeitnehmer kann wegen zunehmender Seh- und Reaktionsschwäche seine Aufgaben nicht mehr wahrnehmen. Allerdings könnte er als Pförtner, Hausmeister, Lagerverwalter oder in der Werkstatt zu geänderten Arbeitsbedingungen weiterbeschäftigt werden. Eine Beendigungskündigung kommt hier erst in Betracht, wenn der Arbeitgeber ihm diese anderen Möglichkeiten zuvor erfolglos angeboten hat.

b) Verhaltensbedingte Kündigung

Welche Gründe berechtigen den Arbeitgeber zur verhaltensbedingten Kündigung?

WICHTIG: *Wegen schuldhafter Pflichtverletzungen darf der Arbeitgeber dem Arbeitnehmer nur kündigen, wenn diese erheblich sind. Zudem muß er den Arbeitnehmer vorher vergeblich abgemahnt haben.*

Er muß dem Arbeitnehmer gegenüber deutlich machen, welches Verhalten er beanstandet, und – das ist entscheidend – ihm Gelegenheit geben, sein Verhalten zu ändern. Dabei muß er auch klarlegen, daß der Arbeitnehmer mit einer Kündigung rechnen muß, wenn er sein Verhalten nicht ändert. (Zur Abmahnung siehe im einzelnen Kapitel 14.)

Vertragsverletzungen, die der Arbeitgeber nicht hinzunehmen braucht, sind beispielsweise:
- wiederholte Unpünktlichkeit,
- mangelhafte Arbeitsleistungen,
- unbefugter Urlaubsantritt,
- eigenmächtige Freizeitnahme,
- verbotener Alkoholgenuß während der Arbeit,
- wiederholte Verletzung der Pflicht, dem Arbeitgeber die Arbeitsunfähigkeit mitzuteilen,
- Arbeitsverweigerung.

All dies sind Vertragsverletzungen, die den Arbeitgeber zur Kündigung berechtigen können. Zuvor muß er den Arbeitnehmer wegen des entsprechenden Fehlverhaltens allerdings erfolglos abgemahnt haben.

Muß der Arbeitgeber vor Ausspruch einer Kündigung immer abmahnen?

Nein, nicht in jedem Fall. Keiner Abmahnung bedarf es in folgenden Fällen:

Spesenbetrug ist im allgemeinen ein Grund zur verhaltensbedingten fristgerechten – auch zur außerordentlichen fristlosen – Kündigung, ebenso Diebstahl zum Nachteil des Arbeitgebers, ohne daß es einer vorausgegangenen Abmahnung bedarf.

Jeder Arbeitnehmer weiß nämlich von vornherein, daß ein solches Verhalten für keinen Arbeitgeber tragbar ist und in der Regel die Grundlage für eine vertrauensvolle Zusammenarbeit zerstört.

Welchen im Kündigungsrecht wesentlichen Grundsatz muß der Arbeitgeber auch bei Ausspruch einer verhaltensbedingten Kündigung beachten?

> **WICHTIG:** *Der Grundsatz der Verhältismäßigkeit, dem zufolge eine Kündigung stets nur als letztes Mittel in Betracht kommt, gilt auch für verhaltensbedingte Kündigungen.*

Beispiel: Der Türke Bari O. und der Grieche Alexandros N. sind Arbeitskollegen in einem großen Betrieb. Trotz verschiedener Abmahnungen befehden sie sich immer wieder. Sie stören damit den Arbeitsablauf und ihre Arbeitskollegen. Nach einem neuerlichen heftigen Streit kündigt der Arbeitgeber beiden. Zu Recht?

Der Arbeitgeber hatte die Möglichkeit, die beiden „Streithähne" durch Umsetzen auseinanderzubringen, nicht genutzt. Die ausgesprochenen Kündigungen waren deshalb unwirksam.

c) Betriebsbedingte Kündigung

Wann ist eine betriebsbedingte Kündigung möglich?

Von einer betriebsbedingten Kündigung wird gesprochen, wenn im Zeitpunkt der Kündigung dringende betriebliche Erfordernisse sowohl einer Weiterbeschäftigung am bisherigen Arbeitsplatz als auch einer anderweitigen Beschäftigung an einem freien Arbeitsplatz im selben oder auch in einem anderen Betrieb des Unternehmens entgegenstehen.

Bei der Auswahl des zu kündigenden Arbeitnehmers muß der Arbeitgeber soziale Gesichtspunkte der Dauer der Betriebszugehörigkeit, das Lebensalter und die Unterhaltspflichten der Arbeit berücksichtigen.

Im Rechtsstreit um die Wirksamkeit einer betriebsbedingten Kündigung kann das Gericht die wirtschaftlichen, technischen oder organisatorischen Maßnahmen, die der Arbeitgeber etwa zur Anpassung des Betriebes an Umsatz oder Gewinnrückgang trifft, nicht auf ihre wirtschaftliche Zweckmäßigkeit hin überprüfen.

Beispiel: Anna Bleibtreu war viele Jahre als Reinigungskraft beschäftigt. Ihr Arbeitgeber entschloß sich aus Kostengründen, den Reinigungsdienst mit fünf Arbeitnehmern zum 30. September aufzulösen. Der Arbeitgeber kündigte ihr. Hatte ihre Klage gegen die Kündigung Erfolg?

Das Gericht hatte die Maßnahme lediglich daraufhin zu überprüfen, ob der Arbeitgeber soziale Auswahlgesichtspunkte ausreichend berücksichtigt hatte. Da der Arbeitgeber hier allen Arbeiterinnen gleichzeitig gekündigt hatte, konnte ein Fehler bei der sozialen Auswahl nicht vorliegen. Die Kündigung war wirksam. Die Klage wurde abgewiesen.

Das Gericht hat hingegen in vollem Umfang nachzuprüfen, ob tatsächlich Gründe vorliegen, die der Weiterbeschäftigung oder anderweitigen Beschäftigung entgegenstehen.

Beispiel: Würde Anna Bleibtreu, deren Arbeitsplatz wegen Auflösung des betrieblichen Reinigungsdienstes entfallen ist, darlegen, daß der Arbeitsplatz einer Pförtnerin zu besetzen ist und sie diese Aufgabe übernehmen könnte und würde, so wäre die dennoch ausgesprochene Kündigung unwirksam.
Oder: Die Firma Blitz KG würde dem 45 Jahre alten und 10 Jahre als technischer Zeichner beschäftigten Albert Lang „wegen 15% Umsatzrückgangs und der deshalb erforderlichen Rationalisierungsmaßnahmen" kündigen. Die Kündigung wäre nicht wirksam.

Zwar liegt es im Ermessen des Unternehmens, ob er den Umsatzrückgang zum Anlaß von Rationalisierungsmaßnahmen nehmen will. Der Arbeitgeber muß jedoch im einzelnen darlegen, zu welchen Rationalisierungsmaßnahmen er sich entschlossen hat und inwieweit diese das Bedürfnis an der

Weiterbeschäftigung zumindest eines Arbeitnehmers entfallen lassen. Es reicht nicht aus, wenn der Arbeitgeber nur pauschal eine Verringerung des Personalbestandes für erforderlich erklärt. Er muß deutlich machen, daß die beschlossenen Rationalisierungsmaßnahmen zu einem Überhang an mindestens einem Arbeitsplatz (in unserem Beispiel: als technischer Zeichner) führen.

Kann die fehlende Berücksichtigung sozialer Gesichtspunkte die betriebsbedingte Kündigung unwirksam machen?

WICHTIG: *Liegen dringende betriebliche Erfordernisse für eine Kündigung vor, so kann sie dennoch sozial ungerechtfertigt und damit unwirksam sein. Dies ist dann der Fall, wenn der Arbeitgeber bei der Auswahl des Arbeitnehmers, dem er die Kündigung erklärt hat, soziale Gesichtspunkte nicht ausreichend berücksichtigt hat.*

Beispiel: Arbeitgeber Fest entläßt wegen Umsatzrückgangs die 50 Jahre alte und seit zehn Jahren als Warenkontrolliererin beschäftigte Frau Hildegard Herzig. Die vor einem Jahr eingestellte, 20 Jahre alte Waltraud Kurz beschäftigt er hingegen weiter. Frau Herzig klagt gegen die Kündigung. Zu Recht?

Ja. Das Arbeitsgericht erklärt die Kündigung für unwirksam, da der Arbeitgeber bei der Auswahl des zu kündigenden Arbeitnehmers die Dauer der Betriebszugehörigkeit und das Lebensalter nicht beachtet hatte.

Darf der Arbeitgeber mir kündigen, wenn er mich zu anderen Bedingungen weiterbeschäftigen kann?

Wegen des Grundsatzes der Verhältnismäßigkeit gilt insbesondere auch für die betriebsbedingte Kündigung der **Vorrang**

der Änderungs- vor der Beendigungskündigung. Das bedeutet, daß der Arbeitgeber die Pflicht hat, vor jeder Beendigungskündigung dem Arbeitnehmer eine beiden Parteien zumutbare Weiterbeschäftigung auf einem freien Arbeitsplatz, auch zu geänderten Bedingungen, anzubieten.

> **Beispiel:** Der Arbeitgeber entschließt sicht, den betrieblichen Reinigungsdienst aufzulösen. Bevor er der langjährig beschäftigten Lore Lang kündigt, muß er ihr erfolglos den freigewordenen Teilzeitarbeitsplatz als Küchenhilfe in der betriebseigenen Kantine angeboten haben.

d) Der Widerspruch des Betriebsrats

Vor Ausspruch der Kündigung muß der Arbeitgeber den Betriebsrat – im Bereich der öffentlichen Verwaltungen den Personalrat – von seiner Kündigungsabsicht unterrichten und ihm die Kündigungsgründe mitteilen. Unterläßt der Arbeitgeber es, den Betriebsrat vor Ausspruch der Kündigung anzuhören, so ist die dennoch ausgesprochene Kündigung schon allein aus diesem Grunde unwirksam.

Auch dann, wenn der Betriebsrat der dann ausgesprochenen Kündigung vorher zugestimmt, ja sogar, wenn er sie selbst betrieben hat, muß immer noch geprüft werden, ob die Kündigung auch sozial gerechtfertigt ist.

Wie kann der Widerspruch die Stellung des Betriebsrats die Stellung des Arbeitnehmers stärken?

Der Betriebs- oder Personalrat kann der beabsichtigten Kündigung innerhalb der Frist von einer Woche schriftlich widersprechen.

Der Betriebsrat kann widersprechen, wenn

(1) der Arbeitgeber bei der Auswahl des zu kündigenden Arbeitnehmers soziale Gesichtspunkte nicht oder nicht ausreichend berücksichtigt hat,

(2) die Kündigung gegen eine möglicherweise bestehende, zwischen Arbeitgeber und Betriebsrat vereinbarte Auswahlrichtlinie verstößt,
(3) der zu kündigende Arbeitnehmer an einem anderen Arbeitsplatz weiterbeschäftigt werden kann,
(4) die Weiterbeschäftigung des Arbeitnehmers nach zumutbaren Umschulungs- oder Fortbildungsmaßnahmen möglich ist oder
(5) eine Weiterbeschäftigung des Arbeitnehmers unter geänderten Vertragsbedingungen möglich ist und der Arbeitnehmer hiermit sein Einverständnis erklärt hat.

WICHTIG: *Der Widerspruch des Betriebsrats gegen eine vom Arbeitgeber geplante ordentliche Kündigung hindert den Arbeitgeber nicht daran, die Kündigung dennoch auszusprechen. Jedoch begünstigt der Widerspruch den Arbeitnehmer, sofern er vor dem Arbeitsgericht gegen die Kündigung Klage erhebt, aus folgendem Grund: Auf Verlangen des Arbeitnehmers muß der Arbeitgeber den gekündigten Arbeitnehmer bis zum endgültigen Abschluß des Kündigungsschutzverfahrens zu unveränderten Arbeitsbedingungen weiterbeschäftigen.*

Voraussetzung hierfür ist ein frist- und ordnungsgemäßer Widerspruch. Ein Widerspruch ist nicht bereits dann ordnungsgemäß, wenn der Betriebsrat bloß das Gesetz zitiert. Vielmehr muß er einen bestimmten Sachverhalt zur Begründung des Widerspruchs anführen.

Beispiel: Der Betriebsrat widerspricht der beabsichtigten Kündigung von Hildegard Herzig, weil beim Wegfall von Arbeitsplätzen in ihrer Abteilung sie als die älteste und am längsten beschäftigte Arbeitnehmerin nicht als erste entlassen werden darf. Bei der Auswahl der zu kündigenden Arbeitnehmerin wurden soziale Gesichtspunkte nicht ausreichend beachtet.
Oder: Der Betriebsrat widerspricht der Kündigung von Frau Lore Lang wirksam so: „Zwar trifft es zu, daß ihr Arbeitsplatz als Reini-

gungskraft wegen Vergabe des Reinigungsdienstes an eine Fremdfirma entfällt. Frau Lore Lang könnte jedoch in Teilzeit auf dem freigewordenen Arbeitsplatz als Küchenhilfe in der Kantine beschäftigt werden. Damit wäre sie, wie sie auch dem Betriebsrat erklärt hat, einverstanden."

Der durch einen ordnungsgemäßen Widerspruch des Betriebsrats ausgelöste Weiterbeschäftigungsanspruch beseitigt den Schwebe- und Wartezustand, der normalerweise bei Kündigungsschutzklagen für den Arbeitnehmer auftritt: Mit Ablauf der Kündigungsfrist scheidet der Arbeitnehmer aus dem Betrieb auch dann aus, wenn er Klage erhoben hat. Eine Rückkehr muß dem Arbeitnehmer erst dann ermöglicht werden, wenn das Arbeitsgericht die Kündigung für unwirksam erklärt und den Arbeitgeber zur Weiterbeschäftigung verurteilt hat. Bis dahin vergehen meist Monate.

Bei Widerspruch des Betriebsrates gibt es diesen Warte- und Schwebezustand nicht. Der Arbeitnehmer kann Weiterbeschäftigung an seinem bisherigen Arbeitsplatz verlangen, bis das Arbeitsgericht **rechtskräftig** die Klage abgewiesen hat, wenn also das Verfahren nicht nur vor dem Arbeits-, sondern auch vor dem Landesarbeitsgericht (ggf. auch vor dem Bundesarbeitsgericht in Kassel) endgültig verloren wurde.

Beispiel: Trotz Widerspruchs des Betriebsrats kündigt der Arbeitgeber Frau Hildegard Herzig am 30. April zum 30. Juni. Am 20. Mai erhebt sie gegen die Kündigung Klage vor dem Arbeitsgericht. Am 20. Dezember weist das Arbeitsgericht die Klage ab. Es hält die Kündigung für begründet. Frau Herzig legt gegen das Urteil Berufung beim Landesarbeitsgericht ein.
Der Arbeitgeber mußte sie wegen des Widerspruchs des Betriebsrats bisher weiterbeschäftigen – auch nach Erlaß des klageabweisenden Urteils des Arbeitsgerichts.
Frau Herzig obsiegt endgültig erst ein Jahr später vor dem Landesarbeitsgericht: Dank des Widerspruchs des Betriebsrats konnte sie nicht nur ihre Bezahlung, sondern auch ihre Beschäfti-

gung für die ganze zurückliegende Zeit verlangen und durchsetzen.
Dies wäre ihr aufgrund der Widerspruchs des Betriebsrats hier übrigens auch dann möglich gewesen, wenn sie die Klage gegen die Kündigung vor dem Landesarbeitsgericht verloren hätte.

Gesetz und Rechtsprechung stellen allerdings sehr hohe Anforderungen an die Ordnungsgemäßheit eines Widerspruchs. Wenn der Betriebsrat diesen nicht ordnungsgemäß begründet, löst er die Weiterbeschäftigungspflicht des Arbeitgebers nicht aus.

Wichtig kann in diesem Zusammenhang sein, daß der Betriebsrat vor Abgabe seine Stellungnahme auch den betroffenen Arbeitnehmer anhört. Dann kennt er dessen Vorstellungen und Wünsche. Er weiß, welche besonderen sozialen Gesichtspunkte eine Rolle spielen können und auch, ob der zur Kündigung vorgesehene Arbeitskollege u. U. zu einer Weiterarbeit an einem anderen Arbeitsplatz, ggf. auch zu anderen Vertragsbedingungen, bereit wäre.

Erfährt der Mitarbeiter von der Kündigungsabsicht des Arbeitgebers, kann es nützlich sein, wenn er von sich aus den Betriebsrat anspricht, ohne dessen Aufforderung zu einem Gespräch abzuwarten. In dem Gespräch kann er dem Betriebsrat sein Interesse am Erhalt des Arbeitsplatzes bekunden und ihn über seine persönliche Lage unterrichten.

Ein ordnungsgemäß eingelegter Widerspruch des Betriebsrats kann im übrigen die Stellung des von einer Kündigung bedrohten Arbeitnehmers auch unabhängig vom Weiterbeschäftigungsanspruch erheblich stärken.

So hat sich in der Praxis gezeigt, daß bei einem Widerspruch des Betriebsrats die Arbeitgeber in vielen Fällen ihre ursprüngliche Kündigungsabsicht fallen lassen.

Allerdings widersprechen die Betriebsräte nur selten der Kündigungsabsicht des Arbeitgebers.

3. Kündigungsschutzverfahren vor dem Arbeitsgericht

Beispiel: Andreas Klingelhöfer ist Buchhalter bei den Keramikwerken. Am 16. Februar erhält er eine ordentliche Kündigung zum 31. März. Die Kündigung ist aus seiner Sicht wegen der im Kündigungsschreiben angegebenen Gründe nicht gerechtfertigt. Herr Klingelhöfer möchte daher gegen die Kündigung vorgehen. – Welche Maßnahmen kann er ergreifen und welche Fristen sind dabei zu beachten?

Als ersten Schritt sieht das Kündigungsschutzgesetz in § 3 den Einspruch beim Betriebsrat vor:

„Hält der Arbeitnehmer eine Kündigung für sozial ungerechtfertigt, so kann er binnen einer Woche nach der Kündigung Einspruch beim Betriebsrat einlegen. Erachtet der Betriebsrat den Einspruch als begründet, so hat er zu versuchen, eine Verständigung mit dem Arbeitgeber herbeizuführen. Er hat seine Stellungnahme zu dem Einspruch dem Arbeitnehmer, und dem Arbeitgeber auf Verlangen schriftlich mitzuteilen."

Was bewirkt der Einspruch beim Betriebsrat?

Zunächst: Dieser Einspruch ist zu unterscheiden vom Widerspruch. Den Widerspruch legt der Betriebsrat ein. Er ist an den Arbeitgeber gerichtet und erfolgt vor Ausspruch der Kündigung, wenn der Arbeitgeber den Betriebsrat von seiner Kündigungsabsicht unterrichtet hat. Der Einspruch nach § 3 Kündigungsschutzgesetz erfolgt demgegenüber nach Ausspruch der Kündigung und wird vom Arbeitnehmer an den Betriebsrat gerichtet. Der Einspruch des bereits gekündigten Arbeitnehmers beim Betriebsrat ändert an der Kündigung und deren Wirkung nichts. Der Betriebsrat soll jedoch, wenn er den Einspruch als begründet erachtet, zwischen dem Arbeitgeber und dem Arbeitnehmer vermitteln.

Welche Frist muß der Arbeitnehmer für die Kündigungsschutzklage einhalten?

Der Arbeitnehmer braucht jedoch nicht erst Einspruch gegen die Kündigung beim Betriebsrat einzulegen. Er kann unmittelbar nach Erhalt der Kündigung Klage gegen diese beim Arbeitsgericht einreichen. Unabhängig davon, ob er beim Betriebsrat Einspruch gegen die Kündigung eingelegt hat oder nicht, muß der Arbeitnehmer in jedem Fall spätestens **innerhalb von drei Wochen** nach Erhalt der Kündigung die Klage beim Arbeitsgericht eingereicht haben.

Versäumt er diese Frist, so wird die Kündigung wirksam.

Beispiel: Dem Angestellten Brunner ist am Montag, dem 30. März 1998, ein Kündigungsschreiben seiner Firma zugegangen. In diesem kündigt sie ihm zum 30. Juni 1998. Am 20. April gibt er die Kündigungsschutzklage zur Post. Sie geht am Mittwoch, dem 22. April 1998, beim Arbeitsgericht ein.
Hat die Klage Erfolgsaussicht?

Nein. Die Dreiwochenfrist begann am 30. März 1998. Sie lief am 20. April 1998 ab. Die am 22. April bei Gericht eingegangene Klage ist verspätet. Die Kündigung gilt somit als von Anfang an rechtswirksam. Das Arbeitsgericht wird die Klage abweisen.

Gibt es Ausnahmen von der Dreiwochenfrist für die Kündigungsschutzklage?

In besonderen selten Ausnahmefällen kann das Gericht die Klage auf Antrag auch noch nachträglich zulassen.

Beispiele: Das Kündigungsschreiben wird während des vierwöchigen Urlaubs im Ausland zu Urlaubsbeginn in den Briefkasten geworfen.
Oder: Wegen eines Autounfalls am Tage nach Erhalt der Kündigung und einer dabei erlittenen Gehirnerschütterung war der

Arbeitnehmer drei Wochen lang gehindert, eine Klage gegen die Kündigung zu erheben oder durch einen Rechtsanwalt erheben zu lassen.
In diesen Fällen könnte er noch innerhalb von zwei Wochen nach „Beheben des Hindernisses" – also etwa der Rückkehr aus dem Urlaub oder der Entlassung aus dem Krankenhaus – einen schriftlichen Antrag beim Arbeitsgericht auf nachträgliche Zulassung der Klage stellen.

Versäumt ein Arbeitnehmer die Dreiwochenfrist zur Erhebung der Klage, weil er diese Frist nicht kennt, so hilft ihm dies nicht.

Schweben Verhandlungen zwischen Arbeitnehmer und Arbeitgeber oder zwischen Betriebsrat und Arbeitgeber über eine mögliche Rücknahme der Kündigung oder eine Abfindung, so sollte der Arbeitnehmer trotzdem vorsorglich die Kündigungsschutzklage einreichen, wenn er seine Rechte wahren will.

Welchen Inhalt muß die Kündigungsschutzklage haben?

WICHTIG: *An die Form der Klage gegen die Kündigung stellen die Gerichte keine strengen Anforderungen. Es genügt, wenn der Arbeitnehmer deutlich macht, daß er die Kündigung bekämpft.*

Für den Fall einer Änderungskündigung gibt das Gesetz dem Arbeitnehmer die Möglichkeit, daß er die Änderungskündigung unter dem Vorbehalt annimmt, daß die Änderung der Vertragsbedingungen sozial gerechtfertigt ist. Diesen Vorbehalt muß der Arbeitnehmer dem Arbeitgeber innerhalb der Kündigungsfrist, spätestens jedoch innerhalb von drei Wochen nach Zugang der Kündigung, erklären.

Klagt der Arbeitnehmer gegen die Änderungskündigung und verliert er dann seinen Kündigungsschutzprozeß, so behält er, wenn auch zu geänderten Bedingungen, seinen Arbeitsplatz.

Gewinnt er, dann besteht das Arbeitsverhältnis zu den alten Bedingungen fort. Wichtig ist auch hier, daß der Arbeitnehmer die Klage spätestens innerhalb von drei Wochen nach Erhalt der Kündigung beim Arbeitsgericht eingereicht hat. Zur Abgrenzung zwischen Maßnahmen im Rahmen des Weisungsrechts und einer Änderungskündigung sowie zu anderen Fragen in diesem Zusammenhang lesen Sie auch Kapitel IV Abschnitt 4.

a) Muster für eine Klage gegen eine Kündigung:

München, 14.11.1997

An das
Arbeitsgericht München
Winzererstraße 104
80797 München

In Sachen
der Angestellten Berta Berger
Kuckucksweg 21
80809 München

– Klägerin –

gegen
die Firma Bauhaus GmbH,
vertreten durch den Geschäftsführer Alois Meister
Wurzelstraße 1
80898
München

– Beklagte –

wegen einer Kündigung erhebe ich Klage.

Ich beantrage, wie folgt zu entscheiden:
1. Es wird festgestellt, daß das Arbeitsverhältnis durch die von der Beklagten mit Schreiben vom 27. Oktober 1997 zum 31. Dezember 1997 erklärte Kündigung nicht aufgelöst wird.
2. Die Beklagte wird verurteilt, die Klägerin zu den bisherigen Bedingungen über den Ablauf der Kündigungsfrist (31. Dezember 1997) hinaus weiterzubeschäftigen.

Begründung:
Die Klägerin wurde am 8. Mai 1945 geboren. Sie ist seit dem 1. Mai 1990 bei der Beklagten als Sekretärin gegen ein Monatsgehalt von 3500 DM brutto beschäftigt.

Die Beklagte beschäftigt – die zu ihrer Berufsausbildung Beschäftigten nicht mitgerechnet – regelmäßig mehr als 10 Arbeitnehmer.

Die von der Beklagten ausgesprochene Kündigung ist nichtig, weil die Beklagte den Betriebsrat nicht vorher angehört hat.

Die Kündigung ist außerdem sozial nicht gerechtfertigt. Der behauptete Kündigungsgrund – Wegfall des Arbeitsplatzes – liegt nämlich nicht vor.

Da die Kündigung unwirksam ist, verlangt die Klägerin auch Weiterbeschäftigung über die Kündigungsfrist hinaus.

gez. Berta Berger

b) Die Weiterbeschäftigung während des Kündigungsschutzverfahrens

Kündigungsschutzprozesse dauern häufig viele Monate. Zuweilen dauert es sogar Jahre, bis sie ihren endgültigen gerichtlichen Abschluß vor dem Landes- oder in besonderen Fällen vor dem Bundesarbeitsgericht finden.

Wann kann ich meine Weiterbeschäftigung verlangen?

In dieser Zeit ist es ungewiß, ob das Arbeitsverhältnis fortbesteht oder nicht. Ein Recht auf tatsächliche Beschäftigung über den Ablauf der Kündigungsfrist hinaus haben Sie dann, wenn der Betriebsrat der beabsichtigten Kündigung vor deren Ausspruch ordnungsgemäß widersprochen und Sie nach dem Kündigungsschutzgesetz Klage gegen die Kündigung vor dem Arbeitsgericht erhoben und vom Arbeitgeber Weiterbeschäftigung verlangt haben. (Hierauf wurde in diesem Kapitel unter Abschnitt 2 S. 158 ff. näher eingegangen.)

Wann habe ich bei unwirksamer Kündigung einen Lohnanspruch?

Der Arbeitnehmer hat, wenn das Gericht die Kündigung für unwirksam erklärt hat, in der Regel auch einen Anspruch auf Nachzahlung des Lohnes für die Zeit zwischen dem Ende der Kündigungsfrist und dem Wiedereintritt in den Betrieb. Eines gesonderten „Angebots der Arbeitskraft" durch den gekündigten Arbeitnehmer bedarf es hier nicht.

Beispiel: Der Arbeitgeber kündigt Frau Locher am 12. Mai zum 31. Mai. Er bezahlt ihr den Lohn nur bis zum 31. Mai. Sie reicht am 1. Juni ihre Klage gegen die Kündigung ein. Am 1. Oktober erklärt das Arbeitsgericht die Kündigung für unwirksam. Kann Frau Locher Lohn für Juli bis September verlangen?

Frau Locher kann jetzt zugleich auch den Lohn für die zurückliegenden Monate Juni bis September verlangen, da es nicht an ihr lag, daß sie nicht beschäftigt wurde.

Was muß ich mir auf meinen Lohnnachzahlungsanspruch anrechnen lassen?

Auf den Lohnnachzahlungsanspruch muß sich der Arbeitnehmer einen zwischenzeitlichen Verdienst anrechnen lassen oder auch das, was zu erwerben er „böswillig unterlassen“ hat. Hat er sich beim Arbeitsamt ergebnislos arbeitslos gemeldet, so hat er alles ihm Zumutbare getan. Den möglichen Lohnnachzahlungsanspruch kann der Arbeitnehmer zusammen mit der Klage gegen die Kündigung geltend machen.

c) Abfindung für den Verlust des Arbeitsplatzes

WICHTIG: *Das Kündigungsschutzgesetz ist ein Gesetz, das den Bestand des zu Unrecht gekündigten Arbeitsverhältnisses aufrechterhalten und sichern will. Es ist kein Abfindungsgesetz.*

Entsprechend der Begründung im Gesetzentwurf will es dem Arbeitnehmer den Arbeitsplatz in den Grenzen des sozial und wirtschaftlich Vertretbaren sichern. Das Gesetz geht davon aus, daß im Falle einer unberechtigten Kündigung das Arbeitsverhältnis und die Beziehungen zwischen Arbeitgeber und Arbeitnehmer unverändert fortbestehen.

Wann kann ich eine Abfindung gerichtlich durchsetzen?

Nur in Ausnahmefällen soll das Arbeitsgericht das Arbeitsverhältnis auf Antrag gegen Zahlung einer Abfindung auflösen können. Dabei werden an den Auflösungsantrag des Arbeitnehmers strengere Anforderungen als an den entsprechenden Antrag des Arbeitgebers gestellt. Der Arbeitnehmer kann die Auflösung nicht schon dann verlangen, wenn die Kündigung unwirksam ist. Hinzu kommen muß, daß ihm die Fortsetzung des Arbeitsverhältnisses nicht mehr zuzumuten ist.

Beispiel: Der Arbeitgeber hat die Kündigung darauf gestützt, daß der Arbeitsplatz wegen Auftragsrückgangs entfallen sei. Im Verfahren vor Gericht stellt sich heraus, daß dies zwar zutrifft, der Arbeitgeber den Arbeitnehmer jedoch in einer anderen Ab-

teilung in vergleichbarer Tätigkeit weiterbeschäftigen könnte. Der Arbeitnehmer stellt in der mündlichen Verhandlung vor dem Arbeitsgericht den Antrag, das Arbeitsverhältnis gegen Zahlung einer Abfindung aufzulösen.
Wie wird das Gericht entscheiden?

Das Gericht wird feststellen, daß die Kündigung rechtsunwirksam ist.

Dem Arbeitnehmer wäre jedoch die Fortsetzung des Arbeitsverhältnisses zuzumuten. Den Antrag auf Auflösung des Arbeitsverhältnisses und Verurteilung des Arbeitgebers zur Zahlung einer Abfindung wird es deshalb abweisen.

Hätte der Arbeitgeber die fristgerechte Kündigung ohne nähere Nachprüfung auf den vor anderen erhobenen Vorwurf des Spesenbetrugs gestützt und ließen sich die Vorwürfe nicht halten, so wäre die Kündigung unwirksam.

Wegen des leichtfertig vor anderen erhobenen Vorwurfs wäre dem Arbeitnehmer die Fortsetzung des Arbeitsverhältnisses jedoch nicht zuzumuten. In diesem Falle würde das Gericht auf Antrag des Arbeitnehmers das Arbeitsverhältnis auflösen und den Arbeitgeber zur Zahlung einer Abfindung verurteilen.

Der Arbeitgeber kann die Auflösung des Arbeitsverhältisses, das er zu Unrecht gekündigt hat, leichter, nämlich schon dann verlangen, wenn „Gründe vorliegen, die eine den Betriebszwecken dienliche weitere Zusammenarbeit zwischen Arbeitgeber und Arbeitnehmer nicht erwarten lassen“. Diesen Antrag auf Auflösung des Arbeitsverhältisses kann der Arbeitgeber jedoch nur stellen, wenn er zu Unrecht ordentlich gekündigt hat. Handelt es sich um einen leitenden Angestellten, etwa einen Betriebsleiter, mit der Befugnis, Arbeitnehmer einzustellen, so braucht der Arbeitgeber den Auflösungsantrag nach dem Gesetz nicht zu begründen. Bei einer unwirksamen außerordentlichen Kündigung steht das Recht auf gerichtlich ausgesprochene Auflösung nur dem Arbeitnehmer zu.

In welcher Höhe kann ich eine Abfindung erwarten?

Die Abfindung, die das Gericht zugleich mit der Auflösung des Arbeitsverhältnisses festsetzt, ist eine Entschädigung für den Verlust des Arbeitsplatzes. Bei der Bemessung der Höhe der Abfindung haben die Richter alle Umstände des Einzelfalles zu berücksichtigen – insbesondere Lebensalter, Dauer der Betriebszugehörigkeit, Unterhaltspflichten, die Chancen, eine neue Stelle zu finden, wirtschaftliche Lage des Arbeitnehmers.

Nach einer sehr groben Faustregel wird zuweilen pro Beschäftigungsjahr ein halber Bruttomonatslohn angesetzt. Die Abfindung kann bis zu zwölf, bei älteren, länger beschäftigten Arbeitnehmern auch bis zu 18 Monatsverdiensten betragen.

Gibt es Abzüge von der Abfindung?

Die Abfindung wegen einer vom Arbeitgeber veranlaßten Beendigung des Arbeitsverhältnisses ist im Rahmen gewisser Höchstbeträge frei von der Lohnsteuer- und der Sozialversicherungspflicht, und zwar bis zu DM 24 000,–. Bei Arbeitnehmern, die das 50. Lebensjahr vollendet haben und bestimmte Beschäftigungszeiten zurückgelegt haben, kann die Steuerfreiheit bis zu DM 36 000,– gehen.

Welche Aussichten hat ein Verfahren vor dem Arbeitsgericht?

Nach dem Gesetz müßten die meisten Arbeitsverhältnisse, wenn die Kündigung unwirksam war, fortgesetzt werden.

Die Praxis sieht jedoch anders aus. Die Arbeitnehmer erheben gegen ungefähr 8% aller ausgesprochenen Kündigungen eine Klage vor dem Arbeitsgericht. Von diesen Verfahren, bei denen Arbeitnehmer vor dem Arbeitsgericht klagen, enden nur etwa 10% mit einem Urteil. In der weit überwiegenden Zahl aller Verfahren einigen sich Arbeitgeber und Arbeitnehmer vor Gericht durch einen Vergleich. Ganz überwiegend wird dabei die Beendigung des Arbeitsverhältnisses bei Zahlung einer Abfindung vereinbart. Nur gelegentlich wird das Arbeitsverhältnis nach Ausspruch der Kündigung einvernehmlich wieder fortgesetzt. In rund 2% aller Fälle erreichen die Arbeitnehmer auf streitigem gerichtlichem Weg die Rückkehr an den Arbeitsplatz.

Kann ich einen Abfindungsvergleich auch außergerichtlich abschließen?

Auch in der betrieblichen Praxis wird häufig die Kündigung bereits vorgerichtlich durch eine **einvernehmliche Aufhebung** des Arbeitsverhältnisses bei Zahlung einer Abfindung abgelöst. Verbreitet ist diese Praxis vor allem in Großbetrieben. So haben große Automobilhersteller in der Vergangenheit ihre durch Konjunkturschwankungen bedingten Beschäftigungsprobleme bewältigt, ohne eine einzige Kündigung aussprechen zu müssen.

4. Die außerordentliche fristlose Kündigung

Wann ist eine fristlose Kündigung möglich?

Eine fristlose Kündigung ist ausnahmsweise zulässig, wenn ein **wichtiger Grund** vorliegt. Arbeitsverhältnisse sind in der Regel auf eine gewisse Dauer angelegt. Die tägliche Zusammenarbeit zwischen Arbeitgeber und Arbeitnehmern setzt ein Mindestmaß an Vertrauen und Verständigung voraus.

Kann diese Zusammenarbeit einer Seite aus einem Grunde nicht mehr zugemutet werden, so kommt als letztes und schärfstes Mittel, wenn eine ordentliche Kündigung ausgeschlossen ist oder nicht mehr zumutbar erscheint, die außerordentliche Kündigung ohne Einhaltung einer Kündigungsfrist in Frage. Das Gesetz formuliert dies so (§ 626 Bürgerliches Gesetzbuch):

> Das Dienstverhältnis kann von jedem Vertragsteil aus wichtigem Grund ohne Einhaltung einer Kündigungsfrist gekündigt wer-

den, wenn Tatsachen vorliegen, aufgrund derer dem Kündigenden unter Berücksichtigung aller Umstände des Einzelfalles und unter Abwägung der Interessen beider Vertragsteile die Fortsetzung des Arbeitsverhältnisses bis zum Ablauf der Kündigungsfrist oder bis zu der vereinbarten Beendigung des Dienstverhältnisses nicht zugemutet werden kann.

Die außerordentliche Kündigung wird in der Regel als fristlose Kündigung mit sofortiger Wirkung ausgesprochen. Doch bewilligen nicht selten Arbeitgeber auch im Falle der außerordentlichen Kündigung den Arbeitnehmern eine „soziale Auslauffrist".

Wer muß nachweisen, daß ein wichtiger Grund vorliegt?

Eine außerordentliche Kündigung aus wichtigem Grund kann sowohl der Arbeitnehmer wie der Arbeitgeber aussprechen. Daß ein wichtiger Grund vorliegt, muß jeweils derjenige beweisen, der die Kündigung erklärt. Der Grund muß im Zeitpunkt des Ausspruchs der Kündigung vorgelegen haben. Nach dem Ausspruch der Kündigung entstandene Gründe können nur zur Begründung einer neuen Kündigung angeführt werden.

Beispiel: Arbeitgeber Ernst übergibt dem Bauarbeiter Heiß wegen angeblicher wiederholter beharrlicher Arbeitsverweigerung die fristlose Kündigung. Der zerreißt die Kündigungserklärung, wirft sie dem Arbeitgeber vor die Füße, nennt ihn einen üblen Ausbeuter und beschimpft ihn mit einer Reihe anderer beleidigender Ausdrücke. Außerdem bedroht er ihn tätlich.
Heiß klagt beim Arbeitsgericht gegen die Kündigung. Ernst kann die Arbeitsverweigerung des Heiß vor Gericht nicht beweisen, begründet aber die bereits ausgesprochene Kündigung mit dem nachfolgenden beleidigenden Verhalten des Heiß.
Hat die Klage des Heiß Erfolg?

Da Ernst die Arbeitsverweigerung nicht beweisen kann, erklärt das Gericht die Kündigung für unwirksam. Mit dem nach

Ausspruch der Kündigung liegenden beleidigenden Verhalten läßt sich die Kündigung nicht begründen.

Dieses könnte Ernst nur zum Anlaß nehmen, dem Heiß deswegen erneut zu kündigen. Der Kündigungsempfänger kann verlangen, daß derjenige, der kündigt, ihm die Kündigungsgründe ohne schuldhaftes Zögern mitteilt.

Die Wirksamkeit der Kündigung hängt jedoch von der Angabe des Kündigungsgrundes nicht ab – außer bei einem Berufsausbildungsverhältnis; bei diesem muß der Grund der Kündigung schriftlich mitgeteilt werden.

Wann muß die fristlose Kündigung spätestens erklärt werden?

WICHTIG: *Die fristlose Kündigung kann nur innerhalb von zwei Wochen erklärt werden. Die Frist beginnt mit dem Zeitpunkt, in dem der zur Kündigung Berechtigte von den für die Kündigung maßgeblichen Tatsachen sichere Kenntnis erlangt.*

Beispiel: Am 13. November wird die langjährig beschäftigte Verkäuferin Elster beim Diebstahl eines Stoffbären erwischt.
Mit Schreiben vom 25. November erklärt die Kaufhaus AG die außerordentliche Kündigung. Wenn Frau Elster das Schreiben z. B. erst am 29. November – und damit nach Ablauf der Zweiwochenfrist – zugeht, ist die Kündigung als außerordentliche Kündigung unwirksam. Das Arbeitsverhältnis bestünde weiter bis zum nächsten zulässigen Kündigungstermin für eine ordentliche fristgerechte Kündigung.

Muß einer fristlosen Kündigung stets eine Abmahnung vorausgehen?

Nach dem Grundsatz der Verhältnismäßigkeit, wonach insbesondere eine außerordentliche Kündigung stets nur als letztes Mittel in Frage kommt, ist vor Ausspruch einer Kündigung aus wichtigem Grund in der Regel eine Abmahnung erforderlich. Hiervon kann dann abgesehen werden, wenn der Arbeitnehmer einen besonders schwerwiegenden Vertrauensbruch begangen hat.

> **Beispiel:** Der Versicherungsangestellte Krumm hat von Versicherungsnehmern verlangt, daß diese sich für „kulante Schadensabwicklungen" erkenntlich zeigen durch das „Geschenk" eines Teppichs, eines Bildes oder eines Fernsehgerätes.
> Die von der Vesicherungs AG Fiducia, die davon am 2. Mai erfahren hat, am 15. Mai erklärte außerordentliche Kündigung wäre auch ohne vorausgegangene Abmahnung wirksam, weil Krumm einen schwerwiegenden Vertrauensbruch begangen hat. Der macht es dem Arbeitgeber unzumutbar, ihn auch nur kurzfristig weiterzubeschäftigen.

Welche Gründe berechtigen zur fristlosen Kündigung?

Als Gründe, die für eine außerordentliche Kündigung durch den Arbeitgeber in Betracht kommen, hat die Rechtsprechung der Arbeitsgerichte insbesondere folgende Verhaltensweisen angesehen:

(1) Vortäuschen einer Krankheit

(2) Erschleichen einer Arbeitsunfähigkeitsbescheinigung. Jedoch kann daraus, daß der Arbeitnehmer sich in der Vergangenheit häufig von seinem Hausarzt hat krank schreiben lassen, nicht geschlossen werden, daß er seine Krankheit vortäuscht, auch nicht daraus, daß er während seiner Arbeitsunfähigkeit spazierengeht oder an einer Wallfahrt teilnimmt. Für das Vortäuschen einer Krankheit, das zur außerordentlichen Kündigung berechtigen könnte, würde folgendes Verhalten sprechen: Als der Arbeitgeber dem Angestellten Stark statt der beantragten drei Wochen nur zwei Wochen Urlaub bewilligt, übergibt der, bevor er in Urlaub fährt, einem Arbeitskollegen seinen Vogel für drei Wochen in Pflege

und legt für die letzte, die dritte Woche eine Arbeitsunfähigkeitsbescheinigung vor.

(3) Nimmt ein Arbeitnehmer nach Beendigung seiner ärztlichen Krankschreibung die Arbeit nicht auf, so kann hierin ein wichtiger Grund zur fristlosen Kündigung liegen.

(4) Macht der Arbeitnehmer seinem Arbeitgeber Konkurrenz, verrät er Geschäftsgeheimnisse oder nimmt er Schmiergelder an, so kommt eine fristlose Kündigung in Betracht, ebenso bei Spesenbetrug, tätlicher Auseinandersetzung im Betrieb, Beleidigung des Arbeitgebers.

(5) Sachliche Kritik an betrieblichen Verhältnissen berechtigt nicht zur außerordentlichen Kündigung, auch nicht die Mitgliedschaft in einer Gewerkschaft oder politischen Partei. Die politische Meinungsäußerung im Betrieb ist im Normalfall vom Grundrecht auf Meinungsäußerung gedeckt. Etwas anderes gilt jedoch, wenn diese in beleidigender Form erfolgt und der Mitarbeiter wiederholt und trotz Abmahnung durch politische Agitation sich oder andere von der Arbeit abhält.

(6) Straftaten außerhalb des Arbeitsverhältnisses können eine außerordentliche Kündigung nur dann begründen, wenn sie sich konkret auf das Arbeitsverhältnis auswirken, z. B. Diebstähle in anderen Kaufhäusern, die zum selben Unternehmen gehören.

Das in den vorgenannten Beispielen dargestellte Verhalten berechtigt den Arbeitgeber jedoch nicht immer und in jedem Fall zur fristlosen Kündigung.

Es kommt jeweils auf die Umstände und Besonderheiten des einzelnen Falles an. Dabei hat eine Abwägung des Interesses des Arbeitgebers an der sofortigen Beendigung des Arbeitsverhältnisses mit dem Interesse des Arbeitnehmers an dessen Fortbestand stattzufinden.

Beispiel: Die enge Freundschaft zwischen der seit sieben Jahren in einer Klinik angestellten Ärztin Dr. Rosy Pfeffer und dem dortigen Verwaltungsleiter K. Stumm geht plötzlich in die Brüche. Der

Verwaltungsleiter zieht aus der gemeinsamen Wohnung aus. Vergeblich bemüht Dr. Rosy Pfeffer sich um eine Aussprache mit ihm über ihre Beziehung. Nachdem er sich dieser außerhalb der Klinik entzieht, sucht sie ihn in seinem Büro auf. Er lehnt ein Gespräch ab und fordert sie auf, sofort sein Büro zu verlassen. Sie weigert sich. Es kommt zu einer handgreiflichen Auseinandersetzung. K. Stumm trägt im Gesicht einen leichten Kratzer davon. Er kündigt Dr. Rosy Pfeffer fristlos.
Zu Recht?

In der Regel stellt eine Tätlichkeit gegen einen Vorgesetzten einen wichtigen Grund für eine fristlose Kündigung dar.

Die hier ausgesprochene Kündigung hatte jedoch die aus dem privaten Bereich herrührende Besonderheit der Auseinandersetzung nicht berücksichtigt und nicht beachtet, daß der Angriff der Angestellten sich nicht gegen K. Stumm als Vorgesetzten gerichtet, sondern dem bisherigen Freund und Lebensgefährten gegolten hatte. Die Klinik hat allerdings das Recht, zu verlangen, daß private Streitigkeiten nicht im Betrieb ausgetragen werden.

Angemessen und ausreichend wäre hier eine Abmahnung durch den Geschäftsführer des Krankenhauses als gemeinsamen Vorgesetzten gewesen. Hätte Dr. Rosy Pfeffer den Verwaltungsleiter dennoch weiterhin im Dienst „verfolgt“, so hätte dies eine Kündigung rechtfertigen können. Die fristlose Kündigung war demnach voreilig ausgesprochen und somit unwirksam.

Was ein Arbeitnehmer gegen eine außerordentliche Kündigung tun kann, hängt davon ab, ob das Kündigungsschutzgesetz für sein Arbeitsverhältnis gilt, daß heißt, ob er in einem Betrieb mit mindestens 11 Arbeitnehmern mindestens sechs Monate beschäftigt war.

Wie ist die Rechtslage bei Arbeitnehmern, für die das Kündigungsschutzgesetz nicht anzuwenden ist?

WICHTIG: *Arbeitnehmer, für die der Kündigungsschutz nicht gilt, können jederzeit unter Einhaltung der Kündigungsfrist entlassen werden.*

Kündigt der Arbeitgeber fristlos, ohne daß er einen wichtigen Grund hatte, so kann die Kündigung in eine fristgerechte umgedeutet werden, wenn – wie meistens – anzunehmen ist, daß der Arbeitgeber das Arbeitsverhältnis auf jeden Fall beenden wollte. Arbeitnehmer, die nicht unter das Kündigungsschutzgesetz fallen, können normalerweise lediglich Zahlung des Lohnes bis zum Ablauf der Kündigungsfrist verlangen. Sie brauchen deshalb auch nicht gegen die fristlose Kündigung als solche zu klagen.

Beispiel: Herr Mittag hat seit dem 1. Juni eine neue Arbeitsstelle in Probezeit. Gleich am ersten Tag verspätet er sich um eine Stunde. Er hat verschlafen. Daraufhin kündigt ihm die Firma Donner GmbH sofort fristlos. Gegen seinen Widerspruch schickt ihn der Geschäftsführer nach Hause. Herr Mittag klagt am 2.Juli den Lohn für zwei Wochen in Höhe von 1000 DM ein. Kann Herr Mittag die Zahlung der 1000 DM verlangen?

Das Kündigungsschutzgesetz ist nicht anzuwenden, da Mittag noch keine 6 Monate im Arbeitsverhältnis stand. Er konnte also direkt den Lohn einklagen und brauchte nicht innerhalb von drei Wochen gegen die Kündigung zu klagen.

Die Kündigung ist als fristlose unwirksam. Die einmalige Verspätung hat den Arbeitgeber nicht berechtigt, deswegen gleich fristlos zu kündigen.

Die Kündigung hat das Arbeitsverhältnis zum nächstzulässigen Termin, d. h. mit Ablauf der zweiwöchigen Kündigungsfrist während der Probezeit beendet. Mittag hat zu Recht Zahlung des Lohnes für die zwei Wochen Kündigungsfrist verlangt.

Wie ist die Rechtslage, wenn für den Arbeitnehmer das Kündigungsschutzgesetz gilt?

Arbeitnehmer hingegen, die unter das Kündigungsschutzgesetz fallen, können die Unwirksamkeit einer fristlosen Kündigung geltend machen.

Hält der Arbeitnehmer die Klagefrist nicht ein, so wird die Kündigung von Anfang an wirksam.

> **Beispiel:** Die Firma Donner GmbH beschäftigt zwölf Arbeitnehmer. Der seit einem Jahr bei ihr beschäftigte Arbeiter Weiler legt seine Arbeitsunfähigkeitsbescheinigung erst nach vier Tagen krankheitsbedingter Abwesenheit vor. Daraufhin kündigt ihm die Donner GmbH am 1. Juni fristlos. Am 1. Juli reicht er eine Klage gegen die Kündigung ein und verlangt den Lohn für Juni in Höhe von DM 2500,– brutto.
> Hat seine Klage Aussicht auf Erfolg?

Die verspätete Vorlage der Arbeitsunfähigkeitsbescheinigung gab dem Arbeitgeber nicht das Recht, deswegen gleich fristlos zu kündigen.

Da das Kündigungsschutzgesetz hier angesichts der Zahl der Beschäftigten und der Beschäftigungsdauer von Herrn Weiler anzuwenden ist, hätte er innerhalb von drei Wochen gegen die Kündigung vorgehen müssen. Da er die Klagefrist versäumt hat, wird die fristlose Kündigung als von Anfang an wirksam behandelt. Sie hat somit das Arbeitsverhältnis zum 1. Juni beendet und damit auch keinen Lohnanspruch für Herrn Weiler mehr entstehen lassen. Das Arbeitsgericht weist seine Klage ab.

Klagt der Arbeitnehmer rechtzeitig gegen einc fristlose Kündigung, so kann er, wenn ihm die Fortsetzung des Arbeitsverhältnisses nicht mehr zuzumuten ist, auch den Antrag stellen, das Arbeitsverhältnis aufzulösen und den Arbeitgeber zur Zahlung einer Abfindung zu verurteilen.

Beispiel: Hätte in unserem Beispiel der seit einem Jahr beschäftigte Herr Weiler gegen die fristlose Kündigung rechtzeitig, z. B. am 22. Juni, geklagt, so könnte er die Unwirksamkeit der Kündigung geltend machen und Lohnzahlung sowie Weiterbeschäftigung verlangen.
Wäre ihm jedoch die Fortsetzung des Arbeitsverhältnisses nicht zuzumuten, etwa weil der Arbeitgeber ihn im Verlauf des Verfahrens vor dem Arbeitsgericht als „asozialen Taugenichts" und „notorischen Drückeberger" bezeichnet hätte, der in seinem Betrieb nie mehr glücklich werden würde, so könnte er statt dessen die Auflösung des Arbeitsverhältnisses zum 1. Juni und Zahlung einer angemessenen Abfindung für den Verlust des Arbeitsplatzes gegenüber dem Arbeitgeber gerichtlich durchsetzen.

Können auch Arbeitnehmer fristlos kündigen?

Auch Arbeitnehmer können in besonderen Fällen zur außerordentlichen Kündigung aus wichtigem Grund berechtigt sein, wenn ihnen nicht zuzumuten ist, das Arbeitsverhältnis ordentlich zu kündigen und bis zum Ablauf der ordentlichen Kündigungsfrist fortzusetzen. Die Möglichkeit für den Arbeitnehmer, eine andere, bessere Stelle zu finden, zählt hierzu nicht, auch nicht der bisherige geringe Verdienst.

Hingegen kann der Arbeitnehmer das Arbeitsverhältnis außerordentlich kündigen, wenn der Arbeitgeber jeden Monat den Lohn erheblich verspätet zahlt.

Verdächtigt der Arbeitgeber leichtfertig und vor Dritten den Arbeitnehmer etwa eines Diebstahls, einer Unterschlagung oder eines Betrugs, so berechtigt dies den Arbeitnehmer auch ohne vorherige Abmahnung zur fristlosen Kündigung.

5. Der besondere Kündigungsschutz

Werdende Mütter und Erziehungsurlauber, Schwerbehinderte und Auszubildende, Wehr- und Zivildienstleistende sowie Betriebs- und Personalräte sind besonders schutzbedürftig.

Für sie reicht der allgemeine Kündigungsschutz nicht aus. Zu ihren Gunsten besteht deshalb zusätzlich ein jeweils besonders ausgestaltet gesetzlicher Kündigungsschutz:

Schwangere Frauen, Mütter (bis vier Monate nach der Entbindung) Erziehungsurlauber In besonderen Ausnahmefällen kann das Landesarbeitsministerium bzw. das Gewerbeaufsichtsamt die Kündigung für zulässig erklären	Absolutes Kündigungsverbot (§ 9 Mutterschutzgesetz, § 18 Bundeserziehungsgeldgesetz)
Schwerbehinderte, Gleichgestellte haben Kündigungsschutz erst, wenn das Arbeitsverhältnis 6 Monate bestanden hat. **Auszubildende**	Kündigung nur nach vorheriger Zustimmung der Hauptfürsorgestelle (§§ 15, 21, 2 Abs. 2 Schwerbehindertengesetz) Die ordentliche Kündigung ist ausgeschlossen (§ 15 Berufsbildungsgesetz)
Wehrdienstleistende, Zivildienstleistende	Die ordentliche Kündigung ist ausgeschlossen (§ 2 Arbeitsplatzschutzgesetz, § 78 Abs. 1 Nr. 1 Zivildienstgesetz)

Funktionsträger der Betriebsverfassung: Betriebsratsmitglieder Mitglieder des Wahlvorstands Wahlbewerber Mitglieder der Jugend und Auszubildendenvertretung Schwerbehindertenvertretung Personalratsmitglieder	Die ordentliche Kündigung ist ausgeschlossen (außer bei Betriebsstillegung) Die außerordentliche Kündigung bedarf der Zustimmung des Betriebsrats (§§ 15 Kündigungsschutzgesetz, 103 Betriebsverfassungsgesetz)

6. Beendigung des Arbeitsverhältnisses bei Befristung

Müssen Zeitverträge gekündigt werden oder enden sie von selbst?

Arbeitsverhältnisse sind normalerweise auf Dauer angelegt. Arbeitsverträge werden deshalb üblicherweise auf unbestimmte Zeit abgeschlossen.

Um überhaupt einen Arbeitsplatz zu finden, haben sich in den letzten Jahren jedoch Arbeitssuchende in wachsender Zahl dazu bereit gefunden, einen Arbeitsvertrag einzugehen, der von vornherein befristet ist. Mit dem Ablauf der vorgesehenen Zeit endet das Arbeitsverhältnis von selbst. Der Arbeitnehmer scheidet aus dem Betrieb aus. Einer Kündigung bedarf es in diesem Fall nicht.

Die Befristung bringt regelmäßig erhebliche Nachteile für den Arbeitnehmer mit sich: Der Zeitvertrag nimmt dem Arbeitnehmer jeglichen Kündigungsschutz. Auch die bei Kündigungen erforderliche Anhörung des Betriebsrats entfällt.

Für die Befristung muß deshalb nach der Rechtsprechung der Arbeitsgerichte ein sachlicher Grund vorliegen, damit der gesetzliche Kündigungsschutz nicht leichthin umgangen werden kann. Fehlt es an einem sachlichen Grund, ist die Befristung unwirksam und das Arbeitsverhältnis wie ein unbefristetes zu behandeln.

Läßt das Beschäftigungsförderungsgesetz Zeitverträge ohne sachlichen Grund zu?

Für die Zeit vom 1. Mai 1985 bis vorläufig zum 31. Dezember 2000 können aufgrund des Beschäftigungsförderungsgesetzes, das die Anwendbarkeit der vorgenannten Grundsätze vorübergehend aufhebt, auch ohne sachlichen Grund bis zu vier befristete Verträge bis zur Dauer von zusammen 2 Jahren abgeschlossen werden.

Gehen für Arbeitnehmer günstigere Tarifverträge dem Beschäftigungsförderungsgesetz vor?

Dem Beschäftigungsförderungsgesetz gehen übrigens Tarifverträge, die den Abschluß von Zeitverträgen nur eingeschränkt zulassen, vor.

7. Beendigung des Arbeitsverhältnisses durch Aufhebungsvertrag

Kann ein Aufhebungsvertrag auch mündlich geschlossen werden?

Arbeitgeber und Arbeitnehmer können das Arbeitsverhältnis jederzeit auch einvernehmlich durch Vertrag aufheben und beenden. Das geschieht in der Praxis sehr häufig.

Nicht selten wird eine vom Arbeitgeber veranlaßte Beendigung auf Wunsch des Mitarbeiters in die Form eines Aufhebungsvertrages gekleidet, damit er sich bei möglichen Bewerbungen als „ungekündigt" bezeichnen kann. Einen solchen Vertrag können die Beteiligten auch formlos mündlich schließen. Für solche Verträge entfallen die Vorschriften des Kündigungsschutzgesetzes und das Mitwirkungsrecht des Betriebsrates.

Auch besonders geschützte Arbeitnehmer wie Schwangere, Schwerbehinderte, Betriebs- und Personalratsmitglieder können einen solchen Vertrag schließen, ohne daß dazu eine besondere behördliche Genehmigung oder die Mitwirkung des Betriebsrats erforderlich ist. Voraussetzung ist jedoch, daß der betroffene Mitarbeiter sich unmißverständlich mit der Beendigung des Arbeitsverhältnisses einverstanden erklärt.

Liegt in der Entgegennahme der Kündigung eine Aufhebungsvereinbarung?

Allein in der widerspruchslosen Entgegennahme der Kündigung oder der Empfangsbestätigung der Kündigung liegt noch keine Zustimmung zur Beendigung. Auch die Bitte des Arbeitnehmers um Aushändigung der Arbeitspapiere nach einer vom Arbeitgeber ausgesprochenen Kündigung muß dies nicht bedeuten. Möglicherweise will der Arbeitnehmer sich lediglich rasch nach einer Arbeitsstelle umsehen können, ohne daß er deshalb auf seine Rechte aus dem bisherigen Arbeitsverhältnis verzichten und einen Aufhebungsvertrag schließen wollte.

Kann ein Aufhebungsvertrag rückgängig gemacht werden?

> **WICHTIG:** *Vor übereilten Aufhebungsverträgen muß jedoch dringend gewarnt werden. Sie sind – anders als etwa ein Abzahlungskauf – unwiderruflich.*

Wenn ein Arbeitgeber den Mitarbeiter mit dem Vorschlag, den Vertrag kurzfristig einvernehmlich zu beenden, überrascht, sollte er sich, wenn er sich nicht ganz sicher ist, für seine Entscheidung Bedenkzeit ausbitten. Er sollte sich zuvor – etwa durch Rückfrage beim Arbeitsamt – vergewissern, daß er nicht etwa ohne Not seinen Anspruch auf **Arbeitslosengeld** vorübergehend aufgibt. Bedenken Sie, daß sowohl eine einvernehmliche Auflösung des Arbeitsverhältnisses (Aufhebungsvertrag) wie auch eine Arbeitnehmerkündigung zur Folge haben können, daß Sie Ansprüche auf Arbeitslosengeld verlieren. Unter Umständen sollte man die Sache überschlafen und in Ruhe mit einer Person seines Vertrauens besprechen. Es kann auch sinnvoll sein, daß der Arbeitnehmer zu dem Gespräch mit dem Arbeitgeber eine weitere Person, etwa ein Mitglied des Betriebsrats, hinzuzieht.

Wenn der Arbeitgeber ein wirklich angemessenes Angebot machen will, wird er in der Regel keinen Grund sehen, die Bitte des Arbeitnehmers um Bedenkzeit oder zu einem Gespräch eine Person seines Vertrauens hinzuzuziehen, abzulehnen.

XV. Arbeitszeugnis

1. Form und Inhalt des Zeugnisses

Wer erstellt das Zeugnis?

Zur Ausstellung ist der Arbeitgeber, also etwa der Träger eines Kindergartens, verpflichtet. Er kann sich dabei eines angestellten Vertreters, z. B. der Leiterin eines Kindergartens, bedienen.

Was ist unter einem „einfachen", was unter einem „qualifizierten" Zeugnis zu verstehen?

Ein einfaches Zeugnis enthält die Dauer der Beschäftigung und eine Beschreibung der ausgeübten Tätigkeit.

Beispiel: Frau Maria Mohr war in der Zeit vom 1. September 1988 bis 31. Juli 1997 bei uns als Erzieherin beschäftigt.

Das einfache Zeugnis darf keine Bewertung von Leistung und Führung enthalten.

Ein qualifiziertes Zeugnis enthält zunächst wie das einfache Zeugnis eine Tätigkeitsbeschreibung. Darüber hinaus muß es eine Beurteilung von Führung und Leistung vornehmen. Im Zeugnis der Frau Mohr könnte es dann **beispielsweise** weiter heißen:

Sie erledigte alle ihr übertragenen Aufgaben zu unserer vollen Zufriedenheit. Bei ihren Kolleginnen und Kollegen war sie wegen ihrer Hilfsbereitschaft und wegen ihres freundlichen Wesens sehr geschätzt. Ihr Verhalten gegenüber den Vorgesetzten war stets einwandfrei.

Welchen Inhalt muß ein vollständiges „qualifiziertes" Zeugnis haben?

- Vor- und Zuname des Arbeitnehmers, Geburtsdatum, Geburtsort, Daten des Beginns und des Endes des Arbeitsverhältnisses, Berufsbezeichnung oder Bezeichnung der betrieblichen Funktion. Diese Angaben sind meist in einem Einleitungssatz zusammengefaßt, der den Arbeitnehmer vorstellt.
- Genaue und vollständige Tätigkeitsbeschreibung einschließlich der beruflichen Veränderung und Entwicklung im Betrieb.
- Eine Bewertung der Leistung und der Führung des Arbeitnehmers, wobei unter letzterer das Sozialverhalten des Arbeitnehmers im Betrieb zu verstehen ist.
- Einen Schlußsatz, der einen Hinweis auf die Form des Ausscheidens und – soweit für den Arbeitnehmer positiv – den Grund des Ausscheidens enthält.

Beispiel: Frau Marion Mohr, geboren am 24. Juni 1960, war vom 1. September 1988 bis 31. Juli 1997 bei uns als Erzieherin im Nibelungen-Kindergarten beschäftigt. Sie erledigte alle ihr übertragenen Arbeiten zu unserer vollen Zufriedenheit. Bei ihren Kolleginnen war sie wegen ihrer Hilfsbereitschaft und wegen ihres freundlichen Wesens sehr geschätzt. Ihr Verhalten gegenüber den Vorgesetzten war stets einwandfrei.
Frau Mohr verläßt uns auf eigenen Wunsch. Für ihre berufliche Zukunft wünschen wir ihr alles Gute.

Auf die Beachtung welcher Formalien habe ich bei einem Zeugnis Anspruch?

Das Zeugnis muß auf einem Briefbogen des Arbeitgebers sauber und fehlerfrei geschrieben sein.

Es müssen Ausstellungsort und -datum angegeben sein. Das Zeugnis muß die Unterschrift des Arbeitgebers oder einer hierfür vom Arbeitgeber beauftragten Person tragen.

Wann kann ein Arbeitnehmer die Ausstellung eines Zeugnisses verlangen?

Es ist zwischen einem Endzeugnis und einem Zwischenzeugnis zu unterscheiden.

Ein Endzeugnis muß der Arbeitgeber auf Verlangen des Arbeitnehmers bei Beendigung des Arbeitsverhältnisses ausstellen. Dabei kommt es auf die tatsächliche Beendigung an.

In einem ungekündigten Arbeitsverhältnis hat der Arbeitnehmer nur bei einem berechtigten Interesse Anspruch auf ein Zeugnis (Zwischenzeugnis).

Als berechtigtes Interesse werden drei Fälle anerkannt:

- Der Arbeitnehmer will sich bewerben.
- Der Arbeitnehmer benötigt das Zwischenzeugnis für die Teilnahme an einer Fortbildungsmaßnahme.
- Dem Arbeitnehmer wird eine gänzlich andere Arbeitsaufgabe übertragen, oder die für die Beurteilung zuständige Person wechselt.

2. Gebräuchliche Formulierungen, Zeugniswahrheit

Kann sich der Arbeitgeber mit einer globalen Beschreibung der Tätigkeit im Zeugnis benügen?

Die Tätigkeitsbeschreibung muß vollständig, genau und so ausführlich sein, daß sich ein unbeteiligter, aber fachkundiger „Dritter", insbesondere ein zukünftiger Arbeitgeber, ein zutreffendes klares Bild von der Gesamtheit des Arbeitnehmers machen kann.

Hat ein Arbeitnehmer im Laufe seines Arbeitsverhältnisses mehrere unterschiedliche Tätigkeiten ausgeübt, müssen diese – und nicht nur die zuletzt ausgeübte Tätigkeit – erwähnt werden.

Gibt es Zeugnisformulierungen, die allgemein als Benotung innerhalb einer Notenskala angesehen werden?

Bei bestimmten Formulierungen besteht im Arbeitsleben weitgehend Übereinstimmung, daß sie einer Note innerhalb einer Notenskala zugeordnet werden können.

Herr/Frau ... (Name des Arbeitnehmers) hat die ihr/ihm übertragenen Aufgaben

- stets zu unserer vollsten Zufriedenheit erledigt: 1
- zu unserer vollsten Zufriedenheit erleidigt: 1–2
- stets zu unserer vollen Zufriedenheit erledigt: 2
- zu unserer vollen Zufriedenheit erledigt: 3
- stets zu unserer Zufriedenheit erledigt: 3–4
- zu unserer Zufriedenheit erledigt: 4
- hat sich stets bemüht, die übertragenen Aufgaben zu unserer Zufriedenheit zu erledigen: 5
- hat sich bemüht, die übertragenen Aufgaben zu unserer Zufriedenheit zu erledigen: 6

Es gibt aber auch andere Formulierungen.

Die Frage, ob ein Arbeitnehmer bei entsprechenden hervorragenden Leistungen eine Bestätigung verlangen kann, daß er seine Aufgaben „zur vollsten Zufriedenheit" erfüllt hat, beantworten die Arbeitsgerichte unterschiedlich. Manche lehnen dies ab, weil es sprachlich eine Steigerung über „voll" hinaus zu „vollst" nicht gebe.

Ist ein Arbeitgeber gezwungen, sich bei der Beurteilung der Leistung im Zeugnis an gebräuchliche Formulierungen zu halten?

Den Wortlaut eines Zeugnisses zu formulieren, ist Sache des Arbeitgebers. Er muß jedoch beachten, daß mit bestimmten Formulierungen in einem Zeugnis abweichend vom sonstigen Sprachgebrauch negative Bewertungen verbunden sind. Dies gilt insbesondere für Formulierungen, die dem Arbeitnehmer bescheinigen, daß er sich bemüht hat. Nicht nur bei den oben wiedergegebenen Standardbeurteilungen, auch sonst (hat sich bemüht, einen guten Kontakt zu den Kindern herzustellen) wird damit im Zeugnis schlechtes Leistungsergebnis zum Ausdruck gebracht.

Müssen in einem Zeugnis besondere Eigenschaften und Fähigkeiten hervorgehoben werden?

Werden in einem Zeugnis Eigenschaften oder Fähigkeiten nicht erwähnt, die für die Aufgabenerledigung wesentlich sind, wird damit dem Leser bedeutet, daß diese Eigenschaften und Fähigkeiten nicht vorhanden sind.

Ein bekanntes Beispiel ist das Fehlen eines Hinweises auf die Ehrlichkeit oder Vertrauenswürdigkeit einer Kassiererin. Das bedeutet, ohne es direkt auszudrücken, daß ihre Arbeit an der Kasse nicht korrekt war.

Aber auch sonst kann ein Zeugnis durch das Fehlen wesentlicher Eigenschaften oder auch durch die Betonung bestimmter Qualitäten entwertet sein.

> **Beispiel:** Frau Sieglinde Frisch, geb. am 21. April 1950 in Bergen, trat am 5. September 1980 bei uns als Sekretärin ein.
> Zu ihren Aufgaben gehörten alle anfallenden Sekretariatsaufgaben wie:
>
> Frau Frisch erledigte die ihr übertragenen Aufgaben zu unserer Zufriedenheit. Ihre Einsatzbereitschaft war lobenswert und zeigte sich ganz besonders dann, wenn sie anspruchsvolle und vielschichtige Tätigkeiten wahrzunehmen hatte.

Hier wird innerhalb einer insgesamt positiven Beurteilung eine besondere Eigenschaft hervorgehoben, die möglicherweise Frau Frisch schmeichelt, die aber manchen Personalchef davon abhalten wird, Frau Frisch einzustellen. Aus der Erwähnung der „Steigerung" der Einsatzbereitschaft bei anspruchsvollen und vielschichtigen Tätigkeiten im Zeugnis muß geschlossen werden, daß die einfacheren Tätigkeiten, die ja ganz wesentlich zum Tätigkeitsbild einer Sekretärin gehören, nicht die gleiche Gegenliebe bei Frau Frisch fanden.

Was bedeutet der Grundsatz, daß ein Zeugnis wahr und wohlwollend sein muß?

Hat ein Arbeitnehmer bei seiner Arbeit schwerwiegende Mängel gezeigt, so soll dies auch im Zeugnis zum Ausdruck kommen.

Die Würdigung der Leistung und des Verhaltens des Arbeitnehmers muß zwar die eines verständigen und wohlwollenden Arbeitgebers sein. Dies bedeutet aber nicht, daß ungünstige Umstände, Eigenschaften und Verhaltensweisen nicht im Zeugnis ihren Niederschlag finden dürfen. Im Gegenteil: Vorrang hat der Grundsatz, daß das Zeugnis dem Leser ein wahrheitsgetreues Bild vermitteln muß.

Zum Grundsatz der Zeugniswahrheit gehört auch, daß Vorfälle, die für die Leistung und Führung des Arbeitnehmers während der Zeit seiner Beschäftigung nicht charakteristisch sind, bei der Beurteilung unberücksichtigt bleiben.

Was kann ich tun, wenn mir der Arbeitgeber die Ausstellung eines Zeungisses verweigert oder mir ein unrichtiges Zeugnis erteilt?

Ein qualifiziertes Zeugnis muß der Arbeitgeber Ihnen nur ausstellen, wenn Sie es verlangen. Haben Sie allerdings ein qualifiziertes Zeugnis vergeblich verlangt, können Sie Ihren Anspruch auf ein Zeugnis beim Arbeitsgericht einklagen.

Auch die Berichtigung oder Ergänzung des Zeugnisses kann in einem Verfahren vor dem Arbeitsgericht durchgesetzt werden. In dem gestellten Antrag müssen Sie genau angeben, welche Passagen des Zeugnisses Sie geändert haben wollen und welche Formulierungen an die Stelle der vom Arbeitgeber gewählten treten sollen. Läßt sich eine „punktuelle“ Änderung wegen des Gesamtzusammenhangs nicht durchführen, muß Ihr Antrag ein vollständig neu formuliertes Zeugnis enthalten.

XVI. Wie ich meine Rechte wahren kann

1. Was zu tun ist, damit Ansprüche nicht aus formalen Gründen verloren gehen

„Wer zu spät kommt, den bestraft das Leben.“ Dieser Satz hat auch im Bereich des Arbeitsrechts eine erhebliche Bedeutung. Es kann Ihnen – auch wenn Ihre Rechtsposition ansonsten noch so günstig ist – passieren, daß Sie leer ausgehen, weil Sie sich nicht zeitnah um die Verwirklichung Ihrer Ansprüche gekümmert haben.

Welche Fristen muß ich beachten?

Beispiel: Gisela Blomeyer ist seit zwei Jahren bei der Firma Geigerplast (200 Arbeitnehmer) als Buchhalterin beschäftigt. Mehrmals gab es Meinungsverschiedenheiten mit der Geschäftsführerin über die Richtigkeit von Buchungen. Am 22. Februar erhält Frau Blomeyer eine fristgerechte Kündigung zum 30. Juni. Noch am selben Tag läßt sie sich bei der Geschäftsführerin einen Termin geben und versucht, die Mißverständnisse, die zur Kündigung geführt haben, aufzuklären. Sie hat den Eindruck, daß das Gespräch gut verlaufen ist, und erwartet, daß die Kündigung zurückgenommen wird. Als sich nach zwei Wochen diese Erwartung nicht erfüllt hat. bespricht sie sich mit ihrem Lebensgefährten, der ihr rät, es noch einmal „gütlich“ zu versuchen. Sie schreibt daher am 10. März an die Geschäftsführerin einen Brief mit dem Inhalt, daß sie mit der Kündigung nicht einverstanden sei und bitte, die „Entscheidung noch einmal zu überprüfen“. Erst am 17. März – eine Reaktion der Firma war ausgeblieben – geht sie zum Rechtsanwalt und bittet diesen, die Kündigung gerichtlich überprüfen zu lassen. – Was wird ihr der konsultierte Rechtsanwalt sagen?

Er wird ihr die unangenehme Mitteilung machen, daß sie aus formalen Gründen keinerlei Erfolgsaussicht hat. Bei **Kün-**

digungen muß nämlich, wenn das Kündigungsschutzgesetz anwendbar ist, innerhalb von drei Wochen nach Zugang der Kündigung **Kündigungsschutzklage** erhoben werden. Der Brief von Frau Blomeyer vom 10. März, in dem sie gegen die Kündigung protestiert hat, wahrt die Frist nicht.

Für wiederkehrende Ansprüche aus dem Arbeitsverhältnis, das sind in erster Linie Ansprüche auf **Arbeitsentgelt**, gilt die zweijährige **Verjährungsfrist**. Sie beginnt am 1. Januar des auf das Jahr der Fälligkeit folgenden Jahres.

Beispiel: Martina Ertl ist seit Januar 1993 Verkäuferin und Kassiererin bei der Einkaufsmarkt GmbH in der Nähe von Augsburg. In den ersten drei Jahren des Arbeitsverhältnisses hat sie ein Gehalt erhalten, das 100 DM unter dem Tarifgehalt lag, obwohl im Arbeitsvertrag die Anwendbarkeit des Gehaltstarifvertrags vereinbart war. Im August 1995 monierte sie dies erstmals in einem Schreiben an die Geschäftsleitung. Ab Januar 1996 erhielt sie den vollen Tariflohn. Ihre Restansprüche aus den früheren Jahren ließ sie zunächst auf sich beruhen. Am 11. Februar kündigt ihr das Einkaufszentrum fristgemäß zum 31. März 1997. Frau Ertl ist verärgert und will jetzt nicht nur gegen die Kündigung vorgehen, sondern auch die Gehaltsdifferenzen aus der Zeit vom 1. Januar 1993 bis 31. Dezember 1995 einklagen. – Wird Frau Ertl Erfolg haben?

Nur zum Teil: Die Gehaltsansprüche aus dem Jahr 1993 waren am 1. Januar 1996 verjährt, die Gehaltsansprüche aus dem Jahr 1994 waren am 1. Januar 1997 verjährt. Die Verjährungsfrist für die Ansprüche aus dem Jahr 1995 schließlich begann am 1. Januar 1996 und endet erst am 31. Dezember 1997. Diese Ansprüche können daher von Frau Ertl noch eingeklagt werden.

WICHTIG: *Nur eine Klage oder der Erlaß eines gerichtlichen Mahnbescheids – nicht etwa ein Schreiben, mit dem Sie den Arbeitgeber zur Zahlung auffordern – unterbricht die Verjährungsfrist.*

In vielen Fällen sind aber wesentlich kürzere Fristen einzuhalten. Das ist immer dann der Fall, wenn ein **Tarifvertrag** gilt, der eine sogenannte **Verfallfrist** – auch **Ausschlußfrist** genannt – enthält.

Beispiel: Frau Ertl kündigt selbst zum 31. März 1997. Mitte Juli 1997 fällt ihr ein, daß ihr noch Restgehaltsansprüche gegen das Einkaufszentrum zustehen. – Wird eine Klage Erfolg haben?

Nein. Frau Ertl geht leer aus. Ihre Ansprüche aus dem Jahr 1995 sind zwar nicht verjährt, aber nach dem Manteltarifvertrag für den Einzelhandel in Bayern (wir nehmen an, daß er auf das Arbeitsverhältnis Anwendung findet) verfallen. Dieser Tarifvertrag sieht in § 24 zunächst für einige näher bestimmte Anspruchsarten (Bezahlung von Mehrarbeit, Nachtarbeit, Urlaub) besondere Fristen für die Geltendmachung vor. Anschließend heißt es dann – und das ist für unseren Fall wichtig –:

> „Alle übrigen aus dem Tarifvertrag und dem Arbeitsverhältnis entstandenen gegenseitigen Ansprüche sind spätestens innerhalb von drei Monaten nach Beendigung des Arbeitsverhältnisses geltend zu machen..."

Unter diese Klausel fallen auch die Ansprüche von Frau Ertl. Sie hätten daher innerhalb von drei Monaten nach der Beendigung des Arbeitsverhältnisses geltend gemacht werden müssen.

WICHTIG: *Sieht der Tarifvertrag lediglich vor, daß Ansprüche „geltend gemacht" werden müssen, genügt eine mündliche Geltendmachung. Aber schon aus Beweisgründen ist zu empfehlen, sich der Mühe zu unterziehen, die Forderung in einem Schreiben gegenüber dem Arbeitgeber zum Ausdruck zu bringen. Viele Tarifverträge sehen schriftliche, teilweise auch klageweise Geltendmachung vor.*

Zur Geltendmachung gehört auch, daß Sie dem Arbeitgeber mitteilen, um welchen Anspruch es sich handelt (Weihnachtsgeld, Provision etc.) und wie hoch der geforderte Betrag ist. Ist eine gerichtliche Geltendmachung im Tarifvertrag nicht verlangt, würden zur Geltendmachung etwa folgende Zeilen genügen:

> An die
> Firma Einkaufsmarkt GmbH
>
> Sehr geehrte Damen und Herren,
> für die Monate Oktober, November und Dezember 1997 haben Sie mir die vereinbarte Leistungszulage von je 175 DM brutto nicht mehr bezahlt. Ich fordere Sie hiermit auf, diese Beträge nachzuzahlen.
>
> Hochachtungsvoll

Welche Form der Übermittlung von Forderungs- bzw. Geltendmachungsschreiben ist zweckmäßig?

Wenig empfehlenswert ist der mit der Post geschickte einfache Brief, weil Sie im Streitfall den Zugang praktisch nicht beweisen können. Selbst wenn Sie einen Zeugen haben, der bestätigen kann, daß Sie den Brief an einem bestimmten Tag in den Briefkasten geworfen haben, haben Sie damit nicht den Beweis des **Zugangs beim Adressaten** – und nur darauf kommt es an – geführt. Auch das Sendeprotokoll eines Faxschreibens gibt Ihnen keinerlei Beweismittel dafür in die Hand, daß Ihr Schreiben dem Empfänger tatsächlich zugegangen ist.

Entgegen einer weitverbreiteten Meinung ist auch die Übermittlung mit Einschreiben nicht gerade zweckmäßig. Kommt es auf die Einhaltung einer bestimmten Frist an, kann diese Übermittlungsform zusätzliche Probleme schaffen. Der Zugang ist nämlich nicht bereits mit dem Einwurf des Benachrichtigungsscheins der Post in den Briefkasten des Empfängers eingetreten, sondern erst, wenn der Empfänger das Einschreiben abholt. Sicher – aber auch etwas umständlich – ist die Übermittlung, wenn Sie Ihr Schreiben in Anwesenheit eines Boten in den Umschlag stecken und der Bote diesen Umschlag dann persönlich in den Briefkasten des Empfängers einwirft.

Wie kann ich mich über die tariflichen Verfallfristen informieren?

Während die in Tarifverträgen vorgesehenen Leistung unter Arbeitnehmern im allgemeinen bekannt sind, ist dies bei den tariflichen Verfallfristen nicht der Fall. Wie erfahren Sie nun, welcher Tarifvertrag gilt und ob er eine solche tückische Vorschrift einer Verfallfrist enthält?

Zunächst müssen Sie feststellen, ob der einschlägige Tarifvertrag auf Ihr Arbeitsverhältnis Anwendung findet. Das ist der Fall,

- wenn Sie Gewerkschaftsmitglied sind **und** Ihr Arbeitgeber Mitglied des Arbeitgeberverbands ist, der den Tarifvertrag auf Arbeitgeberseite abgeschlossen hat, oder
- in Ihrem Arbeitsvertrag eine Bestimmung enthalten ist, die den Tarifvertrag für anwendbar erklärt, oder
- wenn der Tarifvertrag allgemeinverbindlich ist.

Wie kann ich mir einen Tarifvertrag besorgen oder sonst in Erfahrung bringen, ob es eine für mich gefährliche Verfallfrist gibt? Einfach ist es, wenn Sie in einer Gewerkschaft Mitglied sind. Dann wird man Ihnen ohne weiteres ein Exemplar des für Sie einschlägigen Tarifvertrages zukommen lassen. Schwieriger wird es, wenn Sie nicht organisiert sind. Das Tarifvertragsgesetz gibt Ihnen hier das Recht, bei Ihrem Arbeitgeber Einsicht in den für Sie in Betracht kommenden Tarifvertrag zu nehmen. (§ 8 Tarifvertragsgesetz: „Die Arbeitgeber sind verpflichtet, die für ihren Betrieb maßgebenden Tarifverträge an geeigneter Stelle im Betrieb auszulegen.“)

Diese Verpflichtung gilt allerdings nur für tarifgebundene Arbeitgeber, d. h. für Arbeitgeber, die Mitglieder der tarifvertragsschließenden Verbände sind und für solche Betriebe, die in den

Geltungsbereich eines allgemeinverbindlichen Tarifvertrags fallen. Wenn diese Voraussetzungen nicht erfüllt sind, haben Sie kein durchsetzbares Recht, von Ihrem Arbeitgeber den Wortlaut des Tarifvertrags zu erfahren. Was können Sie also tun?

WICHTIG: *Sie können bei den Verbänden, die den Tarifvertrag abgeschlossen haben, ein Exemplar gegen Kostenerstattung anfordern. Eine gesetzliche Verpflichtung zur Übersendung besteht für die Verbände allerdings nur, wenn der Tarifvertrag allgemeinverbindlich ist.*

Wie kann ich in Erfahrung bringen, ob der für meinen Betrieb maßgebliche Tarifvertrag allgemeinverbindlich ist? Hier empfiehlt sich ein Anruf oder eine Anfrage bei dem für Ihr Bundesland zuständigen Arbeitsministerium bzw. Senator für Arbeit. Dort weiß man über den aktuellen Stand der Allgemeinverbindlicherklärungen Bescheid.

2. Die Beratung bei arbeitsrechtlichen Problemen

Welche Bedeutung hat meine Gewerkschaftsmitgliedschaft, wenn ich mich wegen eines arbeitsrechtlichen Problems beraten lassen möchte?

Wenn Sie Gewerkschaftsmitglied sind, haben Sie Anspruch auf Rechtshilfe, die auch die Beratung und Auskunftserteilung in arbeitsrechtlichen Angelegenheiten umfaßt. Die Gewerkschaften bzw. die Dachverbände der Gewerkschaften (z. B. der DGB) beschäftigen für diese Dienstleistung qualifizierte Gewerkschaftssekretäre.

Wie finde ich einen für das Arbeitsrecht geeigneten Anwalt?

Wenn Sie nicht Mitglied einer Gewerkschaft sind, ist der Gang zum Rechtsanwalt naheliegend. Wie komme ich nun an den richtigen Rechtsanwalt? Einige Rechtsanwälte beschäftigen sich schwerpunktmäßig mit Arbeitsrecht. Diese finden Sie allerdings nur durch Zufallsempfehlungen von Freunden, Bekannten und Kollegen. Bisweilen ist es auch nützlich, sich wegen dieser Frage an Ihren Betriebsrat zu wenden. Seit einigen Jahren gibt es im übrigen den „Fachanwalt für Arbeitsrecht". Da die Führung dieser Bezeichnung nur bei Nachweis entsprechender Kenntnisse durch die Rechtsanwaltskammer gestattet wird, haben Sie insoweit eine gewisse Auswahlhilfe.

Was für Hilfen erhalte ich bei der Rechtsantragsstelle eines Arbeitsgerichts?

Die Arbeitsgerichte unterhalten sog. Rechtsantragsstellen, die Arbeitnehmern (ggf. auch Arbeitgebern) in verschiedener Weise Hilfen anbieten:

- Sie erhalten Auskünfte aus Gesetzen und Tarifverträgen.
- Sie können Klagen und Anträge zu Protokoll erklären. Die Mitarbeiter der Rechtsantragsstelle sind Ihnen bei der Formulierung behilflich.
- Rechtsverbindliche Auskünfte können jedoch nicht erteilt werden.

Zusammenfassend kann man sagen, daß die Rechtsantragsstelle Ihnen Unterstützung und Information geben, nicht aber eine umfassende rechtliche Beratung zukommen lassen kann. Die Rechtsantragsstellen sind auch nicht befugt, Empfehlungen bezüglich arbeitsrechtlich qualifizierter Anwälte zu erteilen.

Darf der Betriebsrat mich arbeitsrechtlich beraten?

Der Betriebsrat darf aus rechtlichen Gründen keine Rechtsberatung durchführen. Dies schließt aber nicht aus, daß er Ihnen für Ihren Fall wichtige Informationen und Hinweise geben kann. So erfahren Sie dort z. B. aus erster Hand, ob er vor der Kündigung ordnungsgemäß gehört worden ist. Aufgrund seiner Kenntnis der internen betrieblichen Vorgänge kann er Ihnen ggf. auch darüber Auskunft geben, ob die Kündigung etwa durch eine Versetzung auf einen freien Arbeitsplatz hätte vermieden werden können oder ob sozial weniger schutzwürdige Arbeitnehmer weiterbeschäftigt werden; Gesichtspunkte, die für die Erfolgsaussichten eines beabsichtigten Kündigungsschutzverfahrens von ganz entscheidender Bedeutung sein können.

3. Prozeßaussichten realistisch einschätzen

Wie kann ich die Rechtslage in meinem Fall vernünftig abschätzen?

Die gerichtliche Erfahrung lehrt, daß in sehr vielen Fällen beide Parteien eines arbeitsgerichtlichen Rechtsstreits, wenn sie den Gerichtssaal betreten, fest davon überzeugt sind, daß sie im Recht sind und daher den Prozeß gewinnen werden. Daß das nicht gehen kann, sagt die Logik: Nur einer kann den Prozeß vollumfänglich gewinnen, oder es gibt einen Teilsieg, der zugleich ja auch ein Teilsieg der anderen Partei ist. Diese psychologischen Voraussetzungen tragen den Keim späterer Enttäuschung in sich. Damit Sie vor solchen unangenehmen Überraschungen und Enttäuschungen bewahrt werden, ist es sinnvoll, sich frühzeitig eine realistisches Bild über die Erfolgsaussichten zu machen, damit Sie entscheiden können, ob der mit der Durchführung eines Prozesses verbundene Aufwand an Geld, Energie, Nerven und Zeit in einem vernünftigen Verhältnis zu Ihren Erfolgsaussichten steht.

Es ist Sache der Sie beratenden Gewerkschaft bzw. des Sie beratenden Rechtsanwalts, Ihnen eine nüchterne Lagebeurteilung zu geben.

WICHTIG: *Beachten Sie, daß Ihre professionellen Berater auch bei guter Qualifikation häufig keine sicheren Voraussagen machen können, da die Gesetze für den Einzelfall nicht immer eindeutig sind und von den Gerichten eine Bewertung verlangen, die unterschiedlich ausfallen kann. (Lesen Sie hierzu auch den Abschnitt über das „Richterrecht“ im 2. Kapitel, S. 26ff.)*

Welche Bedeutung hat die sog. Beweislage für meine Erfolgsaussichten im Prozeß?

„Recht haben" und „Recht bekommen" sind zwei unterschiedliche Dinge. Das hängt damit zusammen, daß es nicht immer gelingt, das Recht oder genauer – die Tatsachen, aus denen sich das Recht ergibt – auch zu beweisen. Wer im Rechtsstreit was zu beweisen hat, richtet sich nach bestimmten Regeln. Wenn nichts anderes durch Gesetz festgelegt ist, muß derjenige, der einen Anspruch geltend macht, die **anspruchsbegründenden** Tatsachen beweisen, sofern der Prozeßgegner diese Tatsachen bestreitet.

> **Beispiel:** Karin Heine ist als Apothekenhelferin in der Sana-Apotheke in Dortmund beschäftigt. Bei der Einstellung wurde ihr von ihrem Chef mündlich zugesagt, sie erhalte jeweils im Dezember eines jeden Jahres eine Sonderzahlung in Höhe eines Monatsgehalts. Das Gespräch fand unter vier Augen statt. Als Frau Heine Ende Dezember feststellt, daß eine Sonderzahlung nicht erfolgt ist, erinnert sie ihren Chef an seine Zusage. Dieser streitet ab, eine solche Zusage gegeben zu haben. „An eine solche Zusage kann ich mich beim besten Willen nicht erinnern." – Frau Heine will wissen, wie ihre Aussichten sind, die Sonderzahlung erfolgreich einzuklagen. Sie ist sich ihrer Sache ganz sicher, weil sie die Worte des Chefs noch wörtlich im Ohr hat.

Frau Heine hat schlechte Karten, weil sie keine Zeugen für die behauptete Zusage anbieten kann. Das Gericht kann zwar auf ihren Antrag hin als letztes Mittel zur Aufklärung des Sachverhalts auch ihren Chef vernehmen. Aber es gehört nicht viel Phantasie dazu, sich vorzustellen, was dieser bei Gericht zu Protokoll geben wird.

> **WICHTIG:** *Das beste Beweismittel bei einer arbeitsgerichtlichen Auseinandersetzung ist nach wie vor ein Schriftstück, in dem der Arbeitgeber Ihnen das bestätigt, was Sie im Prozeß beweisen müssen.*

Hätte Frau Heine einen schriftlichen Vertrag oder eine schriftliche Bestätigung in Händen, in der ihr die Sonderzahlung zugesagt worden ist, wäre es ihr ohne weiteres möglich, den Beweis zu führen und den Prozeß zu gewinnen.

Für den **Kündigungsschutzprozeß** ist gesetzlich festgelegt, daß der Arbeitgeber die Kündigungsgründe darlegen und beweisen muß.

Beispiel: Willi Löw ist Fernfahrer bei einer Spedition in Kassel. Er ist arbeitsunfähig krank und hat auch eine Arbeitsunfähigkeitsbescheinigung bei seinem Arbeitgeber vorgelegt. Ein Kollege trifft ihn in der Stadt beim Einkaufen und teilt dies dem Arbeitgeber mit. Der Arbeitgeber kündigt Herrn Löw fristgemäß. Im Kündigungsprozeß beruft er sich zur Begründung seiner Kündigung darauf, Herr Löw sei entgegen der vorgelegten Arbeitsunfähigkeitsbescheinigung nicht krank gewesen und daher unberechtigt der Arbeit ferngeblieben. – Welche Chancen hat der Arbeitgeber, den Prozeß zu gewinnen?

Die Erfolgsaussichten des Arbeitgebers sind nicht sehr günstig. Er muß nämlich beweisen, daß Herr Löw trotz der vorgelegten Arbeitsunfähigkeitsbescheinigung nicht arbeitsunfähig war. Dazu müßte er zunächst Tatsachen vortragen, die es plausibel machen, daß Herr Löw nicht krank war. Schon daran fehlt es hier: Nicht bei jeder Erkrankung ist ein Einkaufsgang ein Hinweis darauf, daß es an einer Erkrankung fehlt. Dem Arbeitgeber bleibt nur die Möglichkeit, den Arzt von Herrn Löw durch das Gericht befragen zu lassen. Die Chance, daß der Arzt im Prozeß seine von ihm ausgestellte Arbeitsunfähigkeitsbescheinigung im nachhinein als unzutreffend bezeichnet, sind aber wohl gering. Gefährlich für Herrn Löw wird es allenfalls dann, wenn sich aus der Äußerung des Arztes ergibt, daß Herr Löw mit dem Einkaufsgang einer ärztlichen Verhaltensanweisung nicht entsprochen hat.

Häufig wird der Arbeitgeber in einem Prozeß Zeugen anbieten können, die aufgrund ihrer arbeitsvertraglichen Stellung seine Interessen vertreten, z. B. den Personalleiter, der eine Abmahnung ausgesprochen haben soll. Ein solcher Zeuge ist in doppelter Weise innerlich gebunden. Aufgrund seines Arbeitsvertrags ist er vom Arbeitgeber abhängig. Andererseits war er möglicherweise an dem Konflikt, der zur Kündigung oder zum Streit geführt hat, selbst beteiligt.

> **WICHTIG:** *Entgegen einer weit verbreiteten Meinung kann der Arbeitgeber im Prozeß vor dem Arbeitsgericht auch Vorgesetzte des klagenden Arbeitnehmers als Zeugen anbieten.*

Ebenso wie die Beurteilung der Rechtslage ist auch die Einschätzung der Beweismöglichkeiten Sache Ihres Prozeßvertreters. Falls Ihr Prozeßvertreter diese Dinge nicht von sich aus anspricht, sollten Sie diese Punkte auf jeden Fall zur Sprache bringen. Nur so können Sie unter Berücksichtigung der auf Sie zukommenden Kosten eine vernünftige Entscheidung fällen, ob Sie den Prozeß führen wollen.

4. Das Kostenrisiko bei Durchführung eines arbeitsgerichtlichen Verfahrens

Wer muß beim Arbeitsgericht die Verfahrenskosten übernehmen?

Wenn ein Rechtsstreit beim Arbeitsgericht durch ein Urteil beendet wird, so wird in diesem Urteil nicht nur über die Sache selbst, sondern auch darüber entschieden, wer die Kosten des Verfahrens zu tragen hat.

> **Beispiel:** Sie haben einen Kündigungsrechtsstreit geführt und in vollem Umfang obsiegt. Das Urteil lautet dann ungefähr wie folgt:
>
> 1. Es wird festgestellt, daß das Arbeitsverhältnis durch die Kündigung nicht aufgelöst worden ist.

2. Die beklagte Partei trägt die Kosten des Rechtsstreits.
3. Der Streitwert wird auf 12.000 DM festgesetzt.

In diesem Fall muß Ihr Arbeitgeber als „unterliegende Partei" die Kosten des Verfahrens tragen.

Angenommen Sie haben den Prozeß verloren, dann lautet das Urteil so:

1. Die Klage wird abgewiesen.
2. Der Kläger trägt die Kosten des Rechtsstreits.
3. Der Streitwert wird auf 12.000 DM festgesetzt.

In diesem Fall sind Sie die unterliegende Partei. Die Verfahrenskosten müssen daher von Ihnen übernommen werden.

Was versteht man unter Verfahrenskosten?

Zu den Verfahrenskosten gehören die Gerichtsgebühren und die gerichtlichen Auslagen (z. B. Postgebühren, Zeugenentschädigungen usw.). Außerdem werden hierzu die der „obsiegenden Partei" entstandenen Kosten (z. B. Anwaltskosten) gezählt. Davon gibt es im Verfahren vor dem Arbeitsgericht (also erste Instanz) eine sehr wesentliche Ausnahme:

WICHTIG: *Die Partei, die den Prozeß gewonnen hat, hat im arbeitsgerichtlichen Verfahren keinen Anspruch gegen die andere Partei auf eine Entschädigung wegen Zeitversäumnis (z. B. Verdienstausfall) und auf Erstattung der Kosten für die Zuziehung eines Prozeßbevollmächtigten (also der Anwaltskosten).*

Obwohl im ersten unserer beiden Beispiele der Arbeitnehmer gewonnen hat und der Arbeitgeber dazu verurteilt wurde, die Kosten des Verfahrens zu tragen, muß der Arbeitnehmer seine Anwaltskosten selber tragen. Umgekehrt kann der Arbeitnehmer im zweiten Beispielsfall vom Arbeitgeber nicht für dessen Anwaltskosten in Anspruch genommen werden, obwohl er den Prozeß verloren hat.

WICHTIG: *Bei Verfahren vor dem Landesarbeitsgericht (zweite Instanz) und dem Bundesarbeitsgericht (dritte Instanz) gilt diese Regel nicht. Wenn Sie also in Berufung oder Revision gehen, müssen Sie, wenn Sie verlieren, der Gegenseite auch die Anwaltskosten erstatten (und umgekehrt).*

Was versteht man unter einem Streitwert und welche Folgen ergeben sich aus seiner Festsetzung im Urteil?

Zunächst zu den Folgen der Streitwertfestsetzung: Der Streitwert eines Verfahrens hat wesentlichen Einfluß auf die Höhe der Rechtsanwaltsgebühren wie auch auf die Höhe der Gerichtsgebühren. Unter **Streitwert** versteht man den wirtschaftlichen Wert, um den im Verfahren gestritten wird. Wenn sich dieser Wert bereits aus dem Klageantrag ergibt, bereitet die Festsetzung des Streitwerts keine Schwierigkeiten: In diesem Fall wird der Streitwert vom Gericht in Höhe des eingeklagten Betrags festgesetzt.

Schwieriger gestaltet sich die Situation in Kündigungsschutzprozessen, wo nicht um eine bestimmte Geldsumme gestritten wird, sondern um den Fortbestand des Arbeitsverhältnisses. Dieser Streitgegenstand läßt sich nicht so einfach in einen Geldbetrag umrechnen. Nicht zuletzt, um Arbeitnehmer nicht durch zu hohe Verfahrenskosten abzuschrecken, hat der Gesetzgeber hier eine Regel- und Obergrenze dahingehend vorgegeben, daß der Streitwert eines Kündigungsschutzverfahrens regelmäßig mit dem Betrag des für die **Dauer eines Vierteljahres zu leistenden Arbeitsentgelts** zu bewerten ist. Von diesem Betrag wird allenfalls bei sehr kurzen Arbeitsverhältnissen nach unten hin abgewichen.

Beispiel: Bruno Fiedler war insgesamt viereinhalb Jahre bei einer Fotoagentur als Akquisiteur zu einer monatlichen Bruttovergütung von durchschnittliche 6.500 DM brutto beschäftigt. Er wird gekündigt. Streitwert des Kündigungsrechtsstreits?

Wenn man von einmal jährlichen Einmalzahlungen wie 13. Monatsgehalt sowie Urlaubsgeld absieht, die ggf. anteilig zu berücksichtigen sind, beträgt der Streitwert 19.500 DM.

Mit welchen Rechtsanwaltskosten muß ich rechnen?

Welche Kosten Ihnen der Rechtsanwalt in Rechnung stellen darf, ist in einem Gesetz, nämlich der Bundesrechtsanwaltsgebührenordnung (abgek. BRAGO) im einzelnen festgelegt. Aus diesem Gesetz ergibt sich, daß die Bezahlung eines Rechtsanwalts für seine Tätigkeit im Rahmen eines gerichtlichen Verfahrens nicht von der geleisteten Arbeit oder den von ihm aufgewendeten Volumen an Arbeitsstunden abhängt. Entscheidend ist vielmehr die Zahl der Gebühren, die anfallen, und die Höhe des Streitwerts, aus der sich jeweils eine Gebühr errechnet. Insgesamt gibt es vier Gebühren, die der Rechtsanwalt im Verfahren vor dem Arbeitsgericht verdienen kann:

- Die Prozeßgebühr. Diese Gebühr bekommt er dafür, daß er den Prozeß führt.
- Eine Verhandlungsgebühr oder eine Erörterungsgebühr. Um diese Gebühr zu verdienen, muß der Anwalt die Sache entweder in Streitverhandlung oder in einer Güteverhandlung vertreten haben. Auf die Zahl der Verhandlungen kommt es nicht an. Auch wenn in dem konkreten Rechtsstreit aus welchen Gründen immer fünf Verhandlungen stattgefunden haben, kann der Anwalt die Verhandlungsgebühr nur einmal verlangen.
- Die Beweisgebühr. Diese Gebühr fällt an, wenn in dem Gerichtsverfahren über einen oder mehrere Punkte Beweis erhoben wurde, z. B. durch Einvernahme von Zeugen oder die Einholung eines Sachverständigengutachtens.
- Die Vergleichsgebühr. Diese Gebühr erhält der Anwalt, wenn er am Abschluß eines Vergleichs mitwirkt.

Um eine Vorstellung von der finanziellen Größenordnung des mit der Beauftragung eines Anwalts im arbeitsgerichtlichen Verfahren verbundenen Kostenrisikos zu bekommen, schauen wir uns einen Kündigungsrechtsstreits eines Arbeitnehmers an, der 5.000 DM brutto pro Monat verdient (Streitwert also 15.000 DM). Wir nehmen zunächst einmal an, der Rechtsstreit ist durch Urteil beendet worden, ohne daß es zu einer Beweisaufnahme gekommen ist. In diesem Fall ergibt sich folgende Gebührenrechnung:

Gebührenart		**Gebührenbetrag** nach Tabelle (alte Bundesländer)	**Gebührenbetrag** nach Tabelle (neue Bundesländer)
Prozeßgebühr	DM	805,00	644,00
Verhandlungsgebühr	DM	805,00	644,00
Auslagenpauschale	DM	40,00	40,00
Mehrwertsteuer	DM	247,50	247,40
Summe	**DM**	**1897,50**	**1527,60**

Fand eine Beweisaufnahme statt, erhöht sich der Kostenbetrag auf DM 2.823,25 bzw. DM 2.267,80. Kommt noch eine Vergleichsprotokollierung hinzu, beläuft sich die Gesamtrechnung des Anwalts auf DM 3.749,00 bzw. DM 3.008,40.

Mit welchen Gerichtskosten muß ich rechnen, wenn ich den Prozeß verliere?

Die Gerichtsgebühren sind gegenüber denjenigen bei den sonstigen Zivilgerichten geringer angesetzt. Der geringste Betrag (Streitwert unter 300 DM) liegt bei 20 DM, der höchste Betrag (Streitwert über 24.000 DM) liegt bei 1.000 DM. Dazwischen sind die Gebührenbeträge nach Streitwerthöhe gestaffelt.

Die gerichtliche Abrechnung wird in unserem Beispielsfall (Streitwert: 15.000 DM) etwa wie folgt aussehen:

Gebührenart		**Betrag**
Gerichtsgebühr	DM	600,00
Postgebühren	DM	11,00
Schreibauslagen	DM	5,00
Summe	**DM**	**616,00**

Bitte beachten Sie, daß hier der kostengünstige Fall unterstellt wird, daß keinerlei Zeugen-, Sachverständigen- oder Dolmetscherentschädigungen angefallen sind. Wenn aber Beweise erhoben oder Dolmetscher hinzugezogen wurden, können die zu zahlenden Gerichtskosten deutlich höher ausfallen.

Welche Gerichtskosten kommen auf mich zu, wenn ich einen Vergleich schließe?

Wird ein Rechtsstreit vor dem Arbeitsgericht durch einen Vergleich beendet, entfällt die **Gerichtsgebühr**. Die sonstigen Gerichtskosten werden zwischen den Parteien geteilt. Haben Sie einen Anwalt, kann dieser allerdings im Fall eines Vergleichs eine zusätzliche Gebühr verlangen, so daß sich Ihre Gesamtkosten im Fall eines Vergleichs erhöhen.

Mit welchen Kostenrisiken muß ich rechnen, wenn ich Berufung gegen ein Urteil des Arbeitsgerichts einlege?

Ein siegreiches Urteil in erster Instanz ist eine schöne Sache. Aber spätestens, wenn Sie die Berufungsschrift (so nennt man die „Klage“ gegen ein Urteil der ersten Instanz, die an das Landesarbeitsgericht gerichtet wird) des Arbeitgebers in der

Hand haben, müssen Sie sich erneut mit der Frage befassen, ob Kostenrisiko (materiell und immateriell) und Gewinnaussichten in einem vernünftigen Verhältnis zueinander stehen. Selbst wenn Sie in erster Instanz gewonnen haben, ist das keine Garantie, daß das Landesarbeitsgericht in gleicher Weise entscheidet. Ein Prozeß hat seine eigene Geschichte und so können in der zweiten Instanz Umstände und Tatsachen ins Blickfeld geraten, die in der ersten Instanz niemand beachtet hat und die nunmehr streitentscheidende Bedeutung erlangen können.

Mit der Einlegung der Berufung durch Ihren Arbeitgeber haben Sie wieder das volle Prozeßrisiko und ein gegenüber der ersten Instanz höheres Kostenrisiko. Wenn Sie in zweiter Instanz verlieren, zahlen Sie

- Gerichtskosten und gerichtliche Auslagen beider Instanzen, also sowohl des Arbeitsgerichts wie auch des Landesarbeitsgerichts;
- die Rechtsanwaltskosten der zweiten Instanz, und zwar nicht nur die eigenen, sondern auch die Kosten des Rechtsanwalts Ihres Arbeitgebers. Hinzu kommt, daß die Gebührensätze für den Anwalt in zweiter Instanz auch noch um 30% über denen der ersten Instanz liegen.

5. Übernahme der Prozeßkosten durch Dritte

Welchen Teil der Prozeßkosten übernimmt meine Gewerkschaft, wenn ich ein arbeitsgerichtliches Verfahren durchführe?

Wenn Sie Gewerkschaftsmitglied sind, übernimmt die Gewerkschaft nicht nur Ihre Prozeßvertretung, sondern zahlt auch die daneben entstehenden Prozeßkosten. Beachten Sie aber, daß die Satzungen der Gewerkschaften häufig **Wartefristen** vorsehen. Der Konflikt, der zu dem Prozeß geführt hat, darf nicht vor Ablauf dieser Wartefrist, nach der Sie sich ggf. erkundigen sollten, entstanden sein.

Kommt meine Rechtsschutzversicherung für die Kosten eines arbeitsgerichtlichen Verfahrens auf?

Auch eine Rechtsschutzversicherung schützt Sie vor dem mit einem arbeitsgerichtlichen Verfahren verbundenen Kostenrisiko. Voraussetzung ist allerdings, daß der Bereich Arbeitsrecht mitversichert ist und die auch hier regelmäßig vorgesehene Wartefrist abgelaufen ist. Bei zu häufiger Inanspruchnahme kann allerdings die Rechtsschutzversicherung den Versicherungsvertrag kündigen.

Welche Möglichkeiten bietet mir die staatliche Prozeßkostenhilfe?

Das nicht ganz unerhebliche Kostenrisiko, das – wie wir gesehen haben – mit einem arbeitsrechtlichen Rechtsstreit verbunden ist, kann dazu führen, daß eine Partei auf einen aussichtsreichen Prozeß verzichtet, weil die möglichen Kostenfolgen im Fall eines Unterliegens sie finanziell überfordern würden. Um hier Abhilfe zu schaffen, hat der Gesetzgeber die Prozeßkostenhilfe eingeführt, die dazu führt, daß dem klagenden oder verklagten Arbeitnehmer je nach Einkommens- und Vermögensverhältnissen die entstehenden Prozeßkosten (incl. Anwaltskosten) ganz erlassen werden oder daß ihm eine Ratenregelung bezüglich der Rückzahlung dieser Kosten eingeräumt wird.

> **WICHTIG:** *Bei Bewilligung von Prozeßkostenhilfe können Sie Ihren Anwalt selbst aussuchen. Ist Ihnen allerdings kein geeigneter Anwalt bekannt, können Sie das Gericht bitten, für Sie die Auswahl zu treffen.*

An welche Bedingungen ist die Gewährung von Prozeßkostenhilfe durch das Gericht geknüpft?

Prozeßkostenhilfe wird auf Antrag bewilligt, wenn

- Sie aufgrund Ihrer persönlichen und wirtschaftlichen Verhältnisse die Kosten der Prozeßführung nicht, nur zum Teil oder nur in Raten aufbringen können und

- die beabsichtigte Rechtsverfolgung (als Kläger) oder Rechtsverteidigung (als Beklagter) hinreichend Aussicht auf Erfolg bietet und nicht mutwillig erscheint.

Ob und inwieweit diese Voraussetzungen erfüllt sind, überprüft das Gericht anhand eines Formblatts, in dem Sie detaillierte Angaben zu Ihrer Einkommens- und Vermögenssituation, zu Ihren Kostenbelastungen sowie etwaigen Unterhaltspflichten machen müssen. Die Angaben sind durch entsprechende Unterlagen glaubhaft zu machen. Außerdem findet eine überschlägige Überprüfung des Klagebegehrens statt, ob nämlich eine nennenswerte Aussicht auf Erfolg Ihrer Klage besteht.

WICHTIG: *Prozeßkostenhilfe wird nur auf Antrag bewilligt. Der Antrag muß rechtzeitig gestellt werden. Ist das Urteil schon ergangen oder ist das Verfahren durch einen Vergleich beendet, kann der Antrag nicht mehr gestellt werden. Ein rechtzeitig gestellter Antrag ist ebenfalls erfolglos, wenn vom Gericht angeforderte ergänzende Unterlagen nicht vor Verkündung des Urteils bzw. vor Abschluß des Vergleichs dem Gericht vorgelegen haben.*

6. Der Verfahrensablauf

Kann und soll ich den Prozeß selbst führen oder soll ich mich vertreten lassen?

Ganz gleich wie hoch der Streitwert ist, im Verfahren bei den Arbeitsgerichten können Sie in der **ersten Instanz Ihren Rechtsstreit selbst,** d. h. ohne Hinzuziehung eines Rechtsanwalts, führen.

Diese Möglichkeit ist insbesondere dann interessant für Sie, wenn feststeht, daß die Kosten eines Rechtsanwalts nicht von einer Gewerkschaft, einer Rechtsschutzversicherung und auch nicht durch die Staatskasse (Prozeßkostenhilfe) übernommen werden.

Auch wenn Sie keine finanzielle Entlastung bezüglich der Anwaltskosten von Dritter Seite erwarten können, bleibt für Sie die schwierige Entscheidung, ob es letztlich nicht günstiger ist, doch einen Anwalt einzuschalten, auch wenn damit ein höheres Kostenrisiko verbunden ist. Hierzu lassen sich allgemeingültige Ratschläge nicht erteilen. Unter Umständen ist es aber ratsam, einen Anwalt zunächst wegen der etwaigen Erfolgsaussichten im Rahmen eines Beratungsgesprächs zu konsultieren. Das kostet zwar auch etwas, hält aber das Kostenrisiko in Grenzen. Sie können dann nach einem solchen Gespräch immer noch entscheiden, ob Sie den Prozeß mit oder ohne Anwalt oder gar nicht führen wollen.

Worauf ist zu achten, wenn ich bei der Geschäftsstelle des Arbeitsgerichts (Rechtsantragsstelle) Klage einreiche?

Nehmen wir an, Sie haben sich entschlossen, ohne professionellen Vertreter Klage einzulegen, oder die Zeit drängt so sehr, daß Sie selbst tätig werden müssen. Für diesen Fall bieten die Arbeitsgerichte über ihre sog. Rechtsantragsstellen Hilfestellung bei der Einleitung eines Gerichtsverfahrens an. Zwar können Sie selbst Klage erheben, indem Sie an das Gericht einen Brief schreiben, in dem die Klage enthalten ist. Dies ist für den Regelfall jedoch nicht zu empfehlen, da bei der Klageerhebung auf einige wichtige Formalitäten zu achten ist. Machen Sie dabei Fehler, kann das Folgen haben, die kaum zu reparieren sind.

Erkundigen Sie sich, bevor Sie die Rechtsantragsstelle des Gerichts aufsuchen, telefonisch nach den Sprechzeiten, damit Sie nicht umsonst hingehen. Ihr Besuch kann aber auch dann vergeblich sein, wenn Sie sich vorher nicht darüber klar werden, was sie eigentlich wollen und warum Ihnen das zusteht. Bedenken Sie, daß die Rechtsantragsstellen zur Rechtsberatung nicht befugt sind, sondern nur Auskünfte aus Gesetzen und Tarifverträgen geben und Klagen zu Protokoll nehmen.

> **Beispiel:** Ferdinand Kindler ist Arbeiter bei der Beton-Abbruch AG. Er ist – bestärkt von seiner Ehefrau – der Meinung, daß ihm seine Firma über ein Jahr lang nicht den vollen Lohn ausbezahlt hat. Er nimmt alle Abrechnungen, die er noch findet, und verschiedene handschriftliche Belege über gezahlte Vorschüsse und legt diese dem Rechtspfleger beim Arbeitsgericht vor mit den Worten: „Prüfen Sie einmal nach, ob mir noch etwas zusteht." – Was wird ihm der Rechtspfleger sagen?

Der Rechtspfleger wird ihn über die Aufgabenstellung der Rechtsantragsstelle informieren und ihn bitten, zunächst einmal selbst eine Aufstellung anzufertigen, aus der sich ergibt, wieviel ihm wann abgerechnet und ausbezahlt wurde und wieviel ihm aus welchem Grund darüber hinaus zustehen würde.

Bevor Sie zur Rechtsantragsstelle gehen, sollten Sie sich auch darüber Gedanken machen, wer Ihr Arbeitgeber ist. „Das ist doch ganz klar", werden Sie sagen. In der Praxis ist das häufig leider nicht ganz klar, was zu erheblichen Problemen führen kann.

> **Beispiel:** Sie sind bei einer Firma „Heinz Klatte GmbH & Co. KG" beschäftigt. Einen schriftlichen Arbeitsvertrag haben Sie zwar unterschrieben, allerdings wurde Ihnen kein Exemplar für Ihre Unterlagen ausgehändigt. Beim Rechtspfleger der Rechtsantragsstelle sagen Sie, Sie seien „beim Klatte" beschäftigt. Auf Nachfrage des Rechtspflegers nach dem genauen Firmennamen erklären Sie, Herr Heinz Klatte habe Sie eingestellt. Die Klage wird gegen Herrn Heinz Klatte gerichtet. – Ist die Klage korrekt erhoben?

Die Klage ist gegen den falschen Beklagten gerichtet und kann bereits daran scheitern. Herr Klatte ist nicht identisch mit Heinz Klatte GmbH & Co. KG. Dabei spielt es keine Rolle, daß Herr Klatte Geschäftsführer dieser Firma ist. Auch die Firma Heinz Klatte wäre die falsche Beklagte gewesen. Trösten Sie sich nicht damit, daß man das im Prozeß ja noch alles korrigieren könne und der Richter Ihnen als Partei, die ohne Anwalt auftritt, schon helfen werde. Die falsche Bezeichnung des Arbeitgebers, den Sie verklagen wollen, kann nämlich schwerwiegende Folgen für Sie haben. Es kann sein, daß Sie bei einer späteren Richtigstellung Fristen versäumt haben (Drei-Wochen-Frist bei der Kündigungsschutzklage, Verfallfristen nach einem Tarifvertrag). Manchmal läßt sich der Verdienstabrechnung entnehmen, wer Ihr Arbeitgeber ist. Wenn das nicht weiterhilft, bleibt mitunter nur die Nachfrage beim Handelsregister oder dem örtlichen Gewerberegister.

WICHTIG: *Es ist empfehlenswert, zu einer Klageaufnahme bei der Rechtsantragsstelle sämtliche in Ihrer Hand befindlichen Unterlagen bezüglich Ihres Arbeitsverhältnisses mitzubringen (Kündigung, Arbeitsvertrag, Abrechnungen, Schriftverkehr mit Ihrem Arbeitgeber, Quittungen usw.).*

Welchen Einfluß auf das gerichtliche Verfahren hat der in meiner Klageschrift enthaltene Antrag?

Mit Ihrem Antrag in der Klageschrift haben Sie die Weichen dafür gestellt, worüber das Gericht entscheiden wird. Das Gericht sucht im Urteil am Ende des Verfahrens nicht nach der besten Lösung – dies aber ggf. im Vergleichsgespräch –, sondern es entscheidet lediglich über den von Ihnen gestellten Antrag. Es darf Ihnen nicht mehr, aber auch nichts anderes zusprechen als das, was Sie beantragt haben.

Beispiel: Verena Prerow ist Erstverkäuferin in einem Modegeschäft. Der Arbeitgeber kündigt ihr ordentlich wegen Geschäftsaufgabe. Frau Prerow legt Kündigungsschutzklage ein mit folgendem Antrag: *„Es wird festgestellt, daß das Arbeitsverhältnis durch die Kündigung nicht aufgelöst worden ist und ungekün-*

digt fortbesteht." In der Klagebegründung nimmt der Rechtspfleger zu Protokoll, daß Frau Prerow die Kündigung für rechtsunwirksam hält und daß ihr außerdem das letzte 13. Monatsgehalt nicht ausgezahlt worden sei, obwohl die Zahlung eines solchen arbeitsvertraglich vereinbart gewesen sei. – Kann das Gericht, falls es zu dem Schluß kommt, daß die Kündigung rechtmäßig erfolgt ist, den Arbeitgeber wenigstens zur Zahlung des noch offenen 13. Monatsgehalts verurteilen?

Das Gericht kann und darf das nicht, weil Frau Prerow es nicht beantragt hatte.

Welche Stationen werden bei einem arbeitsgerichtlichen Verfahren durchlaufen?

Das arbeitsgerichtliche Verfahren beginnt regelmäßig mit der schon beschriebenen Klageerhebung. Das kann entweder die bei der Rechtsantragsstelle zu Protokoll gegebenen Klage, ein Schreiben von Ihnen an das Gericht oder ein Klageschriftsatz eines Rechtsanwalts oder Verbandsvertreters (Gewerkschaftssekretärs) sein. Das Gericht stellt diese Klage dem beklagten Arbeitgeber förmlich, d. h. mit einer Postzustellungsurkunde, zu und beraumt gleichzeitig einen Termin für die **Güteverhandlung** an. Bleibt die Güteverhandlung erfolglos, so erhalten die Parteien vom Gericht üblicherweise Hinweise, ob und worüber noch Erklärungen, Hinweise und Unterlagen nachzureichen sind. Je nach Geschäftsanfall bei den Arbeitsgerichten wird dann mehr oder weniger zeitnah ein sog. Termin zur **Streitverhandlung** anberaumt, in dem es dann „zur Sache geht“ und in dem dann u. U. auch bereits ein Urteil gesprochen werden kann.

Was passiert in der Güteverhandlung?

Die Güteverhandlung ist die mündliche Verhandlung vor dem berufsmäßigen Richter, die den wesentlichen Zweck hat, eine gütliche Einigung der Parteien herbeizuführen. Sie muß –

das ist gesetzlich so vorgeschrieben – zu Beginn jeder arbeitsrechtlichen Streitigkeit durchgeführt werden. Im Gegensatz zu der späteren Streitverhandlung wird die Güteverhandlung vom berufsmäßigen Vorsitzenden der Kammer des Arbeitsgerichts allein geleitet. In der Streitverhandlung tritt das Gericht dagegen in voller Besetzung, d. h. mit dem Vorsitzenden sowie zwei ehrenamtlichen Richtern auf.

Auch wenn das Gericht von der Möglichkeit, Ihr persönliches Erscheinen anzuordnen, keinen Gebrauch macht, sollten Sie sich gut überlegen, ob Sie nicht gleichwohl persönlich am Gerichtstermin teilnehmen. Damit demonstrieren Sie, daß Sie sich für Ihre Belange auch selbst einsetzen und diese nicht einfach an professionelle Helfer delegieren. Außerdem ermöglichen Sie ggf. die rasche Aufklärung von Einzelaspekten, die für die Beurteilung Ihrer Rechtsangelegenheit wichtig sein können.

In der Güteverhandlung wird in allgemeiner Form über den Konflikt gesprochen, der Ihrer Klage zugrunde liegt. Der Vorsitzende versucht im Gespräch mit Ihnen und Ihrem Arbeitgeber, einen Vergleich zu erarbeiten.

WICHTIG: *In der Güteverhandlung werden weder Beweise erhoben (= Zeugen vernommen), noch kann ein Urteil ergehen. Eine Ausnahme gilt nur dann, wenn eine Partei unentschuldigt nicht erscheint. In diesem Fall kann die erschienene Partei ein sog. Versäumnisurteil beantragen.*

Eine Güteverhandlung kann sich – bei schwierigen Vergleichsverhandlungen – länger hinziehen, so daß Sie mitunter mit Wartezeiten rechnen müssen. Sie kann aber auch sehr kurz sein, wenn nämlich Ihr Gegner kategorisch erklärt, er sei zum Abschluß eines Vergleichs auf keinen Fall bereit. Dann ist die angestrebte „gütliche Einigung“ gescheitert.

Was für Folgen hat es für mich, wenn ich einen Vergleich abschließe?

Ein Vergleich ist ein Vertrag zwischen den Parteien, mit dem sie durch gegenseitiges Nachgeben den Rechtsstreit beenden.

Beispiel: Rainer Holbe ist Verkäufer in einem Küchenstudio. Nachdem sein Arbeitsverhältnis durch Aufhebungsvertrag geendet hat, entsteht zwischen ihm und dem Arbeitgeber Streit über die Höhe der an ihn noch auszuzahlenden Restprovision. Herr Holbe erhebt Klage zum Arbeitsgericht mit dem Antrag, den Arbeitgeber zu verurteilen, offene Restprovision in Höhe von 12.000 DM zu zahlen. Der Arbeitgeber wendet ein, die Verkäufe, die Herr Holbe zur Grundlage seiner Provisionsforderung mache, seien teilweise rückgängig gemacht worden. Außerdem habe Herr Holbe einen Vorschuß in Höhe von 3.000 DM erhalten. In der Güteverhandlung. In der Güteverhandlung schließen die Parteien folgenden Vergleich:

1. Die beklagte Partei zahlt an den Kläger 3.000 DM brutto.
2. Damit ist der Rechtsstreit erledigt.

Bei diesem Vergleich sind sich beide Parteien bei der Bruttoforderung auf den hälftigen Betrag entgegengekommen. Außerdem hat sich Herr Holbe den gezahlten Vorschuß in voller Höhe anrechnen lassen.

Vergleiche sind nicht nur im Rahmen eines arbeitsgerichtlichen Verfahrens möglich – sie heißen dann Prozeßvergleich – sie können auch außerhalb des gerichtlichen Verfahrens geschlossen werden. Als gerichtliche Vergleiche können sie in jedem Verfahrensabschnitt geschlossen werden, also nicht nur in der Güteverhandlung.

Wann ist der Abschluß eines Vergleichs für mich sinnvoll?

Wie ein arbeitsgerichtliches Verfahren ausgeht, läßt sich in vielen Fällen nur sehr schwer voraussagen, wobei sich die Lagebeurteilung oft noch während des Verfahrens wesentlich verändern kann. Das bedeutet, daß Sie damit rechnen müssen, den Prozeß zu verlieren. Mit einem Vergleich können Sie das Risiko, den Prozeß zu verlieren, beseitigen. Außerdem steht Ihnen das Ergebnis, z. B. eine versprochene Restzahlung sofort und nicht erst nach einem langwierigen Prozeß zu. Der Preis: Sie müssen von Ihrer ursprünglichen Forderung Abstand nehmen und sich mit einem geringeren Ergebnis zufrieden geben.

Ein weiterer Vorteil eines Vergleichsschlusses liegt darin, daß in diesem Verfahren auch keine weiteren Kosten mehr auf Sie zukommen können. Wie wir festgestellt haben, löst zwar der Vergleichsschluß eine Gebühr für den Rechtsanwalt aus. Bedenken Sie aber, daß für den Fall, daß ein Vergleich nicht zustande kommt, möglicherweise eine Beweisaufnahme durchgeführt wird, die ebenfalls zu einer zusätzlichen Gebühr für den Rechtsanwalt und zu zusätzlichen Gerichtskosten führt. Schließlich bleibt im Hintergrund dann auch noch das Risiko eines Berufungsverfahrens mit erheblich höherem Kostenrisiko.

Für den Abschluß eines Vergleichs spricht schließlich auch noch, daß in einem Vergleich den Interessen der Parteien besser Rechnung getragen werden kann, als dies in einem Urteil möglich ist. Streiten die Parteien um die Rechtswirksamkeit einer Arbeitgeberkündigung, so kann das Urteil lauten:

- „Es wird festgestellt, daß das Arbeitsverhältnis durch die Kündigung nicht aufgelöst worden ist." oder
- „Die Klage wird abgewiesen."

Im ersten Fall geht das Arbeitsverhältnis weiter, im zweiten Fall ist die Kündigung bestätigt worden, der Arbeitnehmer ist „draußen".

Nun kommt es häufig vor, daß der Arbeitnehmer an einem erfolgreichen Urteil nicht sonderlich interessiert ist, weil er die Atmosphäre durch den Rechtsstreit und durch das, was damit verbunden ist, bereits für so vergiftet hält, daß ihm die Erhaltung des Arbeitsplatzes nicht sonderlich attraktiv erscheint. In diesem Fall schließen dann die Parteien vielfach einen sog. Abfindungsvergleich, der etwa so aussieht:

1. Die Parteien sind sich darüber einig, daß das Arbeitsverhältnis aufgrund ordentlicher betriebsbedingter Arbeitgeberkündigung mit Ablauf des 31. März sein Ende gefunden hat.
2. Als sozialen Ausgleich für den Verlust des Arbeitsplatzes zahlt die beklagte Partei an den Kläger DM 4.500,00.
3. Damit ist der Rechtsstreit erledigt.

Dieser Vergleich ist interessengerecht, weil er dem beiderseitigen Interesse an einer Trennung Rechnung trägt und weil er dem Arbeitnehmer einen Ausgleich für den Verlust des Arbeitsplatzes gewährt.

WICHTIG: *Überlegen Sie bei Vergleichsverhandlungen sehr gründlich, ob es außerhalb des eigentlichen Streitgegenstands Dinge gibt, die für Sie von Interesse sind und bei denen der Arbeitgeber Ihnen entgegenkommen könnte. Erfahrungsgemäß kommen für alle Parteien zufriedenstellende Vergleiche eher zustande, wenn in die Verhandlungsmasse zusätzliche Punkte eingebracht werden. So kann es u.U. für den Arbeitnehmer zweckmäßig sein, die Abfindungsforderung zu reduzieren, wenn er im Gegenzug ein ausgefeiltes Zeugnis erhält.*

Ist ein gerichtlicher Vergleich für mich vorteilhafter als ein Vergleich, der außerhalb des Gerichtsverfahrens geschlossen wird?

Wenn Sie einen gerichtlichen Vergleich abschließen, haben Sie mehr „in der Hand“, als wenn Sie sich mit einem außergerichtlichen Vergleich begnügen. Der Prozeßvergleich kann nämlich – wie ein Gerichtsurteil – mit **staatlichen Zwangsmitteln** vollstreckt werden. Wenn es um eine Verpflichtung zur Geldzahlung geht, können Sie also den Gerichtsvollzieher damit beauftragen, Gegenstände des Schuldners zu pfänden und ggf. zu verwerten. Mit dem Erlös kann dann Ihre Forderung beglichen werden. Mit einem außergerichtlichen Vergleich ist das nicht möglich. Letztlich ist es eine Frage Ihres Vertrauens in die Redlichkeit und Zahlungsfähigkeit Ihres Arbeitgebers, ob Sie sich mit einem außergerichtlichen Vergleich begnügen.

Anhang zu Teil I: Wichtige Rechtsvorschriften in Auszügen

Bürgerliches Gesetzbuch

§ 611. [Wesen des Dienstvertrags]

(1) Durch den Dienstvertrag wird derjenige, welcher Dienste zusagt, zur Leistung der versprochenen Dienste, der andere Teil zur Gewährung der vereinbarten Vergütung verpflichtet.

(2) Gegenstand des Dienstvertrags können Dienste jeder Art sein.

§ 611 a. [Gleichbehandlung von Männern und Frauen]

(1) Der Arbeitgeber darf einen Arbeitnehmer bei einer Vereinbarung oder einer Maßnahme, insbesondere bei der Begründung des Arbeitsverhältnisses, beim beruflichen Aufstieg, bei einer Weisung oder einer Kündigung, nicht wegen seines Geschlechts benachteiligen. Eine unterschiedliche Behandlung wegen des Geschlechts ist jedoch zulässig, soweit eine Vereinbarung oder eine Maßnahme die Art der vom Arbeitnehmer auszuübenden Tätigkeit zum Gegenstand hat und ein bestimmtes Geschlecht unverzichtbare Voraussetzung für diese Tätigkeit ist. Wenn im Streitfall der Arbeitnehmer Tatsachen glaubhaft macht, die eine Benachteiligung wegen des Geschlechts vermuten lassen, trägt der Arbeitgeber die Beweislast dafür, daß nicht auf das Geschlecht bezogene, sachliche Gründe eine unterschiedliche Behandlung rechtfertigen oder das Geschlecht unverzichtbare Voraussetzung für die auszuübende Tätigkeit ist.

(2) Hat der Arbeitgeber bei der Begründung eines Arbeitsverhältnisses einen Verstoß gegen das Benachteiligungsverbot des Absatzes 1 zu vertreten, so kann der hierdurch benachteiligte Bewerber eine angemessene Entschädigung in Geld in Höhe von höchstens drei Monatsverdiensten verlangen. Als Monatsverdienst gilt, was dem Bewerber bei re-

gelmäßiger Arbeitszeit in dem Monat, in dem das Arbeitsverhältnis hätte begründet werden sollen, an Geld- und Sachbezügen zugestanden hätte.

(3) Ist ein Arbeitsverhältnis wegen eines vom Arbeitgeber zu vertretenden Verstoßes gegen das Benachteiligungsverbot des Absatzes 1 nicht begründet worden, so besteht kein Anspruch auf Begründung eines Arbeitsverhältnisses.

(4) Ein Anspruch auf Entschädigung nach Absatz 2 muß innerhalb von zwei Monaten nach Zugang der Ablehnung der Bewerbung schriftlich geltend gemacht werden.

(5) Die Absätze 2 und 4 gelten beim beruflichen Aufstieg entsprechend, wenn auf den Aufstieg kein Anspruch besteht.

§ 611 b. [Ausschreibung eines Arbeitsplatzes]

Der Arbeitgeber darf einen Arbeitsplatz weder öffentlich noch innerhalb des Betriebs nur für Männer oder nur für Frauen ausschreiben, es sei denn, daß ein Fall des § 611 a Abs. 1 Satz 2 vorliegt.

§ 612. [Vergütung]

(1) Eine Vergütung gilt als stillschweigend vereinbart, wenn die Dienstleistung den Umständen nach nur gegen eine Vergütung zu erwarten ist.

(2) Ist die Höhe der Vergütung nicht bestimmt, so ist bei dem Bestehen einer Taxe die taxmäßige Vergütung, in Ermangelung einer Taxe die übliche Vergütung als vereinbart anzusehen.

(3) Bei einem Arbeitsverhältnis darf für gleiche oder für gleichwertige Arbeit nicht wegen des Geschlechts des Arbeitnehmers eine geringere Vergütung vereinbart werden als bei einem Arbeitnehmer des anderen Geschlechts. Die Vereinbarung einer geringeren Vergütung wird nicht dadurch gerechtfertigt, daß wegen des Geschlechts des Arbeitnehmers besondere Schutzvorschriften gelten. § 611 a Abs. 1 Satz 3 ist entsprechend anzuwenden.

§ 612 a. [Maßregelverbot]

Der Arbeitgeber darf einen Arbeitnehmer bei einer Vereinbarung oder einer Maßnahme nicht benachteiligen, weil der Arbeitnehmer in zulässiger Weise seine Rechte ausübt.

§ 614. [Fälligkeit der Vergütung]

Die Vergütung ist nach der Leistung der Dienste zu entrichten. Ist die Vergütung nach Zeitabschnitten bemessen, so ist sie nach dem Ablaufe der einzelnen Zeitabschnitte zu entrichten.

§ 615. [Vergütung bei Annahmeverzug]

Kommt der Dienstberechtigte mit der Annahme der Dienste in Verzug, so kann der Verpflichtete für die infolge des Verzugs nicht geleisteten Dienste die vereinbarte Vergütung verlangen, ohne zur Nachleistung verpflichtet zu sein. Er muß sich jedoch den Wert desjenigen anrechnen lassen, was er infolge des Unterbleibens der Dienstleistung erspart oder durch anderweitige Verwendung seiner Dienste erwirbt oder zu erwerben böswillig unterläßt.

§ 616. [Vorübergehende Verhinderung]

Der zur Dienstleistung Verpflichtete wird des Anspruchs auf die Vergütung nicht dadurch verlustig, daß er für eine verhältnismäßig nicht erhebliche Zeit durch einen in seiner Person liegenden Grund ohne sein Verschulden an der Dienstleistung verhindert wird. Er muß sich jedoch den Betrag anrechnen lassen, welcher ihm für die Zeit der Verhinderung aus einer auf Grund gesetzlicher Verpflichtung bestehenden Kranken- oder Unfallversicherung zukommt.

§ 618. [Pflicht zu Schutzmaßnahmen]

(1) Der Dienstberechtigte hat Räume, Vorrichtungen oder Gerätschaften, die er zur Verrichtung der Dienste zu beschaffen hat, so einzurichten und zu unterhalten und Dienstleistungen, die unter seiner Anordnung oder seiner Leitung vorzunehmen sind, so zu regeln, daß der Verpflichtete gegen Gefahr für Leben und Gesundheit soweit geschützt ist, als die Natur der Dienstleistung es gestattet. (...)

§ 620. [Ende des Dienstverhältnisses]

(1) Das Dienstverhältnis endigt mit dem Ablaufe der Zeit, für die es eingegangen ist.

(2) Ist die Dauer des Dienstverhältnisses weder bestimmt noch aus der Beschaffenheit oder dem Zwecke der Dienste zu entnehmen, so kann jeder Teil das Dienstverhältnis nach Maßgabe der §§ 621, 622 kündigen.

§ 621. [Kündigungsfristen].

Bei einem Dienstverhältnis, das kein Arbeitsverhältnis im Sinne des § 622 ist, ist die Kündigung zulässig.

1. wenn die Vergütung nach Tagen bemessen ist, an jedem Tag für den Ablauf des folgenden Tages;
2. wenn die Vergütung nach Wochen bemessen ist, spätestens am ersten Werktag einer Woche für den Ablauf des folgenden Sonnabends;
3. wenn die Vergütung nach Monaten bemessen ist, spätestens am fünfzehnten eines Monats für den Schluß des Kalendermonats;
4. wenn die Vergütung nach Vierteljahren oder längeren Zeitabschnitten bemessen ist, unter Einhaltung einer Kündigungsfrist von sechs Wochen für den Schluß eines Kalendervierteljahres;
5. wenn die Vergütung nicht nach Zeitabschnitten bemessen ist, jederzeit; bei einem die Erwerbstätigkeit des Verpflichteten vollständig oder hauptsächlich in Anspruch nehmenden Dienstverhältnis ist jedoch eine Kündigungsfrist von zwei Wochen einzuhalten.

§ 622. [Kündigungsfrist bei Arbeitsverhältnissen]

(1) Das Arbeitsverhältnis eines Arbeiters oder eines Angestellten (Arbeitnehmers) kann mit einer Frist von vier Wochen zum Fünfzehnten oder zum Ende eines Kalendermonats gekündigt werden.

(2) Für eine Kündigung durch den Arbeitgeber beträgt die Kündigungsfrist, wenn das Arbeitsverhältnis in dem Betrieb oder Unternehmen

1. zwei Jahre bestanden hat, einen Monat zum Ende eines Kalendermonats,
2. fünf Jahre bestanden hat, zwei Monate zum Ende eines Kalendermonats,
3. acht Jahre bestanden hat, drei Monate zum Ende eines Kalendermonats,

4. zehn Jahre bestanden hat, vier Monate zum Ende eines Kalendermonats,
5. zwölf Jahre bestanden hat, fünf Monate zum Ende eines Kalendermonats,
6. fünfzehn Jahre bestanden hat, sechs Monate zum Ende eines Kalendermonats,
7. zwanzig Jahre bestanden hat, sieben Monate zum Ende eines Kalendermonats.

Bei der Berechnung der Beschäftigungsdauer werden Zeiten, die vor der Vollendung des 25. Lebensjahres des Arbeitnehmers liegen, nicht berücksichtigt.

(3) Während einer vereinbarten Probezeit, längstens für die Dauer von sechs Monaten, kann das Arbeitsverhältnis mit einer Frist von zwei Wochen gekündigt werden.

(4) Von den Absätzen 1 bis 3 abweichende Regelungen können durch Tarifvertrag vereinbart werden. Im Geltungsbereich eines solchen Tarifvertrages gelten die abweichenden tarifvertraglichen Bestimmungen zwischen nichttarifgebundenen Arbeitgebern und Arbeitnehmern, wenn ihre Anwendung zwischen ihnen vereinbart ist.

(5) Einzelvertraglich kann eine kürzere als die in Absatz 1 genannte Kündigungsfrist nur vereinbart werden,

1. wenn ein Arbeitnehmer zur vorübergehenden Aushilfe eingestellt ist; dies gilt nicht, wenn das Arbeitsverhältnis über die Zeit von drei Monaten hinaus fortgesetzt wird;
2. wenn der Arbeitgeber in der Regel nicht mehr als zwanzig Arbeitnehmer ausschließlich der zu ihrer Berufsbildung Beschäftigten beschäftigt und die Kündigungsfrist vier Wochen nicht unterschreitet. Bei der Feststellung der Zahl der beschäftigten Arbeitnehmer sind teilzeitbeschäftigte Arbeitnehmer mit einer regelmäßigen wöchentlichen Arbeitszeit von nicht mehr als zehn Stunden mit 0,25, nicht mehr als 20 Stunden mit 0,5 und nicht mehr als 30 Stunden mit 0,75 zu berücksichtigen.

Die einzelvertragliche Vereinbarung längerer als der in den Absätzen 1 bis 3 genannten Kündigungsfristen bleibt hiervon unberührt.

(6) Für die Kündigung des Arbeitsverhältnisses durch den Arbeitnehmer darf keine längere Frist vereinbart werden als für die Kündigung durch den Arbeitgeber.

§ 623. *(aufgehoben)*

§ 625. [Stillschweigende Verlängerung]

Wird das Dienstverhältnis nach dem Ablaufe der Dienstzeit von dem Verpflichteten mit Wissen des anderen Teiles fortgesetzt, so gilt es als auf unbestimmte Zeit verlängert, sofern nicht der andere Teil unverzüglich widerspricht.

§ 626. [Fristlose Kündigung]

(1) Das Dienstverhältnis kann von jedem Vertragsteil aus wichtigem Grund ohne Einhaltung einer Kündigungsfrist gekündigt werden, wenn Tatsachen vorliegen, auf Grund derer dem Kündigenden unter Berücksichtigung aller Umstände des Einzelfalles und unter Abwägung der Interessen beider Vertragsteile die Fortsetzung des Dienstverhältnisses bis zum Ablauf der Kündigungsfrist oder bis zu der vereinbarten Beendigung des Dienstverhältnisses nicht zugemutet werden kann.

(2) Die Kündigung kann nur innerhalb von zwei Wochen erfolgen. Die Frist beginnt mit dem Zeitpunkt, in dem der Kündigungsberechtigte von den für die Kündigung maßgebenden Tatsachen Kenntnis erlangt. Der Kündigende muß dem anderen Teil auf Verlangen den Kündigungsgrund unverzüglich schriftlich mitteilen.

§ 628. [Vergütung; Schadensersatz bei fristloser Kündigung]

(1) Wird nach dem Beginne der Dienstleistung das Dienstverhältnis auf Grund des § 626 oder des § 627 gekündigt, so kann der Verpflichtete einen seinen bisherigen Leistungen entsprechenden Teil der Vergütung verlangen. Kündigt er, ohne durch vertragswidriges Verhalten des anderen Teiles dazu veranlaßt zu sein, oder veranlaßt er durch sein vertragswidriges Verhalten die Kündigung des anderen Teiles, so steht ihm ein Anspruch auf die Vergütung insoweit nicht zu, als seine bisherigen Leistungen infolge der Kündigung für den anderen Teil kein Interesse haben. Ist die Vergütung für eine spätere Zeit im voraus entrichtet, so hat der Verpflichtete sie nach Maßgabe des § 347 oder, wenn die Kündigung wegen eines Umstandes erfolgt, den er nicht zu vertreten hat, nach den Vorschriften über die Herausgabe einer ungerechtfertigten Bereicherung zurückzuerstatten.

(2) Wird die Kündigung durch vertragswidriges Verhalten des anderen Teiles veranlaßt, so ist dieser zum Ersatze des durch die Aufhebung des Dienstverhältnisses entstehenden Schadens verpflichtet.

§ 629. [Freizeit zur Stellungssuche]

Nach der Kündigung eines dauernden Dienstverhältnisses hat der Dienstberechtigte dem Verpflichteten auf Verlangen angemessene Zeit zum Aufsuchen eines anderen Dienstverhältnisses zu gewähren.

§ 630. [Pflicht zur Zeugniserteilung]

Bei der Beendigung eines dauernden Dienstverhältnisses kann der Verpflichtete von dem anderen Teile ein schriftliches Zeugnis über das Dienstverhältnis und dessen Dauer fordern. Das Zeugnis ist auf Verlangen auf die Leistungen und die Führung im Dienste zu erstrecken.

§ 823. [Schadensersatzpflicht]

(1) Wer vorsätzlich oder fahrlässig das Leben, den Körper, die Gesundheit, die Freiheit, das Eigentum oder ein sonstiges Recht eines anderen widerrechtlich verletzt, ist dem anderen zum Ersatze des daraus entstehenden Schadens verpflichtet.

(2) Die gleiche Verpflichtung trifft denjenigen, welcher gegen ein den Schutz eines anderen bezweckendes Gesetz verstößt. Ist nach dem Inhalte des Gesetzes ein Verstoß gegen dieses auch ohne Verschulden möglich, so tritt die Ersatzpflicht nur im Falle des Verschuldens ein.

Beschäftigungsförderungsgesetz

§ 1. [Zulässigkeit der Befristung]

(1) Die Befristung eines Arbeitsvertrages ist bis zur Dauer von zwei Jahren zulässig. Bis zur Gesamtdauer von zwei Jahren ist auch die höchstens dreimalige Verlängerung eines befristeten Arbeitsvertrages zulässig.

(2) Die Befristung des Arbeitsvertrages ist ohne die in Absatz 1 genannten Einschränkungen zulässig, wenn der Arbeitnehmer bei Be-

ginn des befristeten Arbeitsverhältnisses das 60. Lebensjahr vollendet hat.

(3) Die Befristung nach den Absätzen 1 und 2 ist nicht zulässig, wenn zu einem vorhergehenden unbefristeten Arbeitsvertrag oder zu einem vorhergehenden befristeten Arbeitsvertrag nach Absatz 1 mit demselben Arbeitgeber ein enger sachlicher Zusammenhang besteht. Ein solcher enger sachlicher Zusammenhang ist insbesondere anzunehmen, wenn zwischen den Arbeitsverträgen ein Zeitraum von weniger als vier Monaten liegt.

(4) Die Zulässigkeit der Befristung des Arbeitsvertrages aus anderen Gründen bleibt unberührt.

(5) Will der Arbeitnehmer geltend machen, daß die Befristung eines Arbeitsvertrages rechtsunwirksam ist, so muß er innerhalb von drei Wochen nach dem vereinbarten Ende des befristeten Arbeitsvertrages Klage beim Arbeitsgericht auf Feststellung erheben, daß das Arbeitsverhältnis auf Grund der Befristung nicht beendet ist. Die §§ 5 bis 7 des Kündigungsschutzgesetzes gelten entsprechend.

(6) Die Absätze 1 bis 4 gelten bis zum 31. Dezember 2000.

Entgeltfortzahlungsgesetz

§ 1. Anwendungsbereich.

(1) Dieses Gesetz regelt die Zahlung des Arbeitsentgelts an gesetzlichen Feiertagen und die Fortzahlung des Arbeitsentgelts im Krankheitsfall an Arbeitnehmer sowie die wirtschaftliche Sicherung im Bereich der Heimarbeit für gesetzliche Feiertage und im Krankheitsfall.

(2) Arbeitnehmer im Sinne dieses Gesetzes sind Arbeiter und Angestellte sowie die zu ihrer Berufsbildung Beschäftigten.

§ 2. Entgeltzahlungen an Feiertagen.

(1) Für Arbeitszeit, die infolge eines gesetzlichen Feiertages ausfällt, hat der Arbeitgeber dem Arbeitnehmer das Arbeitsentgelt zu zahlen, das er ohne den Arbeitsausfall erhalten hätte. (...)

§ 3. Anspruch auf Entgeltfortzahlung im Krankheitsfall.

(1) Wird ein Arbeitnehmer durch Arbeitsunfähigkeit infolge Krankheit an seiner Arbeitsleistung verhindert, ohne daß ihn ein Verschulden trifft, so hat er Anspruch auf Entgeltfortzahlung im Krankheitsfall durch den Arbeitgeber für die Zeit der Arbeitsunfähigkeit bis zur Dauer von sechs Wochen. Wird der Arbeitnehmer infolge derselben Krankheit erneut arbeitsunfähig, so verliert er wegen der erneuten Arbeitsunfähigkeit den Anspruch nach Satz 1 für einen weiteren Zeitraum von höchstens sechs Wochen nicht, wenn

1. er vor der erneuten Arbeitsunfähigkeit mindestens sechs Monate nicht infolge derselben Krankheit arbeitsunfähig war oder
2. seit Beginn der ersten Arbeitsunfähigkeit infolge derselben Krankheit eine Frist von zwölf Monaten abgelaufen ist.

(2) Als unverschuldete Arbeitsunfähigkeit im Sinne des Absatzes 1 gilt auch eine Arbeitsverhinderung, die infolge einer nicht rechtswidrigen Sterilisation oder eines nicht rechtswidrigen Abbruchs der Schwangerschaft eintritt. Dasselbe gilt für einen Abbruch der Schwangerschaft, wenn die Schwangerschaft innerhalb von zwölf Wochen nach der Empfängnis durch einen Arzt abgebrochen wird, die schwangere Frau den Abbruch verlangt und dem Arzt durch eine Bescheinigung nachgewiesen hat, daß sie sich mindestens drei Tage vor dem Eingriff von einer anerkannten Beratungsstelle hat beraten lassen.

(3) Der Anspruch nach Absatz 1 entsteht nach vierwöchiger ununterbrochener Dauer des Arbeitsverhältnisses.

§ 4. Höhe des fortzuzahlenden Arbeitsentgelts.

(1) Die Höhe der Entgeltfortzahlung im Krankheitsfall für den in § 3 Abs. 1 bezeichneten Zeitraum beträgt 80 vom Hundert des dem Arbeitnehmer bei der für ihn maßgebenden regelmäßigen Arbeitszeit zustehenden Arbeitsentgelts. (...)

§ 4a. Anrechnung auf den Erholungsurlaub.

(1) Im Falle des § 4 Abs. 1 Satz 1 kann der Arbeitnehmer vom Arbeitgeber spätestens bis zum dritten Arbeitstag nach dem Ende der Arbeitsunfähigkeit verlangen, daß ihm von je fünf Tagen, an denen der Arbeitnehmer infolge Krankheit an seiner Arbeitsleistung

verhindert ist, der erste Tag auf den Erholungsurlaub angerechnet wird. (...)

§ 5. Anzeige- und Nachweispflichten.

(1) Der Arbeitnehmer ist verpflichtet, dem Arbeitgeber die Arbeitsunfähigkeit und deren voraussichtliche Dauer unverzüglich mitzuteilen. Dauert die Arbeitsunfähigkeit länger als drei Kalendertage, hat der Arbeitnehmer eine ärztliche Bescheinigung über das Bestehen der Arbeitsunfähigkeit sowie deren voraussichtliche Dauer spätestens an dem darauffolgenden Arbeitstag vorzulegen. Der Arbeitgeber ist berechtigt, die Vorlage der ärztlichen Bescheinigung früher zu verlangen. Dauert die Arbeitsunfähigkeit länger als in der Bescheinigung angegeben, ist der Arbeitnehmer verpflichtet, eine neue ärztliche Bescheinigung vorzulegen. Ist der Arbeitnehmer Mitglied einer gesetzlichen Krankenkasse, muß die ärztliche Bescheinigung einen Vermerk des behandelnden Arztes darüber enthalten, daß der Krankenkasse unverzüglich eine Bescheinigung über die Arbeitsunfähigkeit mit Angaben über den Befund und die voraussichtliche Dauer der Arbeitsunfähigkeit übersandt wird. (...)

(2) Hält sich der Arbeitnehmer bei Beginn der Arbeitsunfähigkeit im Ausland auf, so ist er verpflichtet, dem Arbeitgeber die Arbeitsunfähigkeit, deren voraussichtliche Dauer und die Adresse am Aufenthaltsort in der schnellstmöglichen Art der Übermittlung mitzuteilen. Die durch die Mitteilung entstehenden Kosten hat der Arbeitgeber zu tragen. (...) Kehrt ein arbeitsunfähig erkrankter Arbeitnehmer in das Inland zurück, so ist er verpflichtet, dem Arbeitgeber und der Krankenkasse seine Rückkehr unverzüglich anzuzeigen.

§ 7. Leistungsverweigerungsrecht des Arbeitgebers.

(1) Der Arbeitgeber ist berechtigt, die Fortzahlung des Arbeitsentgelts zu verweigern,

1. solange der Arbeitnehmer die von ihm nach § 5 Abs. 1 vorzulegende ärztliche Bescheinigung nicht vorlegt oder den ihm nach § 5 Abs. 2 obliegenden Verpflichtungen nicht nachkommt; (...)

(2) Absatz 1 gilt nicht, wenn der Arbeitnehmer die Verletzung dieser ihm obliegenden Verpflichtungen nicht zu vertreten hat.

Bundesurlaubsgesetz

§ 1. Urlaubsanspruch.

Jeder Arbeitnehmer hat in jedem Kalenderjahr Anspruch auf bezahlten Erholungsurlaub.

§ 3. Dauer des Urlaubs.

(1) Der Urlaub beträgt jährlich mindestens 24 Werktage.

(2) Als Werktage gelten alle Kalendertage, die nicht Sonn- oder gesetzliche Feiertage sind.

§ 4. Wartezeit.

Der volle Urlaubsanspruch wird erstmalig nach sechsmonatigem Bestehen des Arbeitsverhältnisses erworben.

§ 5. Teilurlaub.

(1) Anspruch auf ein Zwölftel des Jahresurlaubs für jeden vollen Monat des Bestehens des Arbeitsverhältnisses hat der Arbeitnehmer

a) für Zeiten eines Kalenderjahres, für die er wegen Nichterfüllung der Wartezeit in diesem Kalenderjahr keinen vollen Urlaubsanspruch erwirbt;

b) wenn er vor erfüllter Wartezeit aus dem Arbeitsverhältnis ausscheidet;

c) wenn er nach erfüllter Wartezeit in der ersten Hälfte eines Kalenderjahres aus dem Arbeitsverhältnis ausscheidet.

(2) Bruchteile von Urlaubstagen, die mindestens einen halben Tag ergeben, sind auf volle Urlaubstage aufzurunden.

(3) Hat der Arbeitnehmer im Falle des Absatzes 1 Buchstabe c bereits Urlaub über den ihm zustehenden Umfang hinaus erhalten, so kann das dafür gezahlte Urlaubsentgelt nicht zurückgefordert werden.

§ 6. Ausschluß von Doppelansprüchen.

(1) Der Anspruch auf Urlaub besteht nicht, soweit dem Arbeitnehmer für das laufende Kalenderjahr bereits von einem früheren Arbeitgeber Urlaub gewährt worden ist.

(2) Der Arbeitgeber ist verpflichtet, bei Beendigung des Arbeitsverhältnisses dem Arbeitnehmer eine Bescheinigung über den im laufenden Kalenderjahr gewährten oder abgegoltenen Urlaub auszuhändigen.

§ 7. Zeitpunkt, Übertragbarkeit und Abgeltung des Urlaubs.

(1) Bei der zeitlichen Festlegung des Urlaubs sind die Urlaubswünsche des Arbeitnehmers zu berücksichtigen, es sei denn, daß ihrer Berücksichtigung dringende betriebliche Belange oder Urlaubswünsche anderer Arbeitnehmer, die unter sozialen Gesichtspunkten den Vorrang verdienen, entgegenstehen. Der Urlaub ist zu gewähren, wenn der Arbeitnehmer dies im Anschluß an eine Maßnahme der medizinischen Vorsorge oder Rehabilitation verlangt.

(2) Der Urlaub ist zusammenhängend zu gewähren, es sei denn, daß dringende betriebliche oder in der Person des Arbeitnehmers liegende Gründe eine Teilung des Urlaubs erforderlich machen. Kann der Urlaub aus diesen Gründen nicht zusammenhängend gewährt werden, und hat der Arbeitnehmer Anspruch auf Urlaub von mehr als zwölf Werktagen, so muß einer der Urlaubsteile mindestens zwölf aufeinanderfolgende Werktage umfassen.

(3) Der Urlaub muß im laufenden Kalenderjahr gewährt und genommen werden. Eine Übertragung des Urlaubs auf das nächste Kalenderjahr ist nur statthaft, wenn dringende betriebliche oder in der Person des Arbeitnehmers liegende Gründe dies rechtfertigen. Im Fall der Übertragung muß der Urlaub in den ersten drei Monaten des folgenden Kalenderjahres gewährt und genommen werden. Auf Verlangen des Arbeitnehmers ist ein nach § 5 Abs. 1 Buchstabe a entstehender Teilurlaub jedoch auf das nächste Kalenderjahr zu übertragen.

(4) Kann der Urlaub wegen Beendigung des Arbeitsverhältnisses ganz oder teilweise nicht mehr gewährt werden, so ist er abzugelten.

§ 8. Erwerbstätigkeit während des Urlaubs.

Während des Urlaubs darf der Arbeitnehmer keine dem Urlaubszweck widersprechende Erwerbstätigkeit leisten.

§ 9. Erkrankung während des Urlaubs.

Erkrankt ein Arbeitnehmer während des Urlaubs, so werden die durch ärztliches Zeugnis nachgewiesenen Tage der Arbeitsunfähigkeit auf den Jahresurlaub nicht angerechnet.

Kündigungsschutzgesetz

§ 1. Sozial ungerechtfertigte Kündigungen.

(1) Die Kündigung des Arbeitsverhältnisses gegenüber einem Arbeitnehmer, dessen Arbeitsverhältnis in demselben Betrieb oder Unternehmen ohne Unterbrechung länger als sechs Monate bestanden hat, ist rechtsunwirksam, wenn sie sozial ungerechtfertigt ist.

(2) Sozial ungerechtfertigt ist die Kündigung, wenn sie nicht durch Gründe, die in der Person oder in dem Verhalten des Arbeitnehmers liegen, oder durch dringende betriebliche Erfordernisse, die einer Weiterbeschäftigung des Arbeitnehmers in diesem Betrieb entgegenstehen, bedingt ist. Die Kündigung ist auch sozial ungerechtfertigt, wenn

1. in Betrieben des privaten Rechts
   a) die Kündigung gegen eine Richtlinie nach § 95 des Betriebsverfassungsgesetzes verstößt,
   b) der Arbeitnehmer an einem anderen Arbeitsplatz in demselben Betrieb oder in einem anderen Betrieb des Unternehmens weiterbeschäftigt werden kann

   und der Betriebsrat oder eine andere nach dem Betriebsverfassungsgesetz insoweit zuständige Vertretung der Arbeitnehmer aus einem dieser Gründe der Kündigung innerhalb der Frist des § 102 Abs. 2 Satz 1 des Betriebsverfassungsgesetzes schriftlich widersprochen hat, (...)

Satz 2 gilt entsprechend, wenn die Weiterbeschäftigung des Arbeitnehmers nach zumutbaren Umschulungs- oder Fortbildungsmaßnahmen oder eine Weiterbeschäftigung des Arbeitnehmers unter geänderten Arbeitsbedingungen möglich ist und der Arbeitnehmer sein Einverständnis hiermit erklärt hat. Der Arbeitgeber hat die Tatsachen zu beweisen, die die Kündigung bedingen.

(3) Ist einem Arbeitnehmer aus dringenden betrieblichen Erfordernissen im Sinne des Absatzes 2 gekündigt worden, so ist die Kündi-

gung trotzdem sozial ungerechtfertigt, wenn der Arbeitgeber bei der Auswahl des Arbeitnehmers die Dauer der Betriebszugehörigkeit, das Lebensalter und die Unterhaltspflichten des Arbeitnehmers nicht oder nicht ausreichend berücksichtigt hat; auf Verlangen des Arbeitnehmers hat der Arbeitgeber dem Arbeitnehmer die Gründe anzugeben, die zu der getroffenen sozialen Auswahl geführt haben. In die soziale Auswahl nach Satz 1 sind Arbeitnehmer nicht einzubeziehen, deren Weiterbeschäftigung, insbesondere wegen ihrer Kenntnisse, Fähigkeiten und Leistungen oder zur Sicherung einer ausgewogenen Personalstruktur des Betriebes, im berechtigten betrieblichen Interesse liegt. Der Arbeitnehmer hat die Tatsachen zu beweisen, die die Kündigung als sozial ungerechtfertigt im Sinne des Satzes 1 erscheinen lassen.

§ 2. Änderungskündigung.

Kündigt der Arbeitgeber das Arbeitsverhältnis und bietet er dem Arbeitnehmer im Zusammenhang mit der Kündigung die Fortsetzung des Arbeitsverhältnisses zu geänderten Arbeitsbedingungen an, so kann der Arbeitnehmer dieses Angebot unter dem Vorbehalt annehmen, daß die Änderung der Arbeitsbedingungen nicht sozial ungerechtfertigt ist (§ 1 Abs. 2 Satz 1 bis 3, Abs. 3 Satz 1 und 2). Diesen Vorbehalt muß der Arbeitnehmer dem Arbeitgeber innerhalb der Kündigungsfrist, spätestens jedoch innerhalb von drei Wochen nach Zugang der Kündigung erklären.

§ 3. Kündigungseinspruch.

Hält der Arbeitnehmer eine Kündigung für sozial ungerechtfertigt, so kann er binnen einer Woche nach der Kündigung Einspruch beim Betriebsrat einlegen. Erachtet der Betriebsrat den Einspruch für begründet, so hat er zu versuchen, eine Verständigung mit dem Arbeitgeber herbeizuführen. Er hat seine Stellungnahme zu dem Einspruch dem Arbeitnehmer und dem Arbeitgeber auf Verlangen schriftlich mitzuteilen.

§ 4. Anrufung des Arbeitsgerichtes.

Will ein Arbeitnehmer geltend machen, daß eine Kündigung sozial ungerechtfertigt ist, so muß er innerhalb von drei Wochen nach Zugang der Kündigung Klage beim Arbeitsgericht auf Feststellung erheben, daß das Arbeitsverhältnis durch die Kündigung nicht aufgelöst ist. Im Falle des § 2 ist die Klage auf Feststellung zu erheben, daß die Änderung der Arbeitsbedingungen sozial ungerechtfertigt ist. Hat der Arbeitnehmer Einspruch beim Betriebsrat eingelegt (§ 3), so soll er der Klage die Stellungnahme des Betriebsrates beifügen. Soweit die Kündigung der Zustimmung einer Behörde bedarf, läuft die Frist zur Anrufung des Arbeitsgerichtes erst von der Bekanntgabe der Entscheidung der Behörde an den Arbeitnehmer ab.

Arbeitszeitgesetz

§ 3. Arbeitszeit der Arbeitnehmer.

Die werktägliche Arbeitszeit der Arbeitnehmer darf acht Stunden nicht überschreiten. Sie kann auf bis zu zehn Stunden nur verlängert werden, wenn innerhalb von sechs Kalendermonaten oder innerhalb von 24 Wochen im Durchschnitt acht Stunden werktäglich nicht überschritten werden.

§ 4. Ruhepausen.

Die Arbeit ist durch im voraus feststehende Ruhepausen von mindestens 30 Minuten bei einer Arbeitszeit von mehr als sechs bis zu neun Stunden und 45 Minuten bei einer Arbeitszeit von mehr als neun Stunden insgesamt zu unterbrechen. Die Ruhepausen nach Satz 1 können in Zeitabschnitten von jeweils mindestens 15 Minuten aufgeteilt werden. Länger als sechs Stunden hintereinander dürfen Arbeitnehmer nicht ohne Ruhepausen beschäftigt werden.

§ 5. Ruhezeit.

(1) Die Arbeitnehmer müssen nach Beendigung der täglichen Arbeitszeit eine ununterbrochene Ruhezeit von mindestens elf Stunden haben.

(2) Die Dauer der Ruhezeit des Absatzes 1 kann in Krankenhäusern und anderen Einrichtungen zur Behandlung, Pflege und Betreuung von Personen, in Gaststätten und anderen Einrichtungen zur Bewirtung und Beherbergung, in Verkehrsbetrieben, beim Rundfunk so-

wie in der Landwirtschaft und in der Tierhaltung um bis zu eine Stunde verkürzt werden, wenn jede Verkürzung der Ruhezeit innerhalb eines Kalendermonats oder innerhalb von vier Wochen durch Verlängerung einer anderen Ruhezeit auf mindestens zwölf Stunden ausgeglichen wird.

(3) Abweichend von Absatz 1 können in Krankenhäusern und anderen Einrichtungen zur Behandlung, Pflege und Betreuung von Personen Kürzungen der Ruhezeit durch Inanspruchnahme während des Bereitschaftsdienstes oder der Rufbereitschaft, die nicht mehr als die Hälfte der Ruhezeit betragen, zu anderen Zeiten ausgeglichen werden.

(4) Soweit Vorschriften der Europäischen Gemeinschaften für Kraftfahrer oder Beifahrer geringere Mindestruhezeiten zulassen, gelten abweichend von Absatz 1 diese Vorschriften.

Mutterschutzgesetz

§ 9. Kündigungsverbot.

(1) Die Kündigung gegenüber einer Frau während der Schwangerschaft und bis zum Ablauf von vier Monaten nach der Entbindung ist unzulässig, wenn dem Arbeitgeber zur Zeit der Kündigung die Schwangerschaft oder Entbindung bekannt war oder innerhalb zweier Wochen nach Zugang der Kündigung mitgeteilt wird; das Überschreiten dieser Frist ist unschädlich, wenn es auf einem von der Frau nicht zu vertretenden Grund beruht und die Mitteilung unverzüglich nachgeholt wird. (...)

Bundeserziehungsgeldgesetz

§ 18. Kündigungsschutz.

(1) Der Arbeitgeber darf das Arbeitsverhältnis ab dem Zeitpunkt, von dem an Erziehungsurlaub verlangt worden ist, höchstens jedoch sechs Wochen vor Beginn des Erziehungsurlaubs, und während des Erziehungsurlaubs nicht kündigen. In besonderen Fällen kann ausnahmsweise eine Kündigung für zulässig erklärt werden. Die Zulässigkeitserklärung erfolgt durch die für den Arbeitsschutz zuständige

oberste Landesbehörde oder die von ihr bestimmten Stelle. Das Bundesministerium für Familie, Senioren, Frauen und Jugend wird ermächtigt, mit Zustimmung des Bundesrates allgemeine Verwaltungsvorschriften zur Durchführung des Satzes 2 zu erlassen.

(2) Absatz 1 gilt entsprechend, wenn der Arbeitnehmer

1. während des Erziehungsurlaubs bei seinem Arbeitgeber Teilzeitarbeit leistet oder
2. ohne Erziehungsurlaub in Anspruch zu nehmen, bei seinem Arbeitgeber Teilzeitarbeit leistet und Anspruch auf Erziehungsgeld hat oder nur deshalb nicht hat, weil das Einkommen (§ 6) die Einkommensgrenzen (§ 5 Abs. 2) übersteigt. Der Kündigungsschutz nach Nummer 2 besteht nicht, solange kein Anspruch auf Erziehungsurlaub nach § 15 besteht.

§ 19. Kündigung zum Ende des Erziehungsurlaubs.

Der Arbeitnehmer kann das Arbeitsverhältnis zum Ende des Erziehungsurlaubs nur unter Einhaltung einer Kündigungsfrist von drei Monaten kündigen.

Schwerbehindertengesetz

Vierter Abschnitt. Kündigungsschutz

§ 15. Erfordernis der Zustimmung.

Die Kündigung des Arbeitsverhältnisses eines Schwerbehinderten durch den Arbeitgeber bedarf der vorherigen Zustimmung der Hauptfürsorgestelle.

§ 16. Kündigungsfrist.

Die Kündigungsfrist beträgt mindestens 4 Wochen.

§ 17. Antragsverfahren.

(1) Die Zustimmung zur Kündigung hat der Arbeitgeber bei der für den Sitz des Betriebes oder der Dienststelle zuständigen Hauptfürsorgestelle schriftlich, und zwar in doppelter Ausfertigung zu beantragen. Der Begriff des Betriebes und der Begriff der Dienststelle im Sinne die-

ses Gesetzes bestimmen sich nach dem Betriebsverfassungsgesetz und dem Personalvertretungsrecht. (...)

Berufsbildungsgesetz

§ 13. Probezeit.

Das Berufsausbildungsverhältnis beginnt mit der Probezeit. Sie muß mindestens einen Monat und darf höchstens drei Monate betragen.

§ 14. Beendigung.

(1) Das Berufsausbildungsverhältnis endet mit dem Ablauf der Ausbildungszeit.

(2) Besteht der Auszubildende vor Ablauf der Ausbildungszeit die Abschlußprüfung, so endet das Berufsausbildungsverhältnis mit Bestehen der Abschlußprüfung.

(3) Besteht der Auszubildende die Abschlußprüfung nicht, so verlängert sich das Berufsausbildungsverhältnis auf sein Verlangen bis zur nächstmöglichen Wiederholungsprüfung, höchstens um ein Jahr.

§ 15. Kündigung.

(1) Während der Probezeit kann das Berufsausbildungsverhältnis jederzeit ohne Einhalten einer Kündigungsfrist gekündigt werden.

(2) Nach der Probezeit kann das Berufsausbildungsverhältnis nur gekündigt werden

1. aus einem wichtigen Grund ohne Einhalten einer Kündigungsfrist,
2. vom Auszubildenden mit einer Kündigungsfrist von vier Wochen, wenn er die Berufsausbildung aufgeben oder sich für eine andere Berufstätigkeit ausbilden lassen will.

(3) Die Kündigung muß schriftlich und in den Fällen des Absatzes 2 unter Angabe der Kündigungsgründe erfolgen.

(4) Eine Kündigung aus einem wichtigen Grund ist unwirksam, wenn die ihr zugrunde liegenden Tatsachen dem zur Kündigung Berechtigten länger als zwei Wochen bekannt sind. Ist ein vorgesehenes Güteverfahren vor einer außergerichtlichen Stelle eingeleitet, so wird bis zu dessen Beendigung der Lauf dieser Frist gehemmt.

Tarifvertragsgesetz

§ 1. Inhalt und Form des Tarifvertrages.

(1) Der Tarifvertrag regelt die Rechte und Pflichten der Tarifvertragsparteien und enthält Rechtsnormen, die den Inhalt, den Abschluß und die Beendigung von Arbeitsverhältnissen sowie betriebliche und betriebsverfassungsrechtliche Fragen ordnen können.

(2) Tarifverträge bedürfen der Schriftform.

§ 2. Tarifvertragsparteien.

(1) Tarifvertragsparteien sind Gewerkschaften, einzelne Arbeitgeber sowie Vereinigungen von Arbeitgebern. (...)

§ 3. Tarifgebundenheit.

(1) Tarifgebunden sind die Mitglieder der Tarifvertragsparteien und der Arbeitgeber, der selbst Partei des Tarifvertrages ist.

(2) Rechtsnormen des Tarifvertrages über betriebliche und betriebsverfassungsrechtliche Fragen gelten für alle Betriebe, deren Arbeitgeber tarifgebunden ist.

(3) Die Tarifgebundenheit bleibt bestehen, bis der Tarifvertrag endet.

§ 4. Wirkung der Rechtsnormen.

(1) Die Rechtsnormen des Tarifvertrages, die den Inhalt, den Abschluß oder die Beendigung von Arbeitsverhältnissen ordnen, gelten unmittelbar und zwingend zwischen den beiderseits Tarifgebundenen, die unter den Geltungsbereich des Tarifvertrages fallen. Diese Vorschrift gilt entsprechend für Rechtsnormen des Tarifvertrages über betriebliche und betriebsverfassungsrechtliche Fragen.

(2) Sind im Tarifvertrag gemeinsame Einrichtungen der Tarifvertragsparteien vorgesehen und geregelt (Lohnausgleichskassen, Urlaubskassen usw.), so gelten diese Regelungen auch unmittelbar und zwingend für die Satzung dieser Einrichtung und das Verhältnis der Einrichtung zu den tarifgebundenen Arbeitgebern und Arbeitnehmern.

(3) Abweichende Abmachungen sind nur zulässig, soweit sie

durch den Tarifvertrag gestattet sind oder eine Änderung der Regelungen zugunsten des Arbeitnehmers enthalten.

(4) Ein Verzicht auf entstandene tarifliche Rechte ist nur in einem von den Tarifvertragsparteien gebilligten Vergleich zulässig. Die Verwirkung von tariflichen Rechten ist ausgeschlossen. Ausschlußfristen für die Geltendmachung tariflicher Rechte können nur im Tarifvertrag vereinbart werden.

(5) Nach Ablauf des Tarifvertrages gelten seine Rechtsnormen weiter, bis sie durch eine andere Abmachung ersetzt werden.

§ 5. Allgemeinverbindlichkeit.

(1) Der Bundesminister für Arbeit und Sozialordnung kann einen Tarifvertrag im Einvernehmen mit einem aus je drei Vertretern der Spitzenorganisationen der Arbeitgeber und der Arbeitnehmer bestehenden Ausschuß auf Antrag einer Tarifvertragspartei für allgemeinverbindlich erklären, wenn

1. die tarifgebundenen Arbeitgeber nicht weniger als 50 vom Hundert der unter den Geltungsbereich des Tarifvertrages fallenden Arbeitnehmer beschäftigen und
2. die Allgemeinverbindlicherklärung im öffentlichen Interesse geboten erscheint.

Von den Voraussetzungen der Nummern 1 und 2 kann abgesehen werden, wenn die Allgemeinverbindlicherklärung zur Behebung eines sozialen Notstandes erforderlich erscheint.

(2) Vor der Entscheidung über den Antrag ist Arbeitgebern und Arbeitnehmern, die von der Allgemeinverbindlicherklärung betroffen werden würden, den am Ausgang des Verfahrens interessierten Gewerkschaften und Vereinigungen der Arbeitgeber sowie den obersten Arbeitsbehörden der Länder, auf deren Bereich sich der Tarifvertrag erstreckt, Gelegenheit zur schriftlichen Stellungnahme sowie zur Äußerung in einer mündlichen und öffentlichen Verhandlung zu geben.

(3) Erhebt die oberste Arbeitsbehörde eines beteiligten Landes Einspruch gegen die beantragte Allgemeinverbindlicherklärung, so kann der Bundesminister für Arbeit und Sozialordnung dem Antrag nur mit Zustimmung der Bundesregierung stattgeben.

(4) Mit der Allgemeinverbindlicherklärung erfassen die Rechtsnormen des Tarifvertrages in seinem Geltungsbereich auch die bisher nicht tarifgebundenen Arbeitgeber und Arbeitnehmer. (...)

(7) Die Allgemeinverbindlicherklärung wie die Aufhebung der Allgemeinverbindlichkeit bedürfen der öffentlichen Bekanntmachung.

§ 6. Tarifregister.

Bei dem Bundesminister für Arbeit und Sozialordnung wird ein Tarifregister geführt, in das der Abschluß, die Änderung und die Aufhebung der Tarifverträge sowie der Beginn und die Beendigung der Allgemeinverbindlichkeit eingetragen werden.

Betriebsverfassungsgesetz

§ 102. Mitbestimmung bei Kündigungen.

(1) Der Betriebsrat ist vor jeder Kündigung zu hören. Der Arbeitgeber hat ihm die Gründe für die Kündigung mitzuteilen. Eine ohne Anhörung des Betriebsrats ausgesprochene Kündigung ist unwirksam.

(2) Hat der Betriebsrat gegen eine ordentliche Kündigung Bedenken, so hat er diese unter Angabe der Gründe dem Arbeitgeber spätestens innerhab einer Woche schriftlich mitzuteilen. Äußert er sich innerhalb dieser Frist nicht, gilt seine Zustimmung zur Kündigung als erteilt. Hat der Betriebsrat gegen eine außerordentliche Kündigung Bedenken, so hat er diese unter Angabe der Gründe dem Arbeitgeber unverzüglich, spätestens jedoch innerhalb von drei Tagen, schriftlich mitzuteilen. Der Betriebsrat soll, soweit dies erforderlich erscheint, vor seiner Stellungnahme den betroffenen Arbeitnehmer hören. § 99 Abs. 1 Satz 3 gilt entsprechend.

(3) Der Betriebsrat kann innerhalb der Frist des Absatzes 2 Satz 1 der ordentlichen Kündigung widersprechen, wenn

1. der Arbeitgeber bei der Auswahl des zu kündigenden Arbeitnehmers soziale Gesichtspunkte nicht oder nicht ausreichend berücksichtigt hat,
2. die Kündigung gegen eine Richtlinie nach § 95 verstößt,
3. der zu kündigende Arbeitnehmer an einem anderen Arbeitsplatz im selben Betrieb oder in einem anderen Betrieb des Unternehmens weiterbeschäftigt werden kann,
4. die Weiterbeschäftigung des Arbeitnehmers nach zumutbaren Umschulungs- oder Fortbildungsmaßnahmen möglich ist oder

5. eine Weiterbeschäftigung des Arbeitnehmers unter geänderten Vertragsbedingungen möglich ist und der Arbeitnehmer sein Einverständnis hiermit erklärt hat.

(4) Kündigt der Arbeitgeber, obwohl der Betriebsrat nach Absatz 3 der Kündigung widersprochen hat, so hat er dem Arbeitnehmer mit der Kündigung eine Abschrift der Stellungnahme des Betriebsrats zuzuleiten.

(5) Hat der Betriebsrat einer ordentlichen Kündigung frist- und ordnungsgemäß widersprochen, und hat der Arbeitnehmer nach dem Kündigungsschutzgesetz Klage auf Feststellung erhoben, daß das Arbeitsverhältnis durch die Kündigung nicht aufgelöst ist, so muß der Arbeitgeber auf Verlangen des Arbeitnehmers diesen nach Ablauf der Kündigungsfrist bis zum rechtskräftigen Abschluß des Rechtsstreits bei unveränderten Arbeitsbedingungen weiterbeschäftigen. Auf Antrag des Arbeitgebers kann das Gericht ihn durch einstweilige Verfügung von der Verpflichtung zur Weiterbeschäftigung nach Satz 1 entbinden, wenn

1. die Klage des Arbeitnehmers keine hinreichende Aussicht auf Erfolg bietet oder mutwillig erscheint oder
2. die Weiterbeschäftigung des Arbeitnehmers zu einer unzumutbaren wirtschaftlichen Belastung des Arbeitgebers führen würde oder
3. der Widerspruch des Betriebsrats offensichtlich unbegründet war.

(6) Arbeitgeber und Betriebsrat können vereinbaren, daß Kündigungen der Zustimmung des Betriebsrats bedürfen und daß bei Meinungsverschiedenheiten über die Berechtigung der Nichterteilung der Zustimmung die Einigungsstelle entscheidet.

(7) Die Vorschriften über die Beteiligung des Betriebsrats nach dem Kündigungsschutzgesetz und nach § 8 Abs. 1 des Arbeitsförderungsgesetzes bleiben unberührt.

§ 103. Außerordentliche Kündigung in besonderen Fällen.

(1) Die außerordentliche Kündigung von Mitgliedern des Betriebsrats, der Jugend- und Auszubildendenvertretung, der Bordvertretung und des Seebetriebsrats, des Wahlvorstands sowie von Wahlbewerbern bedarf der Zustimmung des Betriebsrats.

(2) Verweigert der Betriebsrat seine Zustimmung, so kann das Arbeitsgericht sie auf Antrag des Arbeitgebers ersetzen, wenn die außer-

ordentliche Kündigung unter Berücksichtigung aller Umstände gerechtfertigt ist. In dem Verfahren vor dem Arbeitsgericht ist der betroffene Arbeitnehmer Beteiligter.

Arbeitsgerichtsgesetz

§ 1. Gerichte für Arbeitssachen.

Die Gerichtsbarkeit in Arbeitssachen – §§ 2 bis 3 – wird ausgeübt durch die Arbeitsgerichte – §§ 14 bis 31 –, die Landesarbeitsgerichte – §§ 33 bis 39 – und das Bundesarbeitsgericht – §§ 40 bis 45 – (Gerichte für Arbeitssachen).

§ 2. Zuständigkeit im Urteilsverfahren.

(1) Die Gerichte für Arbeitssachen sind ausschließlich zuständig für (...)

3. bürgerliche Rechtsstreitigkeiten zwischen Arbeitnehmern und Arbeitgebern
   a) aus dem Arbeitsverhältnis;
   b) über das Bestehen oder Nichtbestehen eines Arbeitsverhältnisses;
   c) aus Verhandlungen über die Eingehung eines Arbeitsverhälntisses und aus dessen Nachwirkungen;
   d) aus unerlaubten Handlungen, soweit diese mit dem Arbeitsverhältnis im Zusammenhang stehen;
   e) über Arbeitspapiere.

§ 11. Prozeßvertretung.

(1) Die Parteien können vor den Arbeitsgerichten den Rechtsstreit selbst führen oder sich vertreten lassen. Eine Vertretung durch Vertreter von Gewerkschaften oder von Vereinigungen von Arbeitgebern oder von Zusammenschlüssen solcher Verbände ist zulässig, wenn diese Personen kraft Satzung oder Vollmacht zur Vertretung befugt sind und der Zusammenschluß, der Verband oder deren Mitglieder Partei sind. Das gleiche gilt für die Prozeßvertretung durch Vertreter von selbständigen Vereinigungen von Arbeitnehmern mit sozial oder berufspolitischer Zwecksetzung.

(2) Vor den Landesarbeitsgerichten und vor dem Bundesarbeitsgericht müssen die Parteien sich durch Rechtsanwälte als Prozeßbevollmächtigte vertreten lassen; zur Vertretung berechtigt ist jeder bei einem deutschen Gericht zugelassene Rechtsanwalt. An ihre Stelle können vor den Landesarbeitsgerichten Vertreter von Gewerkschaften oder von Vereinigungen von Arbeitgebern oder von Zusammenschlüssen solcher Verbände treten, wenn sie kraft Satzung oder Vollmacht zur Vertretung befugt sind und der Zusammenschluß, der Verband oder deren Mitglieder Partei sind. (...)

§ 11 a. Beiordnung eines Rechtsanwalts, Prozeßkostenhilfe.

(1) Einer Partei, die außerstande ist, ohne Beeinträchtigung des für sie und ihre Familie notwendigen Unterhalts die Kosten des Prozesses zu bestreiten, und die nicht durch ein Mitglied oder einen Angestellten einer Gewerkschaft oder einer Vereinigung von Arbeitgebern vertreten werden kann, hat der Vorsitzende des Arbeitsgerichts auf ihren Antrag einen Rechtsanwalt beizuordnen, wenn die Gegenpartei durch einen Rechtsanwalt vertreten ist. Die Partei ist auf ihr Antragsrecht hinzuweisen. (...)

Teil II
Rechtsfälle im Urteil des Bürgers aus der ZDF-Rechtsserie „Wie würden Sie entscheiden?“

Von Bernhard Töpper

1. „Verschwiegene Schwangerschaft“

Ein sicherer Arbeitsplatz – dieses Ziel steht bei Umfragen in der Bevölkerung regelmäßig ganz oben auf der Wunschliste. Jeder aus dem großen Heer der Arbeitslosen weiß, wie schwierig es heutzutage ist, wieder eine feste Anstellung zu bekommen. Dreißig, vierzig Bewerbungen und Vorstellungsgespräche sind bei der Suche nach einer geeigneten Arbeit keine Seltenheit. Dabei ist klar, daß jeder Arbeitgeber alle Stellenbewerber sorgfältig unter die Lupe nimmt, bevor er jemanden einstellt. Doch wie weit darf der Arbeitgeber dabei gehen? Zu welchen Auskünften ist der Stellenbewerber verpflichtet? Muß er auch Angaben über seine Intimsphäre machen? Gibt es auf bestimmte Fragen des Arbeitgebers ein Recht zur Lüge? Darum ging es in der folgenden Sendung:

Sachverhalt:

Die Buchhändlerin Simone Bachmann, 25, ist seit vielen Monaten verzweifelt auf der Suche nach einem geeigneten Arbeitsplatz. Zusammen mit ihrem Ehemann Jörg, 29, studiert sie an jedem Wochenende aufmerksam die Stellenanzeigen in der Wochenendausgabe der städtischen Tageszeitung. Doch bisher ohne Erfolg. Auch das Arbeitsamt konnte ihr noch keine passende Stelle vermitteln. Als ihr Mann eines Tages nach Hause kommt, fällt ihm Simone freudig um den Hals. „Schatz, es hat geklappt“, ruft sie ihm zu. „Ich hab’s ja ge-

Die Buchhändlerin Simone Bachmann, 25, sucht seit vielen Monaten verzweifelt einen Arbeitsplatz. Zusammen mit ihrem Ehemann studiert sie aufmerksam die Stellenangebote in der örtlichen Tageszeitung. (Foto: ZDF)

ahnt", erwidert Jörg, nachdem es ihm gelungen ist, sich aus ihrer Umklammerung zu lösen, „diesmal kriegst Du die Stelle!" „Die Stelle…? Ach, nein!" Simone schüttelt lachend den Kopf: „Das kann ich wieder mal abhaken." Ihr Mann schaut sie einigermaßen verdattert an: „Dann… weiß ich nicht." „Ich war doch heute beim Arzt", löst Simone das Rätsel auf, „Du wirst… Vater!" Jörg ist für einen Augenblick baff, doch dann zeigt er mit einem Luftsprung, wie sehr er sich über diese Nachricht freut.

Einige Wochen später, die beiden studieren wieder einmal die Stellenanzeigen, deutet Jörg auf die Annonce der Buchhandlung Siegl. „Schau mal, das wär' doch was für Dich!" Simone überfliegt die Anzeige, in der eine Buchhändlerin gesucht wird, läßt jedoch sogleich mutlos die Zeitung wieder

Der Buchhändler Severin Siegl, 52, fühlt sich von seiner Mitarbeiterin Simone Bachmann, 25, arglistig getäuscht, weil sie ihm im Einstellungsgespräch verschwiegen hatte, daß sie schwanger ist. Er kündigt ihr deshalb fristlos. (Foto: ZDF)

sinken. „Wird doch wieder nichts! Und jetzt mit dem Baby schon gleich dreimal nicht.“ „Noch ist es ja nicht da“, ermuntert sie ihr Mann. „Und dann kommt erst mal Mutterschutz und Erziehungsurlaub. Und danach.. sehen wir schon weiter.“ „Jörg! Die stellen doch eine Schwangere erst gar nicht ein!“ „Komm, mit Deiner Qualifikation bist Du für die Stelle wie geschaffen“, muntert Jörg seine Frau auf. „Diesmal schaffst Du's. Wetten!“

Bereits wenige Tage später wird Simone Bachmann, nachdem sie unverzüglich eine Bewerbung um die Stelle abgeschickt hat, zu einem Vorstellungsgespräch in die Buchhandlung eingeladen. Der Buchhändler Severin Siegl ist von der Bewerberin sichtlich angetan: „Ihre Zeugnisse sind bestens..., dazu Kurse in EDV, Buchhaltung – daß Sie bei Ihrer

Qualifikation nicht schon längst eine Stelle haben, das wundert mich schon ein bißchen." „Ich hab' leider noch keine Berufserfahrung", entgegnet Simone Bachmann etwas verlegen. „Frau Bachmann", fährt Herr Siegl fort, „ich habe den Eindruck, Sie würden ganz gut zu uns passen. Natürlich erwarte ich, daß Sie sich als meine rechte Hand voll engagieren. Ihre Vorgängerin war da eine Art Idealbesetzung. Ein Jammer, daß sie ausscheiden will. Sie erwartet Nachwuchs. Apropos, Sie sind doch hoffentlich ungebunden?" Simone Bachmann verschlägt es für einen Moment die Sprache. „Sie meinen… ledig?" „Das nicht, aber… Sie haben keine Kinder, nicht wahr?!" Simone Bachmann schüttelt zögernd den Kopf. „Nein." Der Buchhändler schaut ihr fest in die Augen. „Und schwanger sind Sie auch nicht!? Das ist für mich wirklich ein ganz entscheidender Punkt, denn…" Schnell fällt Simone Bachmann dem Buchhändler ins Wort: „Ich und schwanger? Also, soviel mir bekannt ist, nein", sagt sie mit einem gequälten Lächeln, „das müßte ich ja schließlich wissen." „Wunderbar! Wann können Sie anfangen?" möchte Herr Siegl wissen." „Eigentlich sofort", gibt Simone Bachmann erleichtert zur Antwort. „Prima! Dann würde ich vorschlagen, nächsten Montag geht's los!"

Simone Bachmann fühlt sich an ihrem neuen Arbeitsplatz in der Buchhandlung Siegl bald wie zu Hause, versteht sich mit dem Chef und den anderen Mitarbeiterinnen und Mitarbeitern bestens. Von ihrer Vorgängerin, Uta Schäfer, wird Simone Bachmann eingearbeitet. Auch Herr Siegl, der Inhaber der Buchhandlung, ist mit der Arbeit seiner neuen Mitarbeiterin höchst zufrieden, bis er einige Wochen später durch Zufall erfährt, daß Simone Bachmann schwanger ist. Er läßt Frau Bachmann daraufhin in sein Büro rufen und verlangt eine Erklärung von ihr. „Also gut", sagt Simone Bachmann kleinlaut, „ich wollte es Ihnen schon neulich sagen." „Neulich?" entgegnet Herr Siegl bissig. „Ja, als ich… zum erstenmal gemerkt habe… ich war mir aber noch nicht sicher. Erst seit gestern weiß ich definitiv…", stottert Simone Bachmann unsicher herum. „Erzählen Sie mir doch nichts", unterbricht sie Herr Siegl wütend, „Sie haben das längst gewußt. Ich habe Sie beim Einstellungsgespräch ausdrücklich danach gefragt – und Sie haben mich bewußt angelogen! Frau Bachmann, ich entlasse Sie fristlos!" „Was hätte ich denn tun sollen", erwidert Frau Bachmann tief betroffen, „wenn Sie mir so eine Frage stellen..." „Die Wahrheit sagen, selbstverständlich. Wo kommen wir denn hin, wenn einer schon beim Vorstellungsgespräch munter darauf loslügt!" „Aber sonst hätten Sie mich doch nie im Leben genommen", versucht Simone Bachmann zu widersprechen. „Natürlich nicht! Sie wollen sich doch bloß Mutterschutz und Erziehungsurlaub erschleichen! Packen Sie Ihre Sachen – ich will Sie hier nicht mehr sehen!"

Simone Bachmann will jedoch die fristlose Entlassung, die Herr Siegl zunächst mündlich und dann auch noch schriftlich ausspricht, nicht hinnehmen. Sie ruft das Arbeitsgericht an.

In der wenig später anberaumten Verhandlung vor dem Arbeitsgericht fragt der Vorsitzende Frau Bachmann zunächst, ob sie auch mit einer angemessenen Entschädigung für den Verlust des Arbeitsplatzes einverstanden sei. Doch dies lehnt Frau Bachmann ab. „Mir ist dieser Arbeitsplatz sehr wichtig. Ich bin qualifiziert für die Arbeit, und ich möchte gerne weiterarbeiten." Nachdem auch Herr Siegl erklärt hat, daß für ihn eine Weiterbeschäftigung von Frau Bachmann nicht in Betracht kommt, beginnt das Gericht mit der Prüfung, ob die Entlassung von Frau Bachmann wirksam ist.

Die Prozeßbevollmächtigte von Herrn Siegl weist darauf hin, daß Simone Bachmann den Buchhändler bewußt, willentlich und wissentlich getäuscht habe mit der Folge, daß der Arbeitsvertrag wirksam wegen arglistiger Täuschung angefochten werden konnte. Die Rechtsanwältin von Frau Bachmann widerspricht dieser Rechtsauffassung: „Sowohl nach der Rechtsprechung des Bundesarbeitsgerichts wie nach der Rechtsprechung des Europäischen Gerichtshofs stellt die Frage nach der Schwangerschaft einen Verstoß gegen das Benachteiligungsverbot nach § 611a BGB dar. Die wahrheitswidrige Beantwortung dieser Frage bedeutet deshalb keine arglistige Täuschung." „Aber das darf doch nicht wahr sein", entgegnet daraufhin Herr Siegl gereizt, „ich hatte vorher schon eine Angestellte, die schwanger wurde, die mir das recht plötzlich gesagt hat, und dann hol' ich mir für die Schwangere eine neue Bewerberin, die auch schwanger wird. Theoretisch kann das unendlich so weitergehen. Die dritte kann auch wieder schwanger sein und die vierte auch. Das bedeutet mein finanzielles Ende." „Die Rechtsordnung hat sich nun einmal dafür entschieden", kontert daraufhin die Rechtsanwältin von Frau Bachmann, „die Diskriminierung der Frauen beim Zugang zu Arbeitsplätzen zu vermeiden und eher die Nachteile in Kauf zu nehmen, die ein Unternehmen vielleicht wirtschaftlich treffen, wobei diese Nachteile ja auch nicht so gravierend sind."

Abschließend beantragt die Rechtsanwältin von Frau Bachmann, festzustellen, daß das zwischen den beiden Parteien bestehende Arbeitsverhältnis fortbesteht. Die Prozeßbevollmächtigte des Buchhändlers beantragt, die Klage von Frau Bachmann abzuweisen.

Wie würden Sie entscheiden?

Ist die Entlassung von Frau Bachmann wirksam – ja oder nein?

Das Ergebnis der Laienjury im Studiogericht:
17 Ja-Stimmen
30 Nein-Stimmen

Das Urteil des Arbeitsgerichts:

Vorsitzender:
Im Namen des Volkes verkünde ich folgendes Endurteil:
Erstens: Es wird festgestellt, daß das Arbeitsverhältnis zwischen der Klägerin und dem Beklagten fortbesteht.
Zweitens: Der Beklagte trägt die Kosten des Verfahrens.

Zu den Gründen:

Entsprechend einer hier maßgeblichen europarechtlichen Richtlinie darf ein Arbeitgeber eine Arbeitnehmerin bei der Begründung eines Arbeitsverhältnisses nicht benachteiligen. Der Europäische Gerichtshof hat in diesem Zusammenhang erklärt, daß auch eine bestehende Schwangerschaft einen Arbeitgeber nicht berechtigt, eine ansonsten geeignete Arbeitnehmerin abzulehnen. Ist die Schwangerschaft kein Ablehnungsgrund, so darf ein Arbeitgeber auch nicht eine Arbeitnehmerin nach einer bestehenden Schwangerschaft fragen. Ihm ist es verwehrt, insoweit in den persönlichen Bereich der Arbeitnehmerin einzudringen. Die Rechtsordnung schützt sein dahingehendes Informationsinteresse nicht.

Es steht zwar fest, daß Frau Simone Bachmann Herrn Siegl getäuscht hat, bewußt getäuscht hat. Diese Täuschung war jedoch, da die Frage nach der Schwangerschaft schon nicht zulässig war, nicht rechtswidrig. Somit liegt keine arglistige Täuschung vor.

Herr Siegl, Sie begründen die Anfechtung des Arbeitsvertrages auch noch damit, daß Sie sich über eine wesentliche Eigenschaft geirrt haben. Nun ist eine Schwangerschaft aber ein vorübergehender Zustand und keine wesentliche Eigenschaft einer Arbeitnehmerin. Sie kann auch während der Schwangerschaft arbeiten. Und auch die Vertrauenswürdigkeit von Frau Bachmann, die Sie, Herr Siegl, anführen, ist dadurch, daß Frau Bachmann die Frage wahrheitswidrig beantwortet hat, nicht als erschüttert anzusehen, da schon Ihre Frage nach der Schwangerschaft nicht zulässig war.

Aus der Diskussion:

Der in die Sendung eingeladene Experte, der Präsident des Bundesarbeitsgerichts, Prof. Dr. Thomas Dieterich, unterstreicht zunächst, daß das Bundesarbeitsgericht diesen Fall genau so entschieden hat, weil es keine andere praktikable Möglichkeit gibt, Frauen vor der Benachteiligung einer solchen Frage zu schützen. „Die Frage nach der Schwangerschaft ist unzulässig, und die Antwort zu verweigern wäre praktisch im Ergebnis dasselbe wie zutreffend beantworten. Deswegen muß die Frau hier lügen, wenn sie sich aus der Affäre ziehen will. Und da wir wollen, daß sie das kann, mußten wir diese Durchbrechung von Anstandsregeln akzeptieren." Prof. Dieterich macht anschließend jedoch noch darauf aufmerksam, daß in bestimmten Ausnahmefällen die Frage nach der Schwangerschaft wahrheitsgemäß beantwortet werden muß. Als Beispiele nennt er dafür die Berufe Tänzerin und Mannequin oder wenn das Arbeitsverhältnis von vornherein nur als befristete Aushilfe für die Dauer der Schwangerschaft der Vorgängerin geschlossen wird.

Ein Diskussionsteilnehmer stört sich an dem Wort Diskriminierung. Er sieht in der Frage nach der Schwangerschaft jedenfalls keine Diskriminierung. Dann möchte derselbe Teilnehmer wissen, wie die Zusammenarbeit zwischen dem Buchhändler und Frau Bachmann denn nun in der Praxis funktionieren soll.

Prof. Dieterich: „Also zunächst Ihre erste Frage: Diskriminierung, das klingt so anklagend vorwurfsvoll. In Wirklichkeit ist es nicht mehr als die Feststellung einer objektiven Benachteiligung. Die Frage nach der Schwangerschaft ist eine Benachteiligung von Frauen. Männer werden das nicht gefragt, brauchen das nicht gefragt zu werden, haben entsprechende Nachteile auf dem Arbeitsmarkt nicht. Ihre zweite Frage, wie soll das praktisch funktionieren, ist natürlich eine Alltagsfrage in fast allen Kündigungsschutzprozessen. Der eine kämpft um sein Recht, und wenn das Arbeitsgericht ihm dann schließlich auch recht gibt und sagt, das Arbeitsverhältnis besteht fort, dann wissen eigentlich alle Beteiligten, daß das jetzt eine heikle Geschichte wird, insbesondere in einem so kleinen Betrieb. Deswegen gilt ja für Betriebe dieser Größenordnung noch nicht mal das Kündigungsschutzgesetz. Herr Sicgl und Frau Bachmann werden also viel Verständnis für einander haben müssen."

Abschließend weist Prof. Dieterich noch darauf hin, daß seit dem 1. Januar 1997 Kleinbetriebe bis zu 20 Beschäftigte eine hundertprozentige Kostenerstattung erhalten, wenn eine Mitarbeiterin wegen der Schwangerschaft nicht zur Verfügung stehen kann.

Die wichtigsten Vorschriften dieses Falles:

Bürgerliches Gesetzbuch

§ 119. [Anfechtbarkeit wegen Irrtums]

(1) Wer bei der Abgabe einer Willenserklärung über deren Inhalt im Irrtume war oder eine Erklärung dieses Inhalts überhaupt nicht abgeben wollte, kann die Erklärung anfechten, wenn anzunehmen ist, daß er sie bei Kenntnis der Sachlage und bei verständiger Würdigung des Falles nicht abgegeben haben würde.

(2) Als Irrtum über den Inhalt der Erklärung gilt auch der Irrtum über solche Eigenschaften der Person oder der Sache, die im Verkehr als wesentlich angesehen werden.

§ 123. [Anfechtbarkeit wegen Täuschung oder Drohung]

(1) Wer zur Abgabe einer Willenserklärung durch arglistige Täuschung oder widerrechtlich durch Drohung bestimmt worden ist, kann die Erklärung anfechten.

§ 611 a. [Gleichbehandlung von Männern und Frauen]

(1) Der Arbeitgeber darf einen Arbeitnehmer bei einer Vereinbarung oder einer Maßnahme, insbesondere bei der Begründung des Arbeitsverhältnisses, beim beruflichen Aufstieg, bei einer Weisung oder einer Kündigung, nicht wegen seines Geschlechts benachteiligen. Eine unterschiedliche Behandlung wegen des Geschlechts ist jedoch zulässig, soweit eine Vereinbarung oder eine Maßnahme die Art der vom Arbeitnehmer auszuübenden Tätigkeit zum Gegenstand hat und ein bestimmtes Geschlecht unverzichtbare Voraussetzung für diese Tätigkeit ist. Wenn im Streitfall der Arbeitnehmer Tatsachen glaubhaft macht, die eine Benachteiligung wegen des Geschlechts vermuten las-

sen, trägt der Arbeitgeber die Beweislast dafür, daß nicht auf das Geschlecht bezogene, sachliche Gründe eine unterschiedliche Behandlung rechtfertigen oder das Geschlecht unverzichtbare Voraussetzung für die auszuübende Tätigkeit ist.

(2) Hat der Arbeitgeber bei der Begründung eines Arbeitsverhältnisses einen Verstoß gegen das Benachteiligungsverbot des Absatzes 1 zu vertreten, so kann der hierdurch benachteiligte Bewerber eine angemessene Entschädigung in Geld in Höhe von höchstens drei Monatsverdiensten verlangen. Als Monatsverdienst gilt, was dem Bewerber bei regelmäßiger Arbeitszeit in dem Monat, in dem das Arbeitsverhältnis hätte begründet werden sollen, an Geld- und Sachbezügen zugestanden hätte.

(3) Ist ein Arbeitsverhältnis wegen eines vom Arbeitgeber zu vertretenden Verstoßes gegen das Benachteiligungsverbot des Absatzes 1 nicht begründet worden, so besteht kein Anspruch auf Begründung eines Arbeitsverhältnisses.

(4) Ein Anspruch auf Entschädigung nach Absatz 2 muß innerhalb von zwei Monaten nach Zugang der Ablehnung der Bewerbung schriftlich geltend gemacht werden.

(5) Die Absätze 2 und 4 gelten beim beruflichen Aufstieg entsprechend, wenn auf den Aufstieg kein Anspruch besteht.

Reichsversicherungsordnung

§ 200. [Mutterschaftsgeld]

(1) Weibliche Mitglieder, die bei Arbeitsunfähigkeit Anspruch auf Krankengeld haben oder denen wegen der Schutzfristen nach § 3 Abs. 2 und § 6 Abs. 1 des Mutterschutzgesetzes kein Arbeitsentgelt gezahlt wird, erhalten Mutterschaftsgeld, wenn sie vom Beginn des zehnten bis zum Ende des vierten Monats vor der Entbindung mindestens zwölf Wochen Mitglieder waren oder in einem Arbeitsverhältnis standen.

(2) Für Mitglieder, die bei Beginn der Schutzfrist nach § 3 Abs. 2 des Mutterschutzgesetzes in einem Arbeitsverhältnis stehen oder in Heimarbeit beschäftigt sind oder deren Arbeitsverhältnis während ihrer Schwangerschaft vom Arbeitgeber zulässig aufgelöst worden ist, wird als Mutterschaftsgeld das um die gesetzlichen Abzüge verminderte durchschnittliche kalendertägliche Arbeitsentgelt der letzten

drei abgerechneten Kalendermonate vor Beginn der Schutzfrist nach § 3 Abs. 2 des Mutterschutzgesetzes gezahlt. Es beträgt höchstens 25 Deutsche Mark für den Kalendertag. Einmalig gezahltes Arbeitsengelt (§ 23 a des Vierten Buches Sozialgesetzbuch) sowie Tage, an denen infolge von Kurzarbeit, Arbeitsausfällen oder unverschuldeter Arbeitsversäumnis kein oder ein vermindertes Arbeitsentgelt erzielt wurde, bleiben außer Betracht. Ist danach eine Berechnung nicht möglich, ist das durchschnittliche kalendertägliche Arbeitsentgelt einer gleichartig Beschäftigten zugrunde zu legen. Übersteigt das Arbeitsentgelt 25 Deutsche Mark kalendertäglich, wird der übersteigende Betrag vom Arbeitgeber oder vom Bund nach den Vorschriften des Mutterschutzgesetzes gezahlt. Für andere Mitglieder wird das Mutterschaftsgeld in Höhe des Krankengeldes gezahlt.

(3) Das Mutterschaftsgeld wird für die letzten sechs Wochen vor der Entbindung, den Entbindungstag und für die ersten acht Wochen, bei Mehrlings- und Frühgeburten für die ersten zwölf Wochen nach der Entbindung gezahlt. Bei Frühgeburten verlängert sich die Bezugsdauer um den Zeitraum, der nach § 3 Abs. 2 des Mutterschutzgesetzes nicht in Anspruch genommen werden konnte. Für die Zahlung des Mutterschaftsgeldes vor der Entbindung ist das Zeugnis eines Arztes oder einer Hebamme maßgebend, in dem der mutmaßliche Tag der Entbindung angegeben ist. Das Zeugnis darf nicht früher als eine Woche vor Beginn der Schutzfrist nach § 3 Abs. 2 des Mutterschutzgesetzes ausgestellt sein. Irrt sich der Arzt oder die Hebamme über den Zeitpunkt der Entbindung, verlängert sich die Bezugsdauer entsprechend.

(4) Der Anspruch auf Mutterschaftsgeld ruht, soweit und solange das Mitglied beitragspflichtiges Arbeitsentgelt oder Arbeitseinkommen erhält. Dies gilt nicht für einmalig gezahltes Arbeitsentgelt.

Mutterschutzgesetz

§ 14. Zuschuß zum Mutterschaftsgeld.

(1) Frauen, die Anspruch auf Mutterschaftsgeld nach § 200 Abs. 1, Abs. 2 Satz 1 bis 4 und Abs. 3 der Reichsversicherungsordnung, § 29 Abs. 1, 2 und 4 des Gesetzes über die Krankenversicherung der Landwirte oder § 13 Abs. 2 haben, erhalten für die Zeit der Schutzfristen des § 3 Abs. 2 und § 6 Abs. 1 sowie für den Entbindungstag von ihrem

Arbeitgeber einen Zuschuß in Höhe des Unterschiedsbetrages zwischen 25 Deutsche Mark und dem um die gesetzlichen Abzüge verminderten durchschnittlichen kalendertäglichen Arbeitsentgelt. Das durchschnittliche kalendertägliche Arbeitsentgelt ist aus den letzten drei abgerechneten Kalendermonaten, bei wöchentlicher Abrechnung aus den letzten dreizehn abgerechneten Wochen vor Beginn der Schutzfrist nach § 3 Abs. 2 zu berechnen. Einmalig gezahltes Arbeitsentgeld (§ 227 des Fünften Buches Sozialgesetzbuch) sowie Tage, an denen infolge von Kurzarbeit, Arbeitsausfällen oder unverschuldeter Arbeitsversäumnis kein oder ein vermindertes Arbeitsentgelt erzielt wurde, bleiben außer Betracht. Ist danach eine Berechnung nicht möglich, so ist das durchschnittliche kalendertägliche Arbeitsentgelt einer gleichartig Beschäftigten zugrunde zu legen. (...)

Lohnfortzahlungsgesetz

§ 10. Erstattungsanspruch.

(1) Die Ortskrankenkassen, die Innungskrankenkassen, die Bundesknappschaft und die See-Krankenkasse erstatten den Arbeitgebern, die in der Regel ausschließlich der zu ihrer Berufsausbildung Beschäftigten nicht mehr als zwanzig Arbeitnehmer beschäftigen, achtzig vom Hundert (...)

2. des vom Arbeitgeber nach § 14 Abs. 1 des Mutterschutzgesetzes gezahlten Zuschusses zum Mutterschaftsgeld,
3. des vom Arbeitgeber nach § 11 des Mutterschutzgesetzes bei Beschäftigungsverboten gezahlten Arbeitsentgelts,
4. der auf die Arbeitsentgelte und Vergütungen nach den Nummern 1 und 3 entfallenden von den Arbeitgebern zu tragenden Beiträge zur Bundesanstalt für Arbeit und Arbeitgeberanteile an Beiträgen zur gesetzlichen Kranken- und Rentenversicherung;

in den Fällen der Nummern 2 und 3 und der Nummer 4 in Verbindung mit Nummer 3 werden die Aufwendungen der Arbeitgeber abweichend vom ersten Halbsatz voll erstattet. Am Ausgleich der Arbeitgeberaufwendungen nehmen auch die Arbeitgeber teil, die nur Auszubildende beschäftigen.

2. „Wegen Krankheit gefeuert"

Das große Heer der Arbeitslosen ist in Deutschland im Augenblick das wichtigste Thema, das die Menschen beschäftigt. Rund 4 Millionen Arbeitslose sind bei der Bundesanstalt für Arbeit registriert, und es vergeht kaum ein Tag, an dem nicht aus irgendeinem Betrieb neue Entlassungen angekündigt werden. Wer im öffentlichen Dienst beschäftigt ist, hat Glück. Er muß nicht befürchten, daß er gefeuert wird – so denken viele. Doch stimmt dies? Ist der Arbeitsplatz bei Vater Staat wirklich absolut sicher? Unter welchen Voraussetzungen kann auch ein an sich unkündbarer Angestellter im öffentlichen Dienst entlassen werden? Darum ging es in der folgenden Sendung:

Sachverhalt:

Helmut Mühlbauer, 45, arbeitet seit über 20 Jahren als Rangierer bei der Bundesbahn. Er ist verheiratet und hat drei Kinder. Wegen eines Rückenleidens ist Helmut Mühlbauer sehr oft krankgeschrieben. Eines Tages, als er an seinem Arbeitsplatz auf dem Rangierbahnhof gerade zwei Güterwaggons abkoppeln will, durchzuckt ihn ein stechender Schmerz im Rükken, er fällt auf das Gleis und kann sich nicht mehr bewegen. „Hilfe, mein Rücken, ich kann mich nicht mehr rühren", ruft er verzweifelt einem Kollegen zu, der daraufhin sofort über sein Sprechfunkgerät einen Notarzt anfordert. Helmut Mühlbauer leidet an einer degenerativen Wirbelsäulenveränderung. Im Krankenhaus macht ihm der behandelnde Arzt nur wenig Hoffnungen, als Helmut Mühlbauer ihn fragt, ob es eine Chance gebe, die Beschwerden wieder loszuwerden. „Wenn ich ganz ehrlich sein soll: Nein! Bei der degenerativen Veränderung Ihrer Wirbelsäule läßt sich wie bei allen rheumatischen Erkrankungen nur schwer helfen", sagt der Arzt und rät ihm, auf alle Fälle eine Kur zu beantragen, mit Fangopackungen, Krankengymnastik, Massagen und Schwimmen.

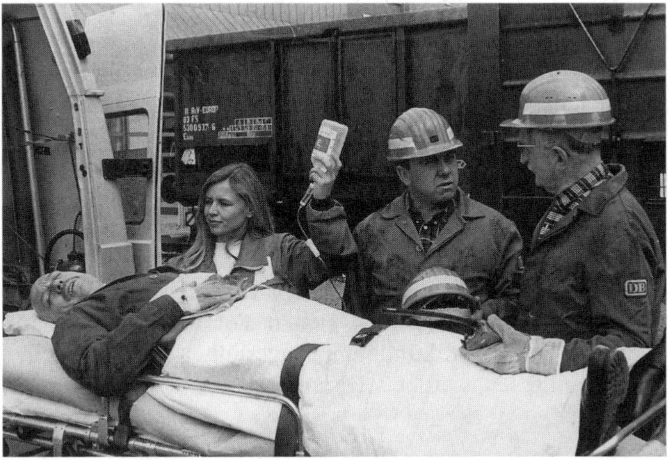

Mit einem Notarztwagen wird der Rangierer Helmut Mühlbauer, 45, ins Krankenhaus gebracht. Bei Rangierarbeiten war sein chronisches Rückenleiden wieder aufgetreten. (Foto: ZDF)

Die häufigen Fehlzeiten von Helmut Mühlbauer führen zu großen innerbetrieblichen Problemen. Er wird deshalb von seinem Arbeitsplatz auf dem Rangierbahnhof zur Poststelle versetzt. Doch auch dort fällt er wegen seines Rückenleidens immer wieder aus. Der zuständige Sachbearbeiter in der Personalabteilung trägt schließlich den Fall Mühlbauer dem Personalchef vor. „Bei Herrn Mühlbauer kommen wir jetzt allein in diesem Jahr wieder auf 53 Fehltage in fünf Fällen. Letztes Jahr waren es 90." „Das heißt", erwidert der Personalchef, „es verändert sich nichts, egal, wo wir ihn hinstecken. Ich möchte deshalb jetzt ein aktuelles Gutachten vom Bahnarzt und klipp und klar wissen, ob wir auf Mühlbauer überhaupt noch zählen können. Die letzte Untersuchung liegt ja schon wieder länger zurück." „Vielleicht könnten wir ihn in Frührente schicken", meint daraufhin der Sachbearbeiter, „das wäre meines Erachtens die beste Lösung für beide Seiten."

Am Ende der wenig später anberaumten betriebsärztlichen Untersuchung teilt der Bahnarzt Helmut Mühlbauer das Ergebnis mit: „Ich sage Ihnen ja nichts Neues, wenn ich feststelle, daß Sie mit Ihren Beschwerden weiterhin zurecht kommen müssen. Aber für eine Verrentung reicht das nicht aus.“ „Ich will ja auch weiter arbeiten“, entgegnet Helmut Mühlbauer, „zu Hause fällt mir sonst noch die Decke auf den Kopf. Außerdem, mit Frau und drei Kindern kommt man ja mit dem normalen Geld schon kaum über die Runden.“

Einige Tage später liegt das schriftliche Gutachten des Bahnarztes auf dem Tisch des Personalchefs, der zusammen mit dem zuständigen Sachbearbeiter über die Konsequenzen berät. „Aufgrund des Gesamtzustandes ist auch zukünftig mit häufigen krankheitsbedingten Ausfällen zu rechnen“, faßt der

Die betriebsärztliche Untersuchung kommt zu dem Ergebnis, daß bei Helmut Mühlbauer auch zukünftig mit häufigen krankheitsbedingten Ausfällen zu rechnen ist. Wenig später erhält der Rangierer von der Bundesbahn die außerordentliche Kündigung. (Foto: ZDF)

Personalchef das Ergebnis des Gutachtens zusammen, „aber die Voraussetzungen für die Zuerkennung einer Versichertenrente liegen nach Meinung des Bahnarztes nicht vor." „Damit liegt der schwarze Peter wieder bei uns", sagt daraufhin der Sachbearbeiter, „mit der Frührente wäre Mühlbauer zumindest finanziell halbwegs geholfen gewesen, aber wenn der Arzt meint, der Mühlbauer sei nicht krank genug..." „So hart es auch klingen mag, finanziell und personell ist er einfach nicht mehr zumutbar", entscheidet daraufhin der Personalchef. „Ich fürchte, uns bleibt nur noch der Weg der außerordentlichen Kündigung."

Nachdem der Personalrat der Kündigung von Mühlbauer zugestimmt hat, läßt der Personalchef Mühlbauer rufen und erläutert ihm die Gründe für die Entlassung: „Glauben Sie mir, Herr Mühlbauer, daß wir uns diese Entscheidung sehr schwer gemacht haben. Aber, so leid es mir tut, wir müssen Ihnen kündigen. Sie sind einfach zu oft krank gewesen." Mühlbauer steht wie vom Donner gerührt dem Personalchef gegenüber, das Kündigungsschreiben in der Hand. „Aber Sie können mich doch nicht wegen Krankheit feuern. Für mein Rückenleiden kann ich doch nichts! Wo gibt's denn so was?! Außerdem bin ich doch unkündbar!" Doch alle Proteste Mühlbauers sind vergeblich. Der Personalchef ist nicht bereit, die Kündigung zurückzunehmen.

Helmut Mühlbauer ruft deshalb das Arbeitsgericht an und beantragt, festzustellen, daß das Arbeitsverhältnis durch die Kündigung nicht aufgelöst worden ist. In der mündlichen Verhandlung weist seine Prozeßbevollmächtigte noch einmal darauf hin, daß er seit über 20 Jahren bei der Bundesbahn beschäftigt und somit unkündbar sei. Der Rechtsanwalt der Bundesbahn entgegnet daraufhin: „Nein, unkündbar ist Herr Mühlbauer nicht. Das ist eine ganz falsche Anschauung. Er ist ordentlich nicht kündbar, aber er ist aus wichtigem Grund weiterhin kündbar. Und wichtiger Grund ist nach dem Tarifvertrag alles, was dem Arbeitgeber die Fortführung des Arbeitsverhältnisses unzumutbar macht." Der Rechtsanwalt der

Bundesbahn legt dem Gericht sodann noch einmal die Daten über die Fehlzeiten von Helmut Mühlbauer dar. „Über zehn Jahre geht das nun schon. Und in den letzten Jahren wird es eigentlich immer schlimmer, insgesamt hunderte von Fehltagen, im vorigen Jahr 90 Tage Fehlzeit, vor zwei Jahren waren es sogar 128. Und das, obwohl Herr Mühlbauer jetzt eine erheblich leichtere Arbeit hat." „Aber der Kläger", erwidert daraufhin die Prozeßbevollmächtigte von Helmut Mühlbauer, „ist doch in einem so großen Betrieb wie der Deutschen Bundesbahn jederzeit durch einen anderen ersetzbar. Außerdem können Störungen im Betriebsablauf durch den Einsatz von Aushilfskräften vermieden werden." Der Kläger habe allein in den letzten drei Jahren über 20 000 Mark Lohnfortzahlungskosten verursacht, sagt daraufhin der Prozeßbevollmächtigte der Bundesbahn. Auch die Bahn müsse wie jeder andere Arbeitgeber wirtschaftlich denken und handeln.

Wie würden Sie entscheiden?

Ist die außerordentliche Kündigung von Herrn Mühlbauer wirksam – ja oder nein?

Das Ergebnis der Laienjury im Studiogericht:
24 Ja-Stimmen
35 Nein-Stimmen

Die Entscheidung des Arbeitsgerichts:

Vorsitzende:
Es ergeht im Namen des Volkes folgendes Urteil:
Die Klage wird abgewiesen. Der Kläger trägt die Kosten des Rechtsstreits.

Kurz die wesentlichen Entscheidungsgründe:
Die außerordentliche Kündigung ist wirksam. Der Kündigung steht nicht entgegen, daß der Kläger nach dem einschlägigen Tarifvertrag ordentlich unkündbar ist. Das Recht zur außerordentlichen Kündigung bleibt weiterhin bestehen. Unter engen

Voraussetzungen kann auch Krankheit ausnahmsweise einen Grund für eine außerordentliche Kündigung darstellen, wenn die ordentliche Kündigung ausgeschlossen ist. Hier liegt ein wichtiger Grund für die außerordentliche Kündigung vor. Das ärztliche Gutachten liefert die Prognose, daß der Kläger auch künftig häufig krankheitsbedingt ausfallen wird. Die eingetretenen Fehlzeiten haben bereits durch die außerordentlich hohen Lohnfortzahlungskosten zu einer erheblichen Beeinträchtigung der betrieblichen Belange geführt. Auch die Interessenabwägung geht zu Lasten des Klägers aus.

Das Gericht verkennt dabei nicht, daß die Kündigung den Kläger aufgrund seiner persönlichen Verhältnisse und der Arbeitsmarktlage besonders hart trifft, zugunsten der Beklagten ist jedoch zu berücksichtigen, daß sie alles getan hat, einen geeigneten Arbeitsplatz für den Kläger zu finden und lange mit der Kündigung gewartet hat. Diese Rücksichtnahme kann jetzt nicht zu ihren Lasten gehen. Die der Beklagten obliegende Fürsorgepflicht würde überspannt, wenn sie den Kläger noch weitere 16 Jahre bis zum Beginn des Rentenalters beschäftigen müßte, ohne eine wirtschaftlich sinnvolle Arbeitsleistung erwarten zu können. Auch das Arbeitsverhältnis ist ein Austauschverhältnis von Leistung und Gegenleistung. Wenn dieser Austausch durch hohe Krankheitsausfälle dauerhaft nachhaltig gestört ist, wird dem Arbeitgeber die Fortsetzung des Arbeitsverhältnisses unzumutbar.

So leid es uns für Sie persönlich tut, Herr Mühlbauer, aus Rechtsgründen konnte keine andere Entscheidung ergehen.

Aus der Diskussion:

Der in die Sendung eingeladene Präsident des Bundesarbeitsgerichts, Prof. Dr. Thomas Dieterich, weist zunächst darauf hin, daß dieses Urteil auf der Linie der Rechtsprechung des Zweiten Senats des Bundesarbeitsgerichts liegt und er genau so entschieden hätte, allerdings mit einer Einschränkung: „Ich hätte die Kosten, die durch das Lohnfortzahlungsgesetz entstanden sind, nicht als betriebliche Belastungen genügen lassen. Denn diese Kosten hat der Gesetzgeber als zumutbar angesehen und deshalb können sie nicht im Kündigungsprozeß als unzumutbare Belastung betrachtet werden." Prof. Dieterich erläutert sodann noch einmal – stichwortartig – die Voraussetzungen, unter denen ein Arbeitnehmer wegen Krankheit entlassen werden kann. „Die Arbeitsrichterin hat in ihrem Urteil die drei Denkschritte, die das Bundesarbeitsgericht dafür fordert, geschildert:

Erstens: Es muß eine objektive Prognose, die durch ein ärztliches Gutachten gesichert ist, beweisen, daß auch in Zukunft mit großen Störungen zu rechnen ist.

Zweitens: Es muß auf seiten des Betriebes eine erhebliche Störung des Ablaufs oder der Realisierung des Arbeitsverhältnisses feststellbar sein.

Drittens: Das Gericht muß nach einer Abwägung der Belange, also z. B. der persönlichen Belange des Arbeitnehmers auf der einen und der betrieblichen Belange auf der anderen Seite, zu dem Ergebnis kommen, daß eine Fortsetzung des Arbeitsverhältnisses nicht mehr zumutbar ist."

Auf eine entsprechende Frage weist Prof. Dieterich darauf hin, daß eine Entlassung von Herrn Mühlbauer nicht möglich gewesen wäre, wenn der Tarifvertrag bei der Bundesbahn eine außerordentliche Kündigung wegen Krankheit ausgeschlossen hätte. „Dann wäre dieser Kündigungsgrund durch den Willen der Tarifpartner ausgeschlossen worden."

„Warum bekommt Herr Mühlbauer", fragt ein anderer Diskussionsteilnehmer, „keine Berufsunfähigkeitsrente?" Prof. Dieterich: „Weil der Arzt, der ihn untersucht hat, die Ansicht vertritt, die Ausübung seines Berufs sei noch nicht endgültig auszuschließen, er sei vielmehr noch vermittelbar. Aber die weitere Entwicklung wird zeigen, ob diese Prognose richtig war. Herr Mühlbauer muß also nach einiger Zeit diesen Antrag erneut stellen. Und wenn er in zwei Jahren ständig Absagen bekommen hat mit Rücksicht auf seinen Krankheitszustand, dann wird auch die zuständige Rentenkasse das einsehen und dann wird ihm auch ein Arzt bescheinigen, daß er nicht mehr vermittelbar ist. Und dann bekommt er eine vorgezogene Rente."

Ab wieviel Krankheitstagen wird ein Arbeitnehmer zu einem Grenzfall, lautet dann eine weitere Frage an den Experten. Prof. Dieterich: „Ja, das würden auch die Arbeitgeber gerne so genau wissen, denn dann könnte man immer dem Arbeitnehmer sozusagen die Rechnung hinhalten und sagen: Noch einen Tag und Du bist draußen! Aber das Kündigungsschutzgesetz ist bewußt generalklauselhaft formuliert. Das drückt sich unbestimmt aus, weil man gar nicht alle Besonderheiten eines Falles in solche Zahlenspiele einklemmen kann. Das ist bei Großbetrieben anders als bei kleinen Firmen, das kommt auf die Art der Krankheit an, das kommt auf die Situation des Arbeitnehmers an. Der Gesetzgeber wollte nicht, daß Kündigungen in solche engmaschigen Raster eingepreßt werden, sondern wollte, daß der Richter sich das genau anschaut und einen Eindruck gewinnt aus den Besonderheiten des jeweiligen Falles."

Abschließend weist Prof. Dieterich noch darauf hin, daß sich durch die Umwandlung der Bundesbahn in eine Aktiengesellschaft arbeitsrechtlich kaum etwas geändert habe. Die Bahn sei weiterhin an das Arbeitsrecht gebunden. Statt des Personalrates sei in Zukunft der Betriebsrat zuständig.

Die wichtigste Vorschrift dieses Falles:

Bürgerliches Gesetzbuch

§ 626. [Fristlose Kündigung]

(1) Das Dienstverhältnis kann von jedem Vertragsteil aus wichtigem Grund ohne Einhaltung einer Kündigungsfrist gekündigt werden, wenn Tatsachen vorliegen, auf Grund derer dem Kündigenden unter Berücksichtigung aller Umstände des Einzelfalles und unter Abwägung der Interessen beider Vertragsteile die Fortsetzung des Dienstverhältnisses bis zum Ablauf der Kündigungsfrist oder bis zu der ver-

einbarten Beendigung des Dienstverhältnisses nicht zugemutet werden kann.

(2) Die Kündigung kann nur innerhalb von zwei Wochen erfolgen. Die Frist beginnt mit dem Zeitpunkt, in dem der Kündigungsberechtigte von den für die Kündigung maßgebenden Tatsachen Kenntnis erlangt. Der Kündigende muß dem anderen Teil auf Verlangen den Kündigungsgrund unverzüglich schriftlich mitteilen.

3. „Rauchen verboten"

25 Millionen Deutsche rauchen, 383 Millionen Zigaretten lösen sich täglich in Qualm auf. Doch was für die Raucher Hochgenuß ist, bringt die Nichtraucher zunehmend in Rage.

Rauchen verboten – in Flugzeugen, Bussen und U-Bahnen, in den Schalterhallen von Behörden, in Restaurants oder Hotelzimmern, immer häufiger ist der Zigarettenqualm nicht mehr erwünscht. Inzwischen wehren sich auch sehr viele Nichtraucher gegen die dicke Luft am Arbeitsplatz. Um einen solchen Fall ging es in der folgenden Sendung:

Sachverhalt:

Peter Schneider, 40, arbeitet als Ingenieur in einer großen Maschinenbaufirma. Während ihm als Diplom-Ingenieur und Gruppenleiter ein Einzelzimmer zur Verfügung steht, arbeiten die meisten seiner Kolleginnen und Kollegen in einem Großraumbüro. Otto Mönke, 42, Konstrukteur, und Gabi Tillmann, 35, Konstrukteurin, sitzen in diesem Büro an zwei gegenüberliegenden Schreibtischen. Gabi Tillmann ist Raucherin und macht gerade ein kleine Zigarettenpause. Sie öffnet das Fenster einen Spalt und lehnt sich mit dem Rücken gegen das Fensterbrett. Während sie noch in Gedanken bei ihrer Arbeit ist, bläst sie den Rauch genüßlich in den Raum. Ihr Kollege Otto Mönke ist über den Qualm sehr verärgert, wischt sich über die Augen und verläßt erzürnt das Großraumbüro. In dem Waschraum beklagt er sich bei einem Kollegen: „Verdammte Raucherei ..., meine Augen brennen teuflisch. Und jetzt krieg' ich auch noch 'ne Erkältung. Den ganzen Tag in diesem Qualm, da bin ich abends fix und fertig." „Wir sollten uns das nicht länger gefallen lassen", stimmt ihm der Kollege zu. „Für was bin ich im Betriebsrat ... In unserer nächsten Sitzung beantrage ich ein absolutes Rauchverbot für den ganzen Betrieb!"

Und so geschieht es auch. Nach einem langen und heftigen Streit zwischen Rauchern und Nichtrauchern wird in dem

Unternehmen schließlich ein totales Rauchverbot erlassen, das für alle Räume gilt, die von den Mitarbeiterinnen und Mitarbeitern benutzt werden sowie Gästen und Kunden zugänglich sind.

Peter Schneider ist Kettenraucher, er fühlt sich von dem Rauchverbot allerdings nicht betroffen, da er in einem Einzelzimmer arbeitet. Wenige Tage nach dem Erlaß des Rauchverbots kommen Otto Mönke und ein weiterer Kollege zu einer Besprechung in das Arbeitszimmer von Peter Schneider. Als die beiden Mitarbeiter das Zimmer betreten, macht Peter Schneider sofort seine Zigarette aus, begrüßt seine Kollegen und bittet sie, Platz zu nehmen. Als Otto Mönke zum Sprechen ansetzen will, kratzt ihn der abgestandene Rauch im Rachen, und er muß husten. Ärgerlich geht er zum Fenster, um frische Luft hereinzulassen. Peter Schneider: „Jetzt übertreib' mal nicht, ich hab doch schon ausgemacht…" „Wir haben Rauchverbot", entgegnet Otto Mönke in gereiztem Ton. „Ja und? Siehst Du mich rauchen?" erwidert Peter Schneider genervt.

„Von dem abgestandenen Qualm wird einem ja speiübel. . und das geht den Kunden, die gleich kommen, sicher auch nicht anders." Ein Wort ergibt das andere, bis die beiden Kollegen schließlich aufstehen und den Raum verlassen. „Wir haben Rauchverbot", sagt Otto Mönke im Hinausgehen, „uns kann keiner zwingen, in Deiner verpesteten Bude zu arbeiten." „Was ich in meinem Büro mache, wenn ich alleine bin, das geht keinen was an", ruft Peter Schneider ihnen wütend nach und knallt die Tür zu.

Nachdem sich daraufhin Otto Mönke beim Personalchef darüber beschwert hat, daß das Rauchverbot im Betrieb immer noch nicht konsequent eingehalten wird, erhält Peter Schneider eine schriftliche Aufforderung, das Rauchen in seinem Büro einzustellen. Doch diese Anordnung will Peter Schneider nicht hinnehmen. Zwischen ihm und seinem Arbeitgeber kommt es daraufhin zu einem Rechtsstreit, Peter Schneider geht vor das Arbeitsgericht.

Nach einem langen und heftigen Streit zwischen Rauchern und Nichtrauchern in einem Großraumbüro wird in einem Unternehmen schließlich ein totales Rauchverbot erlassen. Der Dipl.-Ing. Peter Schneider, 40, will das Rauchverbot nicht hinnehmen, weil er in einem Einzelzimmer arbeitet. (Foto: ZDF)

In der mündlichen Verhandlung trägt der Prozeßbevollmächtigte von Peter Schneider noch einmal vor, daß sich sein Mandant nicht generell gegen das Rauchverbot im Betrieb wende. Wenn Kunden oder Kollegen in seinem Zimmer seien, verzichte er freiwillig auf den Konsum von Zigaretten. Wenn er aber keinen Besuch habe, dann bestehe er darauf, rauchen zu dürfen. „Herr Schneider, wieviel Zigaretten rauchen Sie denn eigentlich so in der Stunde", möchte der Vorsitzende daraufhin wissen. „Zwei bis drei Zigaretten sind es schon", antwortet Peter Schneider, „und in Streßfällen können es auch schon mal vier oder fünf werden." Der Rechtsanwalt des Arbeitgebers weist ihn noch einmal darauf hin, daß das Rauchverbot schließlich in einer Betriebsvereinbarung zwischen der Geschäftsleitung und dem Betriebsrat festgelegt worden sei. Im übrigen habe das Unternehmen ja auch, ergänzt der in der Gerichtsverhandlung anwesende Personalchef, gegenüber den Angestellten und Kunden besondere Schutzpflichten. Der Betrieb müsse sicherstellen, daß niemand durch Tabakrauch belästigt oder sogar gesundheitlich geschädigt werde. Peter Schneider beharrt dagegen auf seinem Standpunkt und macht noch einmal deutlich, daß er sich durch das Rauchverbot in seinem Grundrecht auf freie Entfaltung der Persönlichkeit beeinträchtigt fühlt. Er verzichte freiwillig auf seine Zigaretten, wenn Kollegen und Kunden bei ihm zu Besuch seien. Mehr könne der Arbeitgeber von ihm nicht verlangen. Abschließend beantragt sein Prozeßbevollmächtigter, den beklagten Arbeitgeber zu verurteilen, die Betriebsvereinbarung über das Rauchverbot nicht anzuwenden, wenn und solange der Kläger sich alleine in seinem Büro aufhält. Die Arbeitgeberseite beantragt, die Klage von Peter Schneider abzuweisen.

Wie würden Sie entscheiden?

Darf Peter Schneider in seinem Arbeitszimmer, wenn er dort alleine ist, rauchen – ja oder nein?

Das Ergebnis der Laienjury im Studiogericht:
8 Ja-Stimmen
34 Nein-Stimmen

Die Entscheidung des Arbeitsgerichts:

Vorsitzender:
Im Namen des Volkes verkünde ich folgendes Urteil:
Die Klage wird abgewiesen. Der Kläger trägt die Kosten des Rechtsstreits.

Die Klage ist unbegründet. Das mit dem Betriebsrat vereinbarte Rauchverbot ist wirksam. Auch wenn der Kläger allein in seinem Zimmer sitzt, darf er nicht rauchen. Der Arbeitgeber

Der Streit um das Rauchverbot landet schließlich bei dem Arbeitsgericht, das mit einem Berufsrichter und zwei ehrenamtlichen Richtern besetzt ist. (Foto: ZDF)

kann ein solches Rauchverbot für seine Angestellten aussprechen. Die Betriebsvereinbarung berechtigt ihn dazu. Durch ein Rauchverbot wird zwar das Grundrecht auf Handlungsfreiheit des Klägers eingeschränkt. Diese Handlungsfreiheit gilt aber nicht unbeschränkt. Sie darf insbesondere nicht Rechte anderer verletzen. Und deshalb muß hier abgewogen werden zwischen dem betrieblichen Interesse an rauchfreien Arbeitsplätzen und dem Interesse des Klägers an ungestörtem Tabakgenuß.

Für das Rauchverbot sprechen sachliche Gründe. Es ist wissenschaftlich erwiesen, daß auch das Passivrauchen zur Beeinträchtigung der Gesundheit führen kann, z. B. zu tränenden Augen, zu Kopfschmerzen, zu Reizhusten oder Übelkeit. Auch ist das Krebsrisiko von Passivrauchern deutlich höher als von Menschen, die sich in einer rauchfreien Umgebung aufhalten.

Der Kläger kann eine Raucherlaubnis auch dann nicht für sich beanspruchen, wenn er alleine in seinem Büro sitzt. Ein solches durchlöchertes Rauchverbot würde seinen Zweck, nämlich den Schutz Dritter vor schlechter, ungesunder Luft nicht erfüllen. Tabakqualm verflüchtigt sich nur langsam. Sein Geruch bleibt in Teppichen, in Gardinen und Kleidungsstükken hängen. Gerade kalter, abgestandener Rauch wird von vielen als belästigend empfunden. Die Beklagte handelt deshalb weder mißbräuchlich noch willkürlich, wenn sie das Rauchen in einem Raum ganz verbietet, in dem permanent mit dem Erscheinen von Kunden oder Kolleginnen und Kollegen gerechnet werden muß.

Aus der Diskussion:

Der in die Sendung eingeladene Experte für Arbeitsrecht, Prof. Dr. Manfred Löwisch von der Universität Freiburg, stimmt dem Urteil zu und hebt noch einmal hervor, daß Arbeitgeber und Betriebsrat nach dem Betriebsverfassungsgesetz berechtigt seien, ein solches Rauchverbot zu erlassen. Wenn Herr Schneider sich nicht an das Rauchverbot hält, so Prof. Löwisch, riskiert er zunächst eine Abmahnung und schließlich sogar bei weiteren Verstößen die Kündigung seines Arbeitsverhältnisses. Grundlage für das Rauchverbot sei in diesem Fall eine Betriebsvereinbarung zwischen der Unternehmensleitung und dem Betriebsrat. In kleineren Firmen, in denen es keinen Betriebsrat gebe, könne der Firmeninhaber auch einseitig ein Rauchverbot erlassen. Dazu berechtigte ihn, erläutert Prof. Löwisch weiter, das Direktionsrecht.

Wie sei der Fall zu entscheiden, möchte ein Teilnehmer wissen, wenn Herr Schneider weder mit Kollegen noch mit Kunden in Kontakt komme?

Prof. Löwisch: „Wenn ein Fall tatsächlich so liegt, daß ein Arbeitnehmer überhaupt nicht mit Kollegen oder Kunden zusammenkommt, so daß wirklich niemand geschädigt werden kann, dann wird das Rauchverbot tatsächlich willkürlich und kann in einem solchen Ausnahmefall nicht gelten."

Auf die Frage, ob es möglich sei, das Rauchverbot bereits im Einzelarbeitsvertrag festzulegen, antwortet Prof. Löwisch, daß eine solche vertragliche Bestimmung nicht festgeschrieben werden könne. „Der einzelne Arbeitnehmer kann mit dem Arbeitgeber so etwas nicht machen, weder daß er rauchen darf noch daß er nicht rauchen darf, weil es sich hier um eine Angelegenheit handelt, die der Betriebsrat für alle Arbeitnehmer regeln sollte. Und da gibt es widerstreitende Interessen. Die Aufgabe des Betriebsrats ist es, diese widerstreitenden Interessen zum Ausgleich zu bringen."

Die wichtigste Vorschrift dieses Falles:

Grundgesetz

Art. 2 (Allgemeines Persönlichkeitsrecht)

(1) Jeder hat das Recht auf die freie Entfaltung seiner Persönlichkeit, soweit er nicht die Rechte anderer verletzt und nicht gegen die verfassungsmäßige Ordnung oder das Sittengesetz verstößt.

(2) Jeder hat das Recht auf Leben und körperliche Unversehrtheit. Die Freiheit der Person ist unverletzlich. In diese Rechte darf nur aufgrund eines Gesetzes eingegriffen werden.

Sachregister